校本研修SCTT样式

从"学术报告厅"转向"教育现场"

林荣凑　主　编

杜国平　翁逸蓉　副主编

浙江工商大学出版社

ZHEJIANG GONGSHANG UNIVERSITY PRESS

·杭州·

图书在版编目(CIP)数据

校本研修 SCTT 样式：从"学术报告厅"转向"教育
现场"/ 林荣凑主编. — 杭州：浙江工商大学出版社，
2023.5(2024.3 重印)

ISBN 978-7-5178-5452-4

Ⅰ. ①校… Ⅱ. ①林… Ⅲ. ①教学研究 Ⅳ.
①G420

中国国家版本馆 CIP 数据核字(2023)第 063786 号

校本研修 SCTT 样式：从"学术报告厅"转向"教育现场"

XIAOBEN YANXIU SCTT YANGSHI：CONG "XUESHU BAOGAOTING" ZHUANXIANG
"JIAOYU XIANCHANG"

林荣凑 主编

杜国平　翁逸蓉 副主编

策划编辑	周敏燕
责任编辑	厉　勇
责任校对	都青青
封面设计	朱嘉怡
责任印制	包建辉
出版发行	浙江工商大学出版社
	（杭州市教工路 198 号　邮政编码 310012）
	（E-mail：zjgsupress@163.com）
	（网址：http：//www.zjgsupress.com）
	电话：0571-88904980，88831806（传真）
排　　版	杭州朝曦图文设计有限公司
印　　刷	杭州高腾印务有限公司
开　　本	710mm×1000mm　1/16
印　　张	18
字　　数	284 千
版 印 次	2023 年 5 月第 1 版　2024 年 3 月第 3 次印刷
书　　号	ISBN 978-7-5178-5452-4
定　　价	72.00 元

浙江省 2021 年度教师教育规划重点课题之成果

课题编号:ZD2021003

课题名称:区域校本研修 SCTT 样式的实践研究

立项文号:浙师训〔2021〕58 号　浙教干训〔2021〕9 号

从培训走向研修的努力

浙江省教育厅教研室　张丰

一百多年前,约翰·杜威曾说:"在所有行业中,教师是最后被视为需要特殊职业准备的职业。教师应尽力从其他职业中寻找更加广泛和成熟的经验进行学习。"杜威所指的,就是教师要像建筑师、工程师、律师、医生等实践性的职业一样,应以"做中学"为职业准备与专业成长的主要形式。

这让我想起 2009 年去澳大利亚考察时的经历。因为那次考察的主题是"中小学校长培训",于是我们临行前将"Principal Training"(校长培训)记熟,但到澳大利亚后,他们对"Principal Training"的反应有点迟疑,我们很纳闷。在向负责接待的华人教授请教后,我们才明白:在澳大利亚,Training 一词通常用于"技能性培训",如厨师、驾驶员都是 Training 出来的,但对于校长和教师来说,是通过 Professional Learning(专业学习)而发展成长的。他们以"专业学习"一词替代我们常说的"培训",此中透露着一个很重要的理念。

Training 的主体是教授导师,而 Professional Learning 的主体是学员教师。学习成长是学员教师自己的事,教授导师只是助力学员学得更好的条件之一。我们恍然,这就是"研修"与"培训"的区别所在,"研修"的意义在于让教师成为活动的真正主体,倡导教师根据自己专业发展需要进行自主性的学习。教授导师的作用主要在策划、引导和给予学员关键性的点拨与帮助。

近十年来,我国师训干训领域频繁出现"研修"一词。它反映了我们对传统"培训"的一种反思。顾泠沅先生曾说:"以工作历练的方式取代以往的注入式培训是中国校本研修项目的历史成就。"近年来,杭州市余杭区重视校本研修工作,区域管理者与学校实践者在工作中建构的 SCTT 样式,正是这一理念实践落地的探索。

首先,他们强调基于实践情境的研讨探索。成年人的学习一定不是以听为主要方式的,而是以经历为基础,以体验和反思为主要学习方式的。要帮助教师提高教育教学能力，不要寄希望于他人的给予，而要经历实践，在完成实践任务的过程中，产生有意义的体验与有价值的反思。他们积极让研修从"学术报告厅"转移到"教育现场"，倡导基于教师的实践、困惑和需求寻找研修项目，倡导实践的、情境化的经验积累与反思，以此不断地改进教育教学行为，实现教师专业的不断发展。

其次，他们注重依托常规活动开展研修。帮助教师理解并落实教学常规是最重要、最基础的校本研修。教师是在研究思考以落实常规的过程中进步的。全区各校通过专业阅读、集体备课、公开课展示、听课评课、专业文本的表达等常规活动，引导教师们将教育教学常规的反思、重建与校本研修结合起来，让研修发生于日常实践之中。确实，越是常规的活动越有生命力，越能激发教师的共鸣与参与。他们将常规活动研修作为规定动作，定位是恰当的。

再次，他们重视校本研修的个性化发展。全区虽将以上所说的常规活动作为规定动作，但并不限制各校在框架内对研修内容、研修形式的选择。相反，充分鼓励和大力倡导各校基于自身的实际和发展定位，基于教师的实践困惑和需求开发足以发展出本园、本校特色的常规活动样式。不仅如此，还将"特色培育"作为学校、教师专业持续发展的锚点，以期杜绝"打一枪换一个地方"校本研修的陋习。正是如此，全区发展出研究型、平台型、合作型和引领型等四条校本研修特色培育的路径，并实践提炼出更多的子样式。

最后，他们始终将团队建设作为校本研修的实践原点。合作是教师专业素养的重要内涵，各校充分发掘教研组（备课组）、年级组和各中层职能部门等传统建制组织的研修潜能，开发课题组、俱乐部、工作室、沙龙活动等非建制组织，丰富校本研修的形式与途径，创建符合教师需求的多类型研修团队，打造学校与教师成长的"学习共同体"。

从这些故事与阐述中，我们可以看到在真实研修场境中的鲜活实践智慧，看到基于学理思考的研修组织与策划方法，看到嵌入常规活动的教师学习研修，看到如何培育学校研修特色的多种方案。所有的一切，都将为我国教师Professional Learning（专业学习）——校本研修的发展提供再创造的素材。

林老师是认识多年但交往不多的朋友，在我心里，他又是非常相知且志同道合的好友。从十五年前为课堂观察而研讨，到今天为深化校本研修而努力，十五年来，我们不懈探寻从"培训"走向"研修"的方策。

2023 年 2 月 16 日

目　录

第四部分　特色培育的研修

附　录

第一部分　故事分享

　　校本研修的专业发展价值,历经 20 多年的学理论证和实践检验,已是毋庸置疑。一如浙江省中小学教师培训中心〔2019〕66 号文件——《关于下发〈浙江省中小学教师专业发展校本研修工作指导意见〉的通知》所说,校本研修是中小学教师专业发展培训的重要组成部分,是缓解工学矛盾,提高培训针对性和实效性,促进教师专业成长的重要手段。

　　然而,一如教学价值的确认,中外学者付出不少的代价才证明"老师教了,不等于学生会了",校本研修的实践已然证明,其专业发展价值亦远非"有了""做了"就能实现。如果已"有"的、所"做"的校本研修远离"三自"——自诊断(厘清现实问题和需求)、自创造(实践反思并构建理想的生态)、自适应(基于环境变化的持续变革以谋求持续的发展),校本研修的价值永远只能是"潜在的",就是说:"有/做了校本研修,不等于校本研修就是有效的。"

　　"怎样的校本研修是有效的",这是每一位校本研修管理者应当不断探寻的专业课题。基于此,承继余杭校本研修曾经的荣光,2019 年 9 月,我们开启了"打造余杭校本研修 SCTT 样式"的旅程,向校本研修下一个"香格里拉"前行。

　　一路星光,一路坎坷,亦一路捡拾匆匆行程中的微枝末叶、轻羽细鳞。如今翻检行囊,但见校本研修的美好,明灭可见! 巧借金针,将这些枝叶鳞羽编织,于是就有了实践 SCTT 样式各层面的故事——个人的、教研组的、学校的、区域的。

　　亲爱的读者,走进 SCTT 样式的展厅之前,且留步,听一听我们"打造校本研修 SCTT 样式"的余杭故事!

1.1　向余杭样式 2.0 版出发

杭州市余杭区教育发展研究学院　林荣凑

人生不可预设。我怎么也没有想到，40 年职业生涯的最后 4 年，居然会与"区域校本研修"相遇：频频走访基层学校，从幼儿园、小学，到初中、高中；一次次与校本研修的管理者（余杭区称为"主持人"）研讨，现场或线上，个体或集体；一笔笔描画校本研修的实践"地图"，明晰当今之所处，标识前行之路径。

身处庐山烟雨，我不知道这场邂逅是否美丽，是否产生该有的意义。但我清楚地知道，即使它不会是我最激动的专业时段，也终将成为我值得珍惜的岁月。毕竟，区域校本研修的转型升级——余杭样式 1.0 版到 2.0 版，里面有太多的故事。

快乐的接手

跟随同事做普高语文教研员，独立负责高中语文和新教师的学分研修，担任《余杭教育》执行主编。经过区教研员岗位两年的历练，我对自己的这些事务，已驾轻就熟。2019 年整整一个暑假，便忙于《论述文写作 16 课》编著的再版，还有"中学语文校区（县）两级联动、研训一体的行动研究"课题的结题。

接手校本研修，是暑假哪天，我不记得了。自然也无须考证，没啥历史意义的。但我的"教研员手记"8 月 30 日有这样的记录——

受命是 10 天前，杜国平老师的电话。对方是惴惴焉唯恐不当的征询，其实我知道师训部缺人手了。此前"校本培训"的负责人，是师训部朱艳娜副主任，她休产假去了。朱老师之前，是周颖芳老师，当时也是副主任，因年龄退居二线了。

这段文字挺有历史感，但似乎没有交代我的心情。

同一天的"手记"，却有这样的文字："士为知己者死，女为悦己者容，这是我的秉性。但愿无碍我颇不理想的身体便是。"将新任的师干训部杜国平主任视为"知己者"，便可知我当时毅然且欣然的心情。我深知，杜主任电话交托的背后，更有张红坚院长、分管师干训赵惠娟副院长的信任。

我要对得起这份信任，尽管对自己"颇不理想的身体"有些微的担忧。一则摆在那儿的年龄，二则贵州支教归来后，我的年度例行体检总有十来项的警示。

当然，我也是信任自己的。之前在基层学校的34年，有16年中层岗位正职的经历，其中政教处、教科室的经历，最与校本研修接近。亲历临平一中、余杭高级中学两所学校的这两个岗位，多少还是积累了经验的。2004年起，余杭区推行校本培训项目制之时，我恰在余杭高级中学教科室岗位，当时经营的校本培训曾屡屡为人肯定。来到学院后，又有两年教师教育的体验。

2019年8月，接手余杭区校本研修的总指导，上下彼此都是快乐的。快乐的期待，快乐的出发，前方的目标，就是余杭样式2.0版！

精心的筹划

当然，将目标命名为"余杭样式2.0版"，还是精心筹划的成果。

这些天，除了对付该对付的，我都用来思考"教师专业""校本研修"（我觉得这词比"校本培训"更能体现教师的主动性）了。将我的思考，变成了3幅思维导图，呈现了我的"理想"。今天赵副院给我的资料，则给了我"现实"。

这还是8月30日"教研员手记"的文字。"这些天"，如比较"10天前"的表述，该有10天的时间吧。10天的阅读、思考，成果是"3幅思维导图"。我的电脑上，完整保存着它们，标题分别是教师专业发展、余杭校本研修、研修形式备择。

前两幅的"体量"颇大，下面呈现的是第三幅，如图1.1-1所示，其实可能是最早画出的。

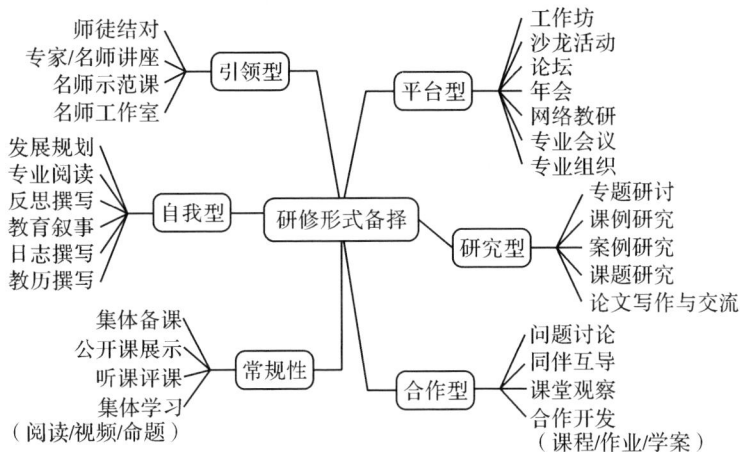

图 1.1-1 研修形式备择

这不是我的"创造",而是涉猎专著、期刊后的归类整理。该导图将我所见的研修形式分为六大类:引领型、自我型、常规型、合作型、平台型和研究型。这样的划分不具有严谨的逻辑性,但可供区域和学校规划、设计校本研修之用。后来的实践也证明,这一导图极大地拓展了各校主持人的视野。有主持人欣欣然道:"原来校本研修有那么多形式啊。"

另一幅导图,清晰地列示了我所涉猎的专著,它们是:

柯孔标.校本教研实践模式研究[M].杭州:浙江大学出版社,2008.

崔允漷,柯政.学校本位教师专业发展[M].上海:华东师范大学出版社,2013.

胡惠闵,王建军.教师专业发展[M].上海:华东师范大学出版社,2014.

安桂清,周文叶.教育改革时代的学校本位教师专业发展[M].上海:华东师范大学出版社,2014.

钟启泉.课堂研究[M].上海:华东师范大学出版社,2016.

后四本专著的作者,均为华东师大课程与教学研究所的学者,他们的课我都听过,有的还过从甚密,至今未绝。当年收藏和阅览这些书,源自对师友的情感。再度阅览,倍感亲切,这区域校本研修的筹划,俨然有着坚实的"专家引领"。

说来惭愧,受命之初,我并不知道有《教师校本研修培训项目制》一书。该书完整呈现了余杭校本研修(当年称"校本培训")的五大系统,由我的前辈区域负责人朱跃跃老师、杭师大刘堤仿教授合著。

继往才能开来,如果不能较为完整地把握余杭校本研修的"过往",我就无法设计出良好的"接榫"方案,发展出清晰的未来"蓝图"。由于不知《教师校本研修培训项目制》一书的存在,我只能从我的电脑记录、我的大脑记忆和网络上不多的信息中,尽可能"再现"2004—2013年余杭区校本研修的信息。

至于2014—2018学年信息,就要感谢赵惠娟副院长了。8月30日的"教研员手记",有着这样的记录:"分管师干训的赵惠娟副院长,上午将28G校本培训电子资料给了我。分类选择浏览,大脑复原现场,下午看,晚上看,深为一线的教科室主任忧心,原来要做那么多的材料,提交那么冗长的文字,要多辛苦就有多辛苦。"

此后10多天,"教研员手记"没有任何记录。以我的记录习惯,越是忙碌越少记录,可以想象那10多天,我是怎样的忙碌。果然,9月13日才有新的记录——

> 前一则手记之后,我登录了"云平台"余杭各校的网络,进一步研究了"现实";在杜主任支持下,召集9所学校项目主持人开了座谈会,听取基层意见和建议;设计框架方案后,杜主任召开师训部会议,论证方案的可行性;召开全区200多所学校项目主持人会议,布置一应事项。
>
> 这一切,都在紧张、忙碌而有序中进行。

我电脑上存储的"会议活动照片""会议活动PPT"佐证了以上记录不虚。历经个人设计、主持人座谈会和师训部内部会议论证,9月11日下午,余杭样式2.0版——校本研修SCTT样式,在全区260多名校本研修主持人参加的会议上"亮相"!

图1.1-2是当时PPT的截屏。读者不难看出,左图比较了1.0版与2.0版

不同形式①,又将原"校本教研""校本培训"整合为"校本研修",将学校层面的校本研修"教研组、备课组、年级组"归为"建制组",与"非建制组"并列。

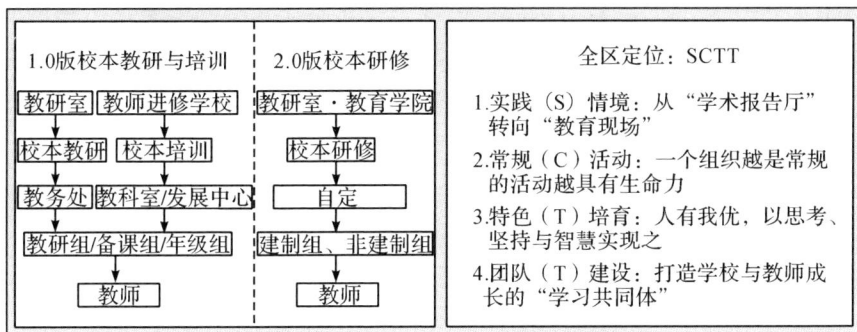

图注:左图中"自定"允许各校自行确定校本研修的中层管理部门。

图 1. 1-2 余杭区校本研修转型图

右图明确了区域校本研修2.0版的定位"SCTT"——

1. 实践(S)情境:从"学术报告厅"转向"教育现场";

2. 常规(C)活动:一个组织越是常规的活动越具有生命力;

3. 特色(T)培育:人有我优,以思考、坚持与智慧实现之;

4. 团队(T)建设:打造学校与教师成长的"学习共同体"。

这一定位,历经20天的锤炼,凝聚着我个人的心血,更凝聚着基层主持人代表、学院同事的智慧。透过简单的文字表达,谁也不难"看见"其中沉淀的前辈区域校本研修负责人的思考,乃至诸多中外学者的创造!

谨慎的运行

开弓没有回头箭!目标已定,但我们需要用脚步丈量大地,不断向目标进发。为了与学院三年规划保持同步,也为了验证 SCTT 样式的科学性、可行性,

---

① 全区校本培训,原由余杭区教师进修学校管理。2015 年,进修学校更名为余杭区教育学院。2017 年 7 月,与教育局教研室(含教科所、技术中心等)合署办公,原教师教育、校本培训的职能由师训部履行。2020 年 9 月,整合并更名余杭区教育发展研究学院。2021 年 4 月 9 日,余杭区析出临平区。同年 7 月 12 日,余杭区教育发展研究学院迁址杭州城西之五常街道。2022 年 9 月迁址余杭街道之瑞鸿大厦。

我们将2019学年确立为"试运行期"，验证《行动纲领》《评价标准》《整体流程》等文本的现实性，让基层学校找到SCTT样式运行应有的节奏。

余杭区的校本研修，曾有过亮丽的过去。至今还在继续的第八次基础教育课程改革，发轫于21世纪初。余杭区和北仑区、义乌市，同为国家级课改实验区（浙江），自然备受国内教育界关注，全国专家学者、各地领导和教师，频繁进出余杭区。这一切，分管课改的区教育局赵丽萍副局长记忆犹新。她清醒地知道，要确保课改顺利推进，与之配套的校本培训必须跟进。凭借市、区两级教育局的支持、杭师大刘堤仿教授的指导，教师进修学校朱跃跃副校长带领区辅导员、学校项目主持人，奋力搏击于校本培训项目制探索的河流中。

时任全国中小学教师校本培训中心的潘海燕主任，曾给出下面的笔墨：

> 校本培训作为一种舶来品，20世纪末，伴随着我国跨世纪园丁工程的实施而扎下根来。……校本培训在中国，探索行动在湖北，成功经验在浙江，浙江模式在杭州，典型案例在余杭，这是中小学教师培训研究者的共识。
>
> 浙江校本培训模式说到底就是校本培训项目制，校本培训项目制源于国家实验区对校本培训的定位。……校本培训余杭模式是在杭州校本培训项目制的基础上，建构并组织运作的一套科学体系。这个体系由组织系统、操作系统、支持系统、运行系统、评估系统等五大系统构成，是具有典型的中国特色的中小学教师培训的管理体制，也是国外校本培训不可能有的模式。[①]

看潘主任的用词分量，不难推知余杭模式的当年影响！

然而，如著名翻译家、教育家梁宗岱所说，传统既是探照灯，也是礁石。随着社会经济的快速发展，余杭人口的激增，学校总数、教师人数迅猛增长，更兼区域、学校校本研修管理人的变动，项目制遇到前所未有的困境。2017年合署办公后，在原有的项目制基础上做了两方面的探索：一是充分利用之江汇"学校空

---

① 朱跃跃,刘堤仿,徐建华.教师校本研修培训项目制[M].北京:中国书籍出版社,2013:序.

间",要求各校建立培训资讯、在线学习、主题研讨、成果展示等栏目,并及时上传相关培训材料,实现全区校本培训的信息化管理;二是改变评估方法,由原来的现场考评与档案考评结合,简化为档案考评与云平台考核结合,2018学年又尝试优秀项目申报与现场答辩,便于项目培训经验的分享与交流。

然而,经对2017—2018学年全区校本培训项目分析,我们发现各校的校本培训与校本教研分割、以学校课题简单替代校本培训的问题,未能随着区域教研、科研、培训的整合解决;轻视基于日常专业活动的培训,貌似高大上的培训项目其实未必切合教师需求,也无助学校困惑的解决。

因而,尽管历经2年的探索,项目制全员培训先天存在的问题,还是无力解决。余杭校本培训,依然处于1.0版。

图1.1-2左图"教研组、备课组、年级组"日常专业活动组织,未能作为校本研修的实体被利用;而"名师工作室""俱乐部""课题组""青年教师联盟"等非建制组又未能"名正言顺"成为研修载体。

为此,我们从宏观层面规划区域校本研修,SCTT正是校本研修2.0版的表征。其中最为关键的是,将"常规建设"纳入校本研修2.0版。不仅如此,且从幼儿园到高中的考虑,厘定了"五大常规",如图1.1-3所示。

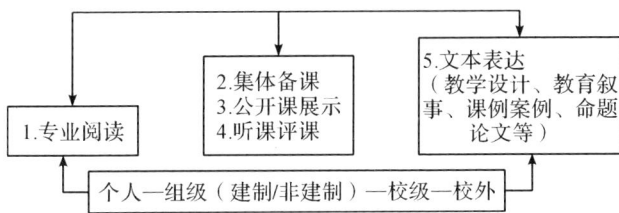

图 1.1-3　校本研修 SCTT 样式之"C"(常规)

常规研修是校本研修的基础,其组织与开展,需要学校、教师具有对常规惯性(或者惰性)的反思力和变革力。所有不着眼于常规的变革与创新,其变革总是浅层的,无以持久与生根。同样,不基于常规研修的特色研修,是为特色而特色的研修,无法沉淀为教师日常自觉行为,校本研修的价值就必然受限。

实践证明,基于"常规"的研修果然成为2.0版实施的难点。"试运行"的2019学年结束,我们发现全区各学校的项目设计,除了形式外,其内涵、精神与往年相比,还是停留于所谓的"特色"。如何引导关注"常规研修",以此保持常规研修与特色研修的配合，是一个需要持续关注的问题。

为此，我们采用了现场展示、问题研讨相结合的方式，逐一破解难点。最早一次活动是 2020 年 11 月 26 日，安排在南苑中心小学，主题为"集体备课"。观摩该校数学组"单核式"集体备课活动后，13 所攻关学校介绍样式、接受质询，辨析"集体备课"现有样式的长短，最后分小组讨论，提炼出 3 种集体备课样式——基于大单元的集体备课样式、聚焦问题的集体备课样式、基于学案开发与使用的集体备课样式，并各用思维导图呈现出来，图 1.1-4 是仓前中学、太炎中学、临平二中等校主持人绘制的导图。

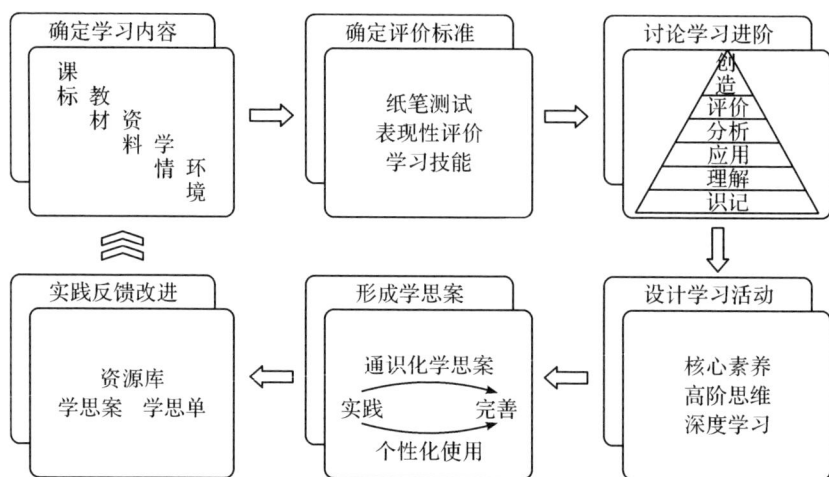

确定学习内容

课标 教材 资料 学情 环境

确定评价标准

纸笔测试
表现性评价
学习技能

讨论学习进阶

创造
评价
分析
应用
理解
识记

设计学习活动

核心素养
高阶思维
深度学习

形成学思案

通识化学思案
实践　完善
个性化使用

实践反馈改进

资源库
学思案　学思单

图 1.1-4　基于学案开发与使用的集体备课

类似的针对"五大常规"的头脑风暴活动，我们在仓前小学、太炎中学都曾复制运用，旨在锤炼与会者对常规惯性的反思力和变革力，让项目主持人成为美国哲学教授唐纳德·A. 舍恩（Donald A. Schoen）提出的"反思性实践者"。

无限的前路

SCTT 样式不是一个自足的目标体。它本身是一个开放的框架，不同的学校可以填充不同的内容；本身也是可质疑的，比如"常规"与"特色"之间在实践中如何互动与反哺。如此等等，都意味着运行 SCTT 样式，是需要持续的行动研究的。

正因为如此,SCTT 样式的区域整体运行,2019 年 9 月伊始即采用了行动研究的方法,作为一个"准课题"来对待,远早于 2021 年 12 月立项为浙江省教师教育规划 9 大重点立项课题之一(编号为 ZD2021003)时。

深入分析余杭 1.0 版的现实,描绘 SCTT 样式的框架,组织各种研讨论证,走访调研学校,不断分析和评估现状,合力解决研修中的各种问题。我们不厌其烦地这样做,一则为有效推进区域研修,二则培育优秀主持人队伍,三则凸显 SCTT 样式的研究性和生成性,让余杭 2.0 版校本研修更扎实地前行。

正是这样的定位和努力,SCTT 样式运行 3 年后,2022 年 6 月下旬,我们借全区教师对校本研修"满意度调查"的机会,提出这样的问题:"您所在的学校,哪项常规已经着力打造,如今已有所成就?"问卷调查的结果,如图 1.1-5 所示。

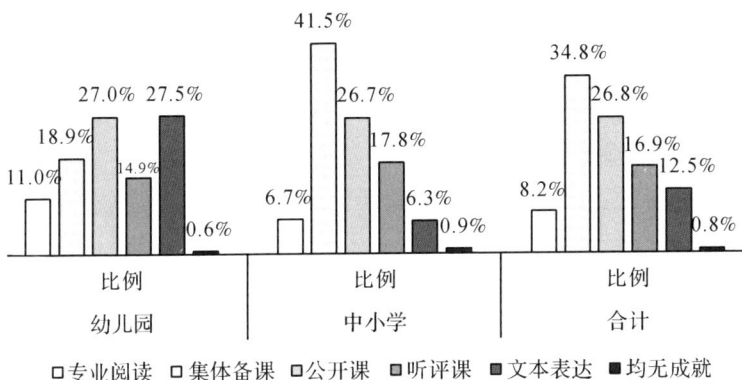

图 1.1-5　五项常规的成就感:幼儿园、中小学与整体

该题设计六个选项,要求教师从有所成就的五个常规和"均无成就"中选一。全区 10290 名教师,8760 份有效问卷(参与率 85%)显示,"均无成就"仅占 0.8%,这是令人惊喜的。学前段"公开课展示""文本表达"最受肯定,中小学段则较为集中于"集体备课""公开课展示"。天道酬勤,调查结果肯定了各校主持人的付出,表明了 SCTT 样式的"常规建设"预设正在发挥作用。

SCTT 样式的运行,基层学校的难点之一是"常规"的反思与变革,区域层面的一个难点则是"评价"。我们破除了百分制的束缚,引入了评分规则技术,评价重实证,然而如何甄别"真作为"和"假作为",我们至今还无法找到理想的方式。"满意度调查"是 2021 学年新增的评价项目,意在借此甄别真假作为以及作为大小。然而，教师出于对学校荣誉的维护，"满意度"的效度是存疑的。

同时，比较学前段、中小学段的校本研修，我们会发现学段越高，校本研修的投入越少、力度越弱。谈及教师研修，著名学者钟启泉教师多次大声疾呼"斩断应试教育再生产的链条"①。应试教育，不仅挤占了教师大量的自由研修时间（图1-5"专业阅读"所占比例偏低），更糟糕的是，如果"五项常规"的变革只是为"应试教育"作伥，在"应试"的道路上越走越远、越转越快，那是令人忧虑的。

随着"核心素养"进入课程方案、课程标准［《高中语文课程课标（2017年版）》《义务教育语文课程课标（2022年版）》］，第八次基础教育课程改革已进入"深水区"。教育改革的深入，顶层设计固然很重要，但理念、行动、制度上配套的教师研修更为重要。美国教师教育专家迈克尔·富兰（Michael Fullan）曾说："教育变革的成败取决于教师的所思所为，事实就是如此简单，也是如此复杂。"也正因为如此，崔允漷教授写道："中国社会渐次加剧的社会转型和深度推进的教育变革使得教师专业发展成为基础教育内涵发展的一个极为明确的论题。……要实现专业发展，教师就必须在学校这一教育现场系统地得到锤炼和提升。"②

学校作为校本研修发生的场所，理应立足全体教师的实践情境（S），不断改进教师日常专业活动的"常规"（C），培育符合学校与教师长远发展的研修"特色"（T），创设基于合作的学习共同体（T）。于此，学校校本研修管理者大有可为的空间，区域校本研修管理者的全区协调、规划和指导，更不容缺位。

如从2001年教育部颁布《基础教育课程改革纲要（试行）》算起，我国第八次基础教育课程改革已历时20多年。于宏大的基础教育课程改革事业而言，2019年启动的以SCTT为表征的余杭校本研修2.0版，仅仅是校本研修转型的开始，有太多的内涵、机制和子样式需要我们探究、发展和培育。

2.0版的SCTT样式，是眼前校本研修的"香格里拉"，但绝对不是最后的！

即如2.0版已不敷现实情境，我们也需要发展出校本研修3.0版、4.0版！

无限的前路，无限的风景，永远在跋涉者的面前延伸，展开……

---

① 钟启泉.教师研修的挑战［N］.光明日报，2013-05-22（16）.

② 安桂清，周文叶.教育改革时代的学校本位教师专业发展［M］.上海：华东师范大学出版社，2014：序言.

1.2 风"云"际会,"溪"望起航

——新建园园本研修起步之路

杭州市余杭区仓前云溪幼儿园 朱晓琳

上有云城,下有苕溪。云溪幼儿园,位处现代化的云城腹地和景色怡人的苕溪之滨。2021 年 8 月,我们独立建制。园本研修,我们刚刚起步。但是在余杭区 SCTT 样式的指导下,这一年我们规范起步,向有特色迈进。

开启双线管理新路径

"新"是我们云溪幼儿园最鲜明的特点。全新的园所、全新的团队、全新的领导班子、全新的园本研修主题。28 位专任教师,大部分来自仓前中心幼儿园;园长和副园长为他园新提拔上任;而作为园本研修主持人的我,来自新星幼儿园。就这样,全新的我们,开启了园本研修之路……

作为园本研修主持人,初识幼儿园、初遇园长和专任老师,又接到新的任务,完全没有经验的我心中充满了忐忑,幸而有了分管园长及时而贴心的指导。

分管园长耐心地向我介绍了园本研修的相关事宜:"我们余杭区的校本研修是在 SCTT 样式引领下进行的,作为新园,我们应按照区里的文件精神一步一步扎实开启。"研读余杭区《校本研修手册》后,我们达成共识:新建制园的我们,应该以规范起步,坚持实践(S)取向,先将常规(C)做实,为后续将我园特色(T)做亮,建设一支合作的、专业的教师团队(T)奠定坚实基础。余杭区校本研修样式的总引领,给我吃了一颗定心丸,我可以照着样式慢慢探索。

此外,我园领导充分重视园本研修,召开园务会议商讨:基于我们新建制园的实际情况,园方如何保障 SCTT 样式的顺利实施?如果只是从行政角度保障,研修教师的积极性如何调动?与此同时,我们也听到了一些声音:"我们之前研修的内容都是跟幼儿园特色相关的。""园本研修不需要每个老师都做的。""园本研修交交材料就行。"……

面对这些真实而又犀利的问题，我们下定决心：园本研修一定要基于教师实际需要；园本研修一定要调动教师们的积极主动性。我们确定了实施双线管理的园本研修实施路径，即行政线和业务线。

行政线，是指在园长统筹决策下，业务园长和园本研修主持人执行推进研修方案。我们通过讨论、访谈、调查听取各方意见，进行顶层设计。通过师徒结对、菜单式择师和项目组组建固定的建制组进行行政保障。业务线是指让专业能力强的一线教师有机会参与园本研修的组织与实施，最大限度发挥每位教师的专业优势。通过组长招募和项目招标的方式，让一线教师参与组织园本研修活动，让每位教师都有机会做园本研修的"主持人"。具体情况如图1.2-1所示。

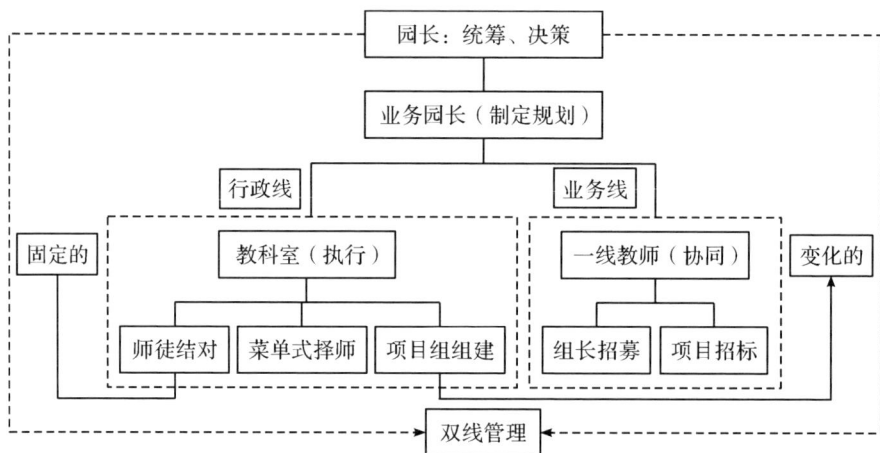

图 1.2-1　仓前云溪幼儿园的园本研修双线管理

两条线有分有合：大项目活动时是融合的，针对分层开展的活动时是分开的。通过双线管理，从行政线层面让教师们知晓园本研修的重要性、提升园本研修的意识；从业务线激发园本研修的热情，给予每位教师充分锻炼的机会。

开发研修项目新思路

厘清管理线后,我们开始思考园本研修的主题,制定园本研修的研修规划。原仓前中心幼儿园的老师研修的《支持儿童的"九十九种想象"策略探讨》已经非常成熟。但是我们刚起步,还没有特色课程,那我们研修什么呢?

以往园本研修项目的确立大多为自上而下的,并没有基于教师当下实际的需求,从而出现教师们"所研非所需"的情况。因此我们第一步就是要转变意识,厘清园本研修是"为谁研修"和"谁在研修"两个基本问题。"为谁研修"决定了我们园本研修项目的内容;"谁在研修"决定了我们园本研修的方式。

研读《打造余杭校本研修 SCTT 样式的行动纲领》时,我们发现"坚持实践(S)取向"的表述。是的,园本研修应该关注现实问题,从教师的需求出发。因此我们决定:我园研修的项目必须来源于教师需求,服务于教师需求,帮助教师获得发展需要,从而形成园本研修项目的实施闭环。

园方通过问卷调查和实地访谈两种方式了解教师的需求。校本研修主持人发放了"关于仓前云溪幼儿园教师园本培训需求的调查表"。每位教师填写完成后,主持人进行数据分析,发现有 98.4% 的教师对于"集体教学的设计与实施"有着需求,其中 63.6% 的教师把"集体教学的设计与实施"列入了需求的前三位。对于没有选择"集体教学设计与实施"的教师,我们又进行了实地访谈。通过访谈我们得知,没选择并不是没有需求,而是教师迫切度不高。此外,教师还对集体教学的研修提出了需要实操性强、有效性强的要求。

明确了园本研修的项目主题后,校本研修主持人制定了研修的课程和实施途径,并进行了全员审议。教师们各抒己见,研发了"有效研修"的四条基本途径:提升集体教学能力要不断实操;发挥教研组集体备课的作用;从模仿优质课开始;备课、说课、磨课和评课非常重要。基于教师们达成的共识,校本研修主持人将实施途径筛选、梳理并写进项目计划书。确立了我园"'四课'引领:提升教师集体教学实施能力"的园本研修项目。围绕"新教师模仿课""成长期教师汇报课""骨干教师示范课"和"教研组研讨课"的四课研修课程。

开拓研修方式新样态

研修方式的选择决定着研修的效果。我们遵循幼儿园"每个教师都要提高，但不一定是同步提高"的研修理念，设立了"三式"研修，深耕"'四课'引领：提升教师集体教学实施能力"的园本研修项目。"三式"研修，指的是指向教师的研修方式：浸润式、卷入式和引领式。

浸润式研修"以书润师"，主要通过业务线进行管理，以专业阅读为研修内容，一线教师轮流主持好书推荐和感悟分享活动。好书推荐通过设立线上固定日分享，老师轮流给大家分享自己阅读的专业书籍。感悟分享在每次的教研组教研活动前，教师轮流分享读书感悟，通过前摄分享和后摄分享来实现。前摄分享指的是教师在日常集体教学中，发现了问题，带着这个问题去书中寻找答案，并把自己的所思所想分享给大家。后摄分享指的是教师先进行专业的书籍的阅读，阅读后反思自己的日常教学行为，进行再实践，最后提炼优秀做法并分享给大家。

卷入式研修"以课促师"，主要通过行政线进行管理，依托园本研修项目"'四课'引领：提升教师集体教学实施能力"，以赛课的形式，促进教育教学能力。模仿课，主要针对刚入职的新教师，通过模仿名优教师的优质课，学习优质课的目标制定、环节设置、师幼互动等。以师徒结对的方式，师父对徒弟的课进行全程追踪指导。汇报课，以五年以上非名优教师为主，以"绘本集体教学"为研磨点，选择自己喜欢的绘本进行集体教学。通过菜单式择师的方式，成长期教师根据自己需要的生长点选择指导教师。研讨课，以教研组为单位，通过一课多磨和同课异构的方式，在同伴互助的听课评课中提升自己的集体教学能力。示范课，以集体教学的学区展示和区级评比为依托，通过集体磨课、参与学区展示和区级评比，达到以赛促教，以教促研的目的。

引领式研修"以联强师"，通过业务＋行政线双线管理，以展示交流的方式，通过专题讲座和展示交流两种途径，促进教师集体教学能力的提升。我们外聘专家进行讲座，带来满满的干货，教师学习并撰写心得感悟。再通过承接展示交流的活动，让教师与学区内姐妹园进行相互听课、评课，获得学习点。具体情况如图 1.2-2 所示。

"三式"研修

浸润式	卷入式	引领式
专业阅读	"四课"引领	展示交流

好书推荐	感悟分享	新教师模仿课	成长期教师汇报课	教研组研讨课	骨干教师示范课	专题讲座	承接活动
线上固定日分享	前摄分享	师徒结对	菜单式择师	一课多磨	学区展示	外聘专家	学区展示
	后摄分享			同课异构	区级评比		

业务线　　　　　　　　行政线　　　　　　业务+行政双线

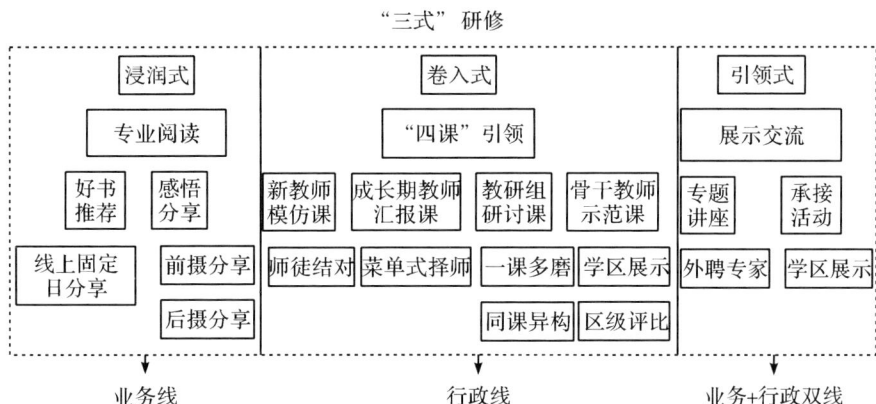

图 1. 2-2　仓前云溪幼儿园的"三式"研修

全新的幼儿园、全新的领导班子、全新的教师队伍、全新的研修项目……

虽然我们很稚嫩，但是我们在 SCTT 样式的引领下，着重于实践(S)取向和将常规(C)做实两大块，关注研修中的实际问题，自下而上确定研修项目，并以业务线激发教师高质量的实践，在"三式"研修中提升教师的专业能力。

作为新建园，我们努力通过研修寻找日常专业生活的集体节奏。"三式"研修、"四课"引领，将教师的集体备课、公开课展示、听课评课作为重点内容，常态化推进教师专业能力的提升。此外，我们与杭州师范大学展开合作，得到了杭师大专家的引领。我们还与片区的姐妹园相互交流，共同进步。

在风云际会的时刻，我们也将抓住机遇，迎接挑战，带着"溪"望起航！

1.3 一波三起话研修，一来二去是十年

——校本研修的学校蝶变故事

杭州市余杭区闲林和睦小学 杨 晶[①]

"十年之前，你不认识我，我不认识你。"对于教科室工作如此，对于校本研修工作亦如此。十年，对于一个教科室主任来说，有点长。以这样的方式向"教科室"做一个正式的告别，想来也是极富情感的述说……

教科室主任的十年，历经我校和我区校本研修的成长过程。说不上哪个阶段更好，但相信肯定是朝着更好的方向改变，进行着化蛹成蝶般的蜕变。

一波是执行：学校伸出指挥棒，科室挺着机关枪

一眨眼的十年前，三十而立的我出任学校教科室主任一职。什么也不懂，但搞明白了教科室主任主要做两件事：省平台培训和校本培训。省平台的培训工作相对简单，因为有主办单位会发起培训项目，作为主任只要合理指导选课，基本就可以了。可校本培训真是一件头大的事，不知道要做什么，该怎么做，到底为什么要做。

很庆幸的是，起先的四五年，分管校长也是颇具经验的。在学校当年工作规划的前提下，根据教学线的实际工作思路，他会理出教师培养及培训的总体思路，然后给出当年的详尽的校本培训方案。对啦，那时我们还叫"校本培训"。

作为科室主任，我只要弄明白方案的思路，搞清楚操作的流程，组织好校本培训现场展示，做好校本培训总结工作。而作为校本培训的主要参与者教师，基本出于"三无"状态——对培训方案无具体了解，对培训主题无具体参与，对培训

---

① 杨晶老师2022年9月调入余杭区教育发展研究学院，担任小学道德与法治学科教研员。

结果无具体兴趣。不是说老师们没有参与培训,只是培训方案一旦制定,基本只有校长和科室主任知道今年的校本培训要做什么,怎么做,目的是什么。作为关键参与者的老师,对来龙去脉并不清楚,即使是多次参与培训活动,也认为那是教务处的教研活动。所以老师们存在一个盲区:校本培训就是教研活动。

当然,因为没有上级部门的具体研训方向,所以学校只是基于自己的实际教学要求,结合教研活动开展的特点然后"整合"出了校本培训方案。比较形象地说是先有了教研活动安排,然后再套上了校本培训的外套。实际上就是缺乏校本培训自身的灵魂,只是一具空壳。学校,或者说,校长就是校本培训的指挥棒。

相对来说,那几年作为校本培训主持人较为轻松。最后做总结时,会想当然地问教务处要各种教研活动材料,而且基本的培训材料都来源于教务处。而老师们通过校本培训得到了什么,作为学校也是云里雾里,因为只要一结束,省平台会自动给分数,仅此而已。所以老师们只是听说过有"校本培训"这个词,但不知是什么。学校虽然设立教科室,也有专门的校本培训主持人,但基本只在制定方案和区里出校本培训考核结果时才会说起这件事情,整一学年的校本培训的过程无人问津,自然作为主持人也只会"指挥棒"向着哪里,"机关枪"就扫到哪里。

那几年的校本培训主持人当下来就有一种错觉:只要交了方案,做了总结,大不了中间再来个全区展示,基本就完成了一年的校本培训任务。校本培训到底有没有给老师们带来专业上的成长,学校到底有没有更科学、更有计划地开展校本培训,似乎也就成了谜团。

二波为探索:科室探出指挥棒,高校成为助力团

四五年的科室主任当下来,对于校本培训也有些处变不惊。正好也赶上分管校长更替,然后又遇上学校和浙江外国语学院(以下简称浙外)的合作,所以校长们制定好学校发展和教师培训大方向后,就把教科室主任推到了校本培训的最前沿,让校本培训主持人尝试掌控那根指挥棒——先是根据学校总规划制定可行的校本培训方案,再和浙外沟通设计培训项目、讨论如何展开,然后将全校教师按类别进行分组,在浙外专家团队的指导下有序开展培训活动。

那两三年的校本培训，作为主持人是很辛苦的。首先，校长认为你经验老到，在这方面比他们有经验，基本完全放手，所以作为主持人必须逼着自己走向专业，握好"指挥棒"。其次，由于浙外的介入，教授们无论是站位的高度，还是理论知识的广度，抑或培训目标达成的深远度，远比你一个小学教科室主任高得多，深得多。浙外这个专家助力团无疑成了学校开展校本培训的"定心丸"。而我只是对本校教师和学校自身的实际比较了解而已，所以作为主持人要学的、要做的还有很多。再次，因为有学校的统一规划指导，又有浙外的理论与实践指导，学校校本培训活动就真正地得以以教科室教师培训的名义有序、有计划地开展。

如此一来，教师培训的开展无形当中增加了老师们研训的压力。有趣的是，老师们对自己专业成长的期许较之以往就大起来了。所以此时的主持人压力就很大，一是引导教师在正常教学之余开展培训工作的思想压力，二是有序组织培训并开展培训的操作压力，三是回应教师培训期望值的精神压力。轰轰烈烈地开展培训，老师们在专业成长上到底收获多少？是不是只是走过场，流于形式？校本培训的开展到底对学校的发展有无助推力，有多少助推力？这些都是校本培训主持人和学校应该思考的。

当然，几年和浙外合作下来，有学校层面的规划，有高校专家的理论与实践指导，慢慢也发现校本培训开展得较为有实效，特别是围绕语文、数学和英语三大学科团队开展的聚焦课堂诊断的培训，通过专家的诊断和同事间的互诊，实实在在地提高了课堂教学的效果，也提升了教师把脉课堂教学的能力。

这两三年的校本培训工作，应该说是扎实有效的，但总感觉有点不接地气，不够常规务实，即使是源于"师本"和"校本"，但教师主动性多少还是欠缺的。我校聚焦课堂教学开展校本培训，活动虽多，课堂诊断与指导较为及时精准，教学质量提升也有目共睹，但教师成长的速度存在较大差异，同年级组间、班与班间的差距也较为明显，教师的教材解读和教学设计能力还是较弱。所以，作为学校的校本培训到底该朝怎样的方向走，还是需要继续摸索。

三波来创造：区域现出统筹力，科室实现创新力

2019年8月，我校从集团办学中脱离出来，正式独立建制。也正是在这时，余杭区"校本培训"正式改名为"校本研修"，正式提出"实践（S）－常规（C）－特色（T）－团队（T）"的校本研修SCTT模式。

我校在分管校长的领导下，组成了由陶彦敏校长为组长、分管校长金忠明为副组长、教科室主任的我为校本培训主持人、各教研组长为组员的校本研修领导团队。在深度理解SCTT研修模式的前提下，分析学校现状，发现学校的师资队伍结构较为均衡，但教科研现状堪忧；教师的校本研修意识较为淡薄，且研修目标不明确。

为更有效地进行教科研能力培养，我校拟继续聚焦课堂教学的"集体备课研究"，实施为期三年的以"研"为特色的校本研修计划：以集体备课为载体，形成校本研修"1＋2"和"2＋1"式的研究模式，使校本研修逐步科学化、规范化、系列化，形成研修模式；通过对集体备课、课堂诊断的学习研究，学习观察和解析学生课堂反应、教材解读等，提升教学案例、论文和课题等方面的写作能力，最终发展教师的教学能力；通过"1＋2"和"2＋1"模式的集体备课研究研修，培养一支促进教育改革和学校发展需要的教师队伍，让教师在专业发展中提升自己；通过打造一支教学能力强、教科研能力佳的师资队伍，助力学校独立建制各方面的发展，努力实践办老百姓家门口满意学校的终极目标，提升学校品质。

为期三个学年，每学年的校本研修内容做尝试性规定，项目推进过程中及时予以校正、完善与丰富。2019学年，我校成立名师工作室，完善新锐营，成立精锐营。同时，侧重于道德与法治、音乐、美术等综合学科，以教研组和年级备课组为研修小组进行集体备课，聚焦课堂，观察课堂，解读教材，备好一堂课，关注课堂生成，提升课堂机制。再通过理论学习和专家指导等，要求新锐营教师上好常态课，精锐营教师上好示范课，中年教师开好展示课，关注课堂，提炼经验，把握课堂。

2020学年，扩展至语文、英语学科。要求老师们读好一本书，理论联系实际，了解案例结构、内容及要素，学习案例反思的撰写。同样，新锐营教师上好常态课，精锐营教师上好示范课，中年教师开好展示课，关注课堂，提炼经验，把握

课堂。

2021学年，基于团队力量的常规教学实践，基本已经形成自己的特色，所以学校打算做精做深，优化了学校的校本研修模式，如图1.3-1所示。

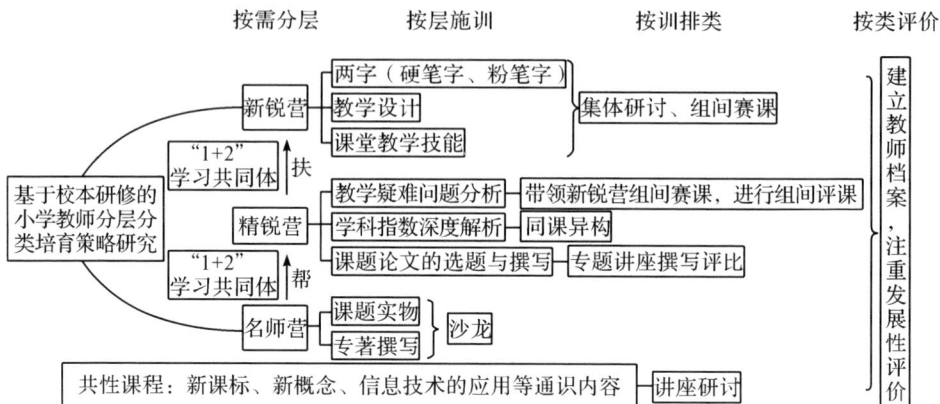

图 1.3-1 闲林和睦小学校本研修基本模型

应该说，在我区SCTT校本研修模式的理念统筹下，学校教科室协同其他科室对校本研修进行着创新研修，摸索出了一条基于常规研修的务实研修道路，同时也呈现出凝聚团队力量的特色创新研修风采，真正使校本研修扎根于"校本"和"师本"，做到全员参与，且有成效性地积极参与，真正凸显了校本研修的价值。

SCTT研修模式实行三年，对于我校的校本研修来说，效果是稳步凸显的，带来的变化是令人振奋的。回首前几年，学校难得有机会承办区级公开展示活动，各类论文评比上交名额用不完，各类获奖更是屈指可数，课题立项更有点"囊中羞涩"之感。而2019学年以来，老师们上公开课的机会多了，论文评比上交前需进行校内评比了，课题立项"接踵而至"，名优教师的队伍逐步扩大。仅2021学年，新锐营的多名教师承担学区公开课，均获好评；精锐营教师参加区优质课比赛，均获一等奖；区技能大赛一等奖，多个课题省市立项，多篇论文发表……

感恩校本研修，学校不仅打造了一支名师带头、骨干为主、全员合格的学习型、合作型的教师队伍，更培养了一个个内心平和、扬善敦睦、知其道、行其事的和美少年，最终发展成了老百姓家门口的满意学校。

校本研修的十年，真是精彩的十年，真是蛹蝶飞出绚烂之彩的十年！

1.4　自能成羽翼，何必仰人梯

——SCTT 样式下跨校共同体的研修故事

杭州市余杭区太炎中学　黄玉燕

"黄老师啊，感谢你们精心组织的几次活动，我们几个青年教师都觉得受用，参与积极性也明显高了，接下去打算策划什么活动呢？"

这是兄弟学校分管副校长给我打来的电话。每次听到这样的声音，收到这样的信息，内心都是暖暖的、充实的。接手余杭片联盟学校互助共同体活动工作以来，一个个设想，慢慢地在不同的活动中落地、发芽。

怎么办：借用 SCTT 样式的架构

2021 年 4 月，姚玉明校长找我，告诉我，余杭片辅导站牵线成立余杭片联盟学校互助共同体，并由我们学校牵头负责开展活动。姚校长还不忘再次叮嘱：在一周内拿出整体活动方案。

说实话，当时我脑袋里有点蒙：光杆司令的我，面对教科室的各项工作已经有些焦头烂额，又接到这样的任务瞬间倍感压力。但是事情来了总得面对，我很快调整好状态，开始思考这事儿怎么办？

首先，立马咨询姚校长，辅导站牵线这一活动的具体目的是什么？我们学校又希望通过这一平台的搭建、活动的开展达成什么样的目标？我希望通过澄清这两个问题为后续活动组织明确方向：借助余杭片学校互助共同体的打造，目标共生、活动共创、资源共享，与其他兄弟学校一起协同发展。

其次，与部分教师交流，摸清共同体活动可能的需求，希望后续的活动能在尽量不增加额外工作量的情况下有效开展。

最后，综合考虑各种因素，从主体上，我们将活动的起步锁定在青年教师的培养上。一方面,联盟学校的青年教师有自我发展意愿但缺乏组织与平台,专业化发展不均衡且明显断层,这大大限制了学校向更高品位发展的步伐。另一方面,随着未来科技城、城西科创大走廊板块的高速发展,对学校教育提出了更高的要求,青年教师作为学校发展的有生力量,其培养工作对学校的长远发展尤为重要。

从组织上,我们计划由余杭片各互助共同体学校教科室具体牵头,融合学校名师工作站、教研组常规活动的开展,组织校际校本研修活动,协同开展青年教师培养活动。其中,我们借助了校本研修 SCTT 样式的架构,将 SCTT 样式的精神与联盟学校的实际、青年教师的需求一并思考,形成如图 1.4-1 所示的行动框架。

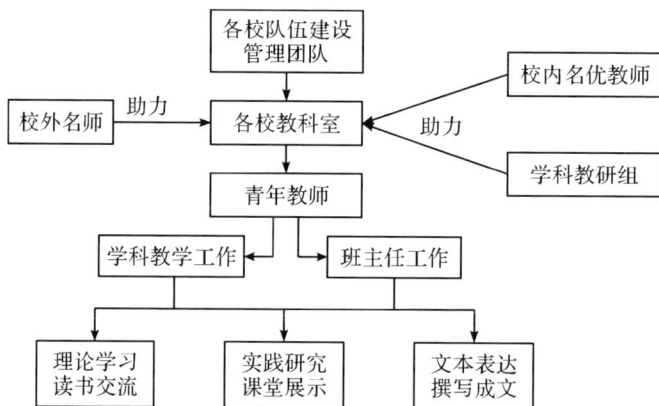

图 1.4-1　余杭片联盟学校互助共同体的行动框架

"吐槽"：首次活动的惊艳

活动大方向已定,但对活动会产生的效果内心还是没底的,尤其是对第一次活动的开展更为紧张。

都说"经历就是财富",每一名教师的成长都需要一个过程。现在的青年教师入职初期承担的工作量都比较大,会出现各种不适应、不满意,私下也会有各种吐槽的声音。与其任由负能量发酵,不如给大家举办一次同龄人的"吐槽大会"？让大家共同分享自己工作中的真实经历、所思所悟,从班主任到学科教学,同龄人的讲述可能更能唤起彼此的共鸣。

经过前期沟通、对接，各自校内交流，4 月 30 日，余杭片互助共同体学校系列活动开幕式暨青年教师教学故事分享会在余杭区太炎中学进行。来自太炎中学、中泰中学、闲林中学、人大附中、新明半岛英才学校、中泰武校等兄弟学校的近 50 名青年教师参加了本次活动，其中 11 位青年教师在会上作了精彩分享。

围绕"傲慢与偏见"，陈成老师讲述了贵州支教时的两个小故事，告诉我们为人师需要放下偏见与不公，把最纯真的爱留给学生。从与多动症学生相处的经验入手，童闻天老师告诉我们常态化看待特殊孩子，可以让我们看到更美好的他们。

薛雯雅老师分享了与学生冲突到和解的经历，她说："尊重、倾听、理解学生，才能处理好学生情绪，真正解决问题。"胡美庆老师"以心换心"，从学生的点滴进步中感受到了简单纯粹的幸福。

李鑫涛老师分享了与家长间的冲突与解决技巧，班级在苦乐交织中"起航"；欧成龙老师讲述了自己的教科研摸索之路，干货满满，或许忐忑，但坚持修炼内功，积极外部输出，逐渐迎来自己教科研的柳暗花明。

师生相处，课堂教学，家校交流，同事合作……一个个话题，一番番感悟，闪烁着光芒。讲述者、听讲者，眼睛泛着光。青年教师需要这种倾诉、倾听的感觉。

依稀记得，那天现场时不时自发的掌声，师者有爱、教育有道、成长有路，带给大家的观感是复杂的。在我看来，那是一场无关评比的分享活动，更是一场没有竞争的故事交流。有的只是青年教师们真实的经历与感受，有痛苦有迷茫有挣扎有尝试有突破有喜悦；有的只是青年教师们对未来的期许，过程艰辛但依然勇敢向前。

"凡是过往，皆为序章；凡是未来，皆为可期。"破圈、跨校、抱团，这是互助共同体学校青年教师协同培养的第一次尝试，我们已经开始期待第二次活动……

"卷"起来：享受筹备的忙碌

分享会开了个好头，给了我信心，也促使我继续思考后续活动的开展，怎样真正为青年教师们的成长提供刚需。

　　时值 5 月,我校申请承办的余杭区校本研修展示活动即将到来。听说几所学校都在酝酿安排新教师年度汇报课之后,我立马联系各个学校,计划把新教师展示课、学校"卷入式"校本研修展示及我校的名师工作站活动等合而为一。

　　这事儿困难不小,一方面希望为青年教师诊断课堂提供多方支持,另一方面我有"私心",想看看学校正在探索的"卷入式"校本研修,其他学校老师参与的时候是否觉得适用。而这事儿必须多方协调、紧密衔接才有可能直观呈现,所以不到展示的那天,一切都是未知数。当然,我自己首先要确保做好规划。

　　5 月 16—17 日,各校发动报名。考虑到我校"卷入式"校本研修当时仅在语文、数学学科试行,故本次只进行语文、数学课堂展示,具体流程如图 1.4-2 所示。各兄弟学校负责派出第一轮上课及作观点报告人选,我校负责安排第二轮展示教师。

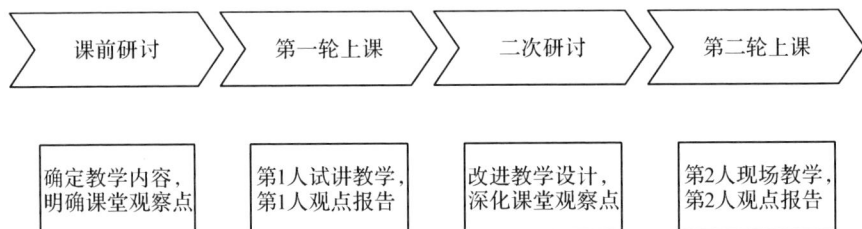

课前研讨	第一轮上课	二次研讨	第二轮上课
确定教学内容,明确课堂观察点	第1人试讲教学,第1人观点报告	改进教学设计,深化课堂观察点	第2人现场教学,第2人观点报告

图 1.4-2　"卷入式"校本研修模式实践路径

　　5 月 18—20 日,上课老师参与我校语文、数学教研组集体备课,确定上课内容、确定组内成员课堂观察点,初步完成备课。

　　5 月 21—24 日,邀请特级教师吴丹青、苏建强老师和学科组教师参与第一轮上课听评课,并进行专业指导;融合各方建议,组内共同完成第二轮备课。来自兄弟学校的几位青年教师几乎都是第一次得到特级教师面对面的指导,感觉思路瞬间打开了:以往参与听评课更多关注的是课堂呈现的表现、形式等外在的东西,实际上现象背后都有自身的理论支撑。

　　5 月 25 日,完成第一轮上课和观点报告的视频剪辑与活动准备。

　　5 月 26 日,余杭区中学校本研修展示活动暨互助共同体学校青年教师成长活动在我校顺利开展,来自余杭区中学段近 50 名校本研修主持人和余杭片互助共同体学校同仁参与了本次活动。

我还记得和教育学院林荣凑老师的多次电话沟通,反复商议活动的命名、呈现、组织等,在交流过程中也让我的思路越来越清晰。我很感谢林老师的支持与指导,让我们可以大胆地将构想搬到大家面前,并在大家的帮助下不断完善。

从理论构想到实践检验,我们的"卷入式"校本研修已经试行近一年,校际层面的体验还是第一次,青年老师们发现原来研修"还可以这样搞";从不明所以到投入其中,尤其是活动现场的研讨,让青年教师对课堂的关注从无意识向有意识迭代,也只有将无意识的概念、行为、感觉,经过有意识、有目标、有组织的设计,将其植根于教育教学实践,才有可能真正突破困境,唤醒校本研修强大的生命力。

借着余杭校本研修 SCTT 样式打造的东风,第二次尝试同样带给我们很多惊喜,全员参与、全员卷入。每一所学校、每一位老师都是实践者,更是受益者。

看书:源头活水汩汩来

2020 年 9 月,我刚接手教科室工作时,曾做过一项"教师专业书籍阅读"的调查,发现我校教师年平均阅读量不足 1 本。在前两次的活动中,我也明显地感觉到了青年教师们理论学习的缺乏,比如在观点报告阶段缺乏系统性与理论高度、处理面临的各种教育教学问题缺少成熟的策略、对教育前沿资讯敏感度不够、教育格局视野不够开阔等等。

这些问题的解决,除了需要经验的积累外,还可以通过专业书籍的阅读来获取。第三波活动灵感就这么来了! 2021 年,余杭片互助共同体学校暑期青年教师读书活动方案应运而生!

读什么? 开卷总有益,青年教师们可以根据自身兴趣与需求,选择任意一本自己喜欢的书,可涉及教学、科研、管理、文学、心理学等。

怎么玩? 都说,读书是门槛最低的高贵行为。我们希望大家能把这份"高贵"让更多人看到。第一,每位青年教师至少选择一本书推荐给大家,以动态视频的形式(微电影、PPT 微课、思维导图等)呈现,视频内容可以是对书本内容的解读也可以是自身体会等。第二,公众号分批推送大家的读书推荐视频,全部推送完毕后,进行网络票选,让更多人参与进来。第三,组织专业评委对大家的视频成果进行评选，组织"悦读会"现场交流分享。

效果呢？我们的活动得到了很多老师的点赞，既是一次专业阅读，又是一次彼此丰富理论底蕴、加强交流的好机会。这恰好也为各兄弟学校组织教师参加区教师读书演讲比赛提前做好了准备。

"读书不是为了应付明天的课，而是出自内心的需要和对知识的渴求。"有的时候我们未必明白心中的渴望，当我们通过不同形式赋予读书更多趣味时，潜移默化中我们反而享受到了纯粹的读书乐趣。

在路上：用脚步丈量未来

青年教师教学故事分享会、卷入式课堂研讨、读书交流会、新老对话经验分享会、正念体验课（团体心理健康辅导）、户外拓展、解题析题评比，一个接着一个的活动，将这一年的研修天空点亮了。

我们不拘泥于固定的形式或场地，所有的活动因需而设，都是一种摸索与尝试，亮点与不足并存，成效与困难同在。

我骄傲地看着青年教师们的成长，活动积极性高涨了、专业阅读量多了、课堂驾驭力强了、参评获奖率高了，真为他们高兴！

"自能成羽翼，何必仰云梯"，每个人的成长路都离不开前辈、专家的指引，然而我们自己内在的能量不应该被忘记，同伴之间抱团成长的能量同样可能超乎想象。青年教师培养，我们一直在路上……

1.5　那束光照亮了我们的前路

——SCTT 样式下教研组的研修故事

杭州市余杭区良渚第一中学　汪　倩

在余杭区校本研修 SCTT 样式的导引下,我们良渚一中数学教研组开始摆脱各种低层次的勤奋和努力,主动对接时代,改变常规研讨方式,探索高效集体备课,从而为学校高效教学贡献力量。一群团结友爱、目标一致的数学老师们,正以 SCTT 中的集体备课为抓手,同舟共济扬帆起,乘风破浪万里航。

那束光，照进了我们的专业生活

教研组、备课组的集体备课活动,是教学中占比最大的学习交流活动,也是整个教研组携手共进的关键活动。但集体备课时,我们数学组的教师们大多只是聚在一起,聊聊教学的进度,说说教学中遇到的问题,感慨学生反复出错,分享自己下载的资料,等等。大家发现,集体备课似乎变成了流于形式的一种"老友会",效果捉襟见肘。

2020 年 12 月,我有幸观摩了临平二中的集体备课活动,聆听了杭州市余杭高级中学彭小妹老师的集体备课操作,他们的做法让我大开眼界;通过与林荣凑老师的沟通交流,结合 SCTT 样式的机制,我初步反思了本校的集体备课问题:缺乏主题、流程不清、分工不明。

校本研修 SCTT 样式,犹如一束光,照进了我们的专业生活。

发现问题之后,教研组急忙召开会议,围绕:"怎样的集体备课是好的?"共同商定集体备课主题、流程与分工。

有老师提出:"在实际教学中,反复讲解的知识点,做过讲过很多遍的题,学生还是会错,并且,会的人早就会了,不会的人再讲也还是不会。"

　　基于这个大家都认可的现象，教研组内教师开始头脑风暴，积极讨论，最终商定集备主题为：基于命题的集体备课。

　　那一刻，我们都相信，我们将告别昔日的"老友会"，一场巨大的变革将会在校本研修 SCTT 样式的指引下如约而至……

借着光的指引，走出集备变革的"三步"

　　校本研修 SCTT 样式，其"C"指向常规活动，且明确区域五大常规——专业阅读、集体备课、公开课展示、听课评课和文本表达。这些常规活动，教研组（备课组）都在做，问题是该经历怎样的专业行为，发展出怎样的专业水准？

　　一番头脑风暴之后，我们确定了具体流程及分工，如图 1.5-1 所示。

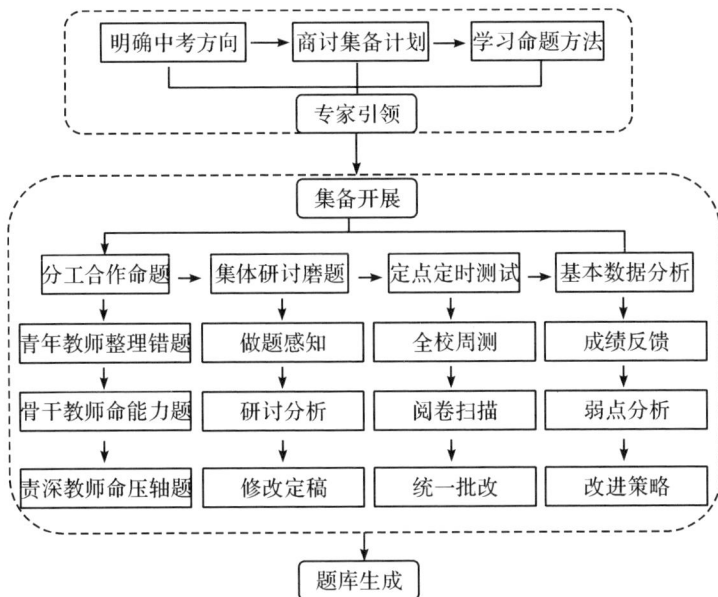

图 1.5-1　良渚第一中学集体备课流程图

　　集体备课变革第一步：专家引领。为了更高效更合理地展开命题，我们向学校提出申请，希望可以邀请专家指导我们找准方向、学会方法。学校领导欣然答应。在专家的建议下，我们结合学情，将命题按照能力考查层次，从宏观上分为：

知识题、能力题、压轴题;按照学生需求,从微观上分为:错题、变式题、难题;从练习的形式上,分成易对练习、纠错练习、周测练习。

集体备课变革第二步:实践优化。按照商定的集体备课流程,教研组内教师各自完成自己的任务,共同打造有价值的、适合自己学生的练习。与此同时,在实践中,我们不断优化、完善集体备课的流程。

(1)分工合作命题。备课组内教师分工合作,各取所长,共同编制针对 A 层学生的易对练习与 B 层学生的纠错练习,以及共同使用的周测练习。其中,年轻教师搜集学生错题,并对其进行变式,举一反三,着重梳理基本概念,培养分析问题、归纳小结能力;骨干教师命制能力题,着重渗透基本图形、基本解法,注重培养学生解题能力;资深教师命制压轴题,着重提升学生数学思维的发展能力。

(2)集体研讨磨题。集体备课前,作为备课组长的我,将组员完成的练习进行汇编,并在集体备课时,下发给备课组内教师,进入第一环节:做题,并按照分工进行试题分析。第二环节:研讨,按照分工,教师逐个对所做题目进行分析,讲解优点与不足,其他教师根据分析提出修改意见,优化试题。第三环节,则是结合试卷布局,根据试卷类型,综合考虑难度、题型、知识点,挑选合适习题,分别形成易对练习、纠错练习及周测练习。

(3)定点定时测试。每周五下午三、四节课,是固定的周测时间,年级内所有学生在同一时间完成同一份周测卷,答卷扫描后由备课组统一批改。为激励学生,采用光荣榜形式对年级前 30 名的优秀学生及进步较大的学生进行表彰。

(4)多元数据分析。在这个大数据时代,数据是最为有利的工具。依托周测数据,教师轮流进行数据分析,反馈学生的考试情况、知识漏洞及能力点;并利用反馈结果,明确下一次集体备课的主题及分工,具体情况如图 1.5-2 所示。

集体备课变革第三步:生成题库。利用软件的错题功能,搜集学生的易错题,并将其下载下来,结合教师命卷及学生纠错,充实学校的错题库。

有主题、有计划、有分工的集体备课,为教师们的团结协作提供了保障。通过教研组成员们的通力合作,不仅组建了学校的错题库,还通过定时周测,丰富了学校的预估和评价体系,创造了更多让学生受表彰的机会,极大鼓舞了学生的学习热情,达到了集体备课增值提效、教师增值赋能、学生增值减负的效果。

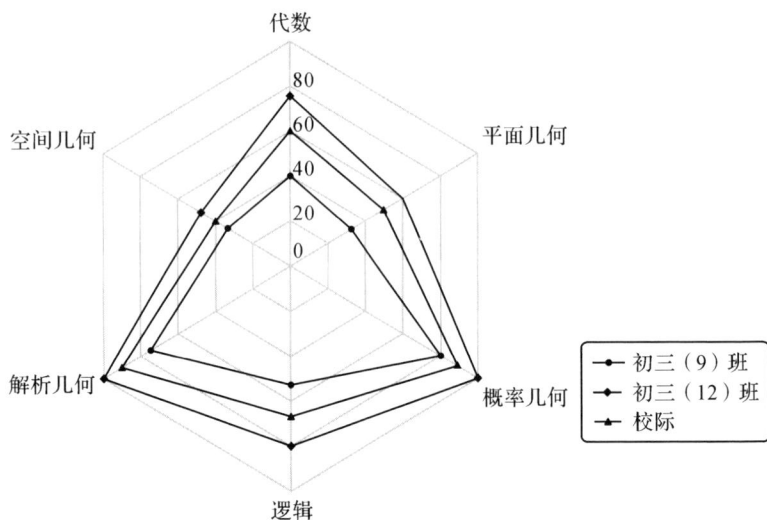

图 1.5-2　数据分析雷达图

那束光，照亮了我们

两年来，我们数学教研组变革与发展了传统的研讨方式。在这束研修之光的引领下，我们自我拯救于方向迷失的黑暗中，突破自我，迎着光明，取得了出乎意料的成绩。我们的集体备课成果——《迭代·赋能：基于命题的集体备课模式》案例获得了 2020 学年余杭区校本研修满分案例。

乘着集体备课的成功，我们也努力于专业阅读、公开课展示、听课评课、文本表达等研修，也获得了喜人的成绩。近几年，在文本表达方面，我们数学教研组收获颇丰：

· 省"互联网＋义务教育"典型案例 1 人次；

· 参与省课题并获一等奖 1 人次；

· 市中小学幼儿园教学研究评比一、三等奖各 1 人次；

· 区作业改革案例一等奖 1 人次；

· 区项目化学习案例一等奖 1 人次；

· 课题成果和教学论文屡获区市奖励；

· 在教学课程方面,我们多次承担区级公开课,数学项目化优质课取得余杭区二等奖的好成绩。

我校数学教研组的一切成就,都要感谢 SCTT 样式校本研修为我们带来的光明与希望。聚焦教师专业发展的需求,着眼于教育教学研究,我们在进步,在成长。

那束光,照亮了我们的现在,也将照亮我们的未来⋯⋯

1.6 假如时光有颜色

——搭上校本研修 SCTT 样式的列车

杭州市余杭区良渚第一中学　杨崇佳

作为学校项目主持人的我，在转岗到学校教科室的那一刻，校本研修的区域大幕也刚好拉开。两年的时间，从窘迫茫然到踏实前进。我这位"菜鸟主持人"也在余杭区打造校本研修 SCTT 样式的机遇下迅速成长着。倘若时光有印记，它一定记录着过往的奋斗轨迹；倘若时光有颜色，它一定折射出岁月的光影。

时光是出师不利的灰色

"丁零零——"拿起电话，传来徐卫平校长的声音："崇佳，这学期开始由你担任学校教科室主任，主要负责管理学校教师培训发展工作，你看怎么样？"

电话这头的我顿时没了声音——不知该如何回答。对于只在政教处和办公室任职过的我来说，教科室工作是一个完全陌生的领域。而这份新的工作，没有操作说明书，没有上岗培训，也没有导师领进门，我心中不由得发虚。电话那头的徐校长察觉了我的犹疑，鼓励说："没关系，到时让之前负责教科室工作的老师来传授下经验，有什么困惑我们一起解决。"听到这里，我心里的鼓点稍稍平息了下来，于是乎，我就这样在 2020 年 9 月上了岗！

一开学，我接到的第一个校本研修任务便是制定《校本研修三年规划》《校本研修项目计划书》和《学分分析报告与研修名册》。面对这项任务，一个个疑问不由自主地涌上我的心头："三年规划"如何与学校发展总规划自然衔接？怎样制定才能形成我校独有的研修特色？区里会认可这份规划书吗？……

疑问重重，我只能硬着头皮，抱着完成任务的心态完成了这件事情。虽然也请教了之前担任学校教科室工作的老师，参考了前两年的申报材料，但依旧没有任何清晰的工作思路。我也只能无奈地"摸着石头过河"。

这些仅仅只是问题的开始。10月中旬,区教育学院将材料评审的反馈评价下发给了各个学校。令我感到深深挫败的是,因未能足够了解区域校本研修的总体路径,我们学校的两份材料都存在着属性不符合的问题。我对校本研修才渐渐有了方向感,对现实的无知和无力成了工作中最大的痛点。

得知此情况后的徐校长安慰我:"知道问题出在哪,才能对症下药!"这让我又燃起了与校本研修"磕到底"的决心与信心!

时光是启蒙阶段的白色

得知要去参加区校本研修主持人会议,我的心情颇有些忐忑:会不会听不懂呢?但心中更多的兴奋已然占据了上风。我缺的不就是这样一次宝贵的学习机会吗?我有种深深的预感,这次会议会为我提供一把开启这一全新领域的大门钥匙!

学校主持人在台上介绍了一个又一个优秀校本研修案例,我望着屏幕上不断翻动着的图例,脑海中逐渐理解了校本研修在学校呈现出的真实形态。原来它从来都不是一份空洞的计划,而是真正落地的学校行为和教师行动。

紧接着,省师干训中心卢真金教授从校本研修的内涵、目的、要求、内容、形式和管理五个维度对校本研修做了专业、全面且通俗易懂的解读,使我在宏观上对校本研修有了全面的了解与清晰的认识。我也进一步认识到了校本研修对于学校的持续发展,对于教师的专业成长和学生的全面发展有着多么重要的意义。

更宝贵的是,林荣凑老师对打造余杭校本研修 SCTT 样式的推进意见做了解读,对余杭区校本研修 SCTT 样式做了详细的介绍,并提出了 7 条推进建议。SCTT 样式从微观上为学校校本研修工作厘清了思路,为校本研修主持人提供了考量学校校本研修工作实施情况的一个客观依据。通过对照 SCTT 的具体内容,我们可以重新审视学校校本研修工作的计划与实施等各个环节并及时做出调整。

不知不觉,会议已持续了近三个小时,我却丝毫察觉不到时间的流逝,如被打通任督二脉般的畅快遍布我的每一根神经和每一个细胞!我的思路是从未有过的清晰！此次会议无疑是一次启蒙会议，满足了我对校本研修的认知需求，更让我明白了学校校本研修工作不是一项可以应付的任务，而是一份沉甸甸的责任。

会议接近尾声，2019学年校本研修考核优秀的学校正上台接受表彰，我在想，明年这个时候，我们学校是否也能获此殊荣？也许看起来是一种"奢望"，但我更愿意把它当成是一粒希望的种子。

时光是学习进阶的红色

第一次会议结束后，我立马做了两个改变：一是购买了校本研修和教师专业发展专题的书籍，我想对校本研修有更专业的学习和了解；二是基于SCTT样式框架，在学校原有的研修活动上，思考如何把专业阅读做得更具特色一些。

徐卫平校长基于学校现有的资源，提出了一些实际可操作的建议："崇佳，我们可以利用朗读亭将教师的阅读有声化，结合学校的德育主题，教师录制介绍书籍内容的音频，通过每周在校园广播台播放的方式，做好阅读学习的宣传与渗透……"

层出不穷的点子在教科室的空气中碰撞，我在雀跃不已的同时也着手梳理了学校教研组的各项活动，从校本研修的视角重新审视了活动的计划与实施、成果与时效。随后我马不停蹄地同教研组的老师们做了具体的沟通，在集体备课、校本教研等常规活动上，老师们都想到了很多新的做法，大家你来我往，有意见有创新，原本只是一次小小的探讨，却持续了近两节课的时间！

时间一路飞逝，12月份临平二中的校本研修片级展示活动中，我们将目光聚焦到了实践的学习内容上。我也向林老师申请了带学校年轻教师一起去学习。在临平二中，我和数学组的汪倩老师一起观摩学习了他们呈现的集体备课样式。看到了与我们学校截然不同的模式及实施成果，我和汪老师对他们真是膜拜啊！真专业！真精彩！原来集体备课还可以这样！这也更加坚定了我们坚持做集体备课的决心，我们相信，集体备课模式是可以在集体的努力下得以维持并在集体的智慧中得以创新与完善。

此次会议还邀请到了余杭高级中学生物组的彭小妹老师。她分享的余高生物学教研组集体备课的经验,也给大家留下了深刻印象。我们发现备课组的合作存在于教学的方方面面,是点点滴滴工作的积累,集体备课不仅仅是备好一堂课,更多的是教师之间的合作共赢。

趁着午间休息,我们与林荣凑老师做了沟通,希望能在校本研修工作上得到林老师的指点。林老师询问了我们学校的基本情况,说可以安排到我们学校开展一次现场调研,具体问题具体分析后,再做进一步指导。这一次沟通虽然简短,却收获很多,我们获得了一次专家把脉的机会。

那天会议结束,在回家途中,我和汪倩两人就开始构思数学集体备课活动开展的途径与改进方案……

时光是专家把脉的金色

盼啊,盼啊,那一天终于到来了!

2021年1月24日,余杭区教育学院领导来我校开展校本研修现场调研。林老师提前提醒我完成调研的准备(包括问卷调查),帮助我们了解教师对校本研修的认识和实际需求,并做了详细的数据分析。

现场调研从我们学校的校本研修材料入手,全面分析了学校校本研修的顶层设计,帮助我们重新梳理了区域校本研修的总体路径。同时,双方整合文献调查、教师座谈和问卷调查的数据,研究激发团队研修活力的难题。就我校教师结构趋于老龄化、团队发展缺少活力这一现状提出了诸多研修手段(导师团、琢玉讲坛、学思案引入、集体备课样式探讨、公开课机制完善、老教师纪念册等)。

三位区教育学院领导对我们学校提出了具体的希望,希望我校能基于余杭校本研修 SCTT 样式,继续分析教师需求,全面建构适合本校的研修机制。全面诊断校本研修中存在的问题,提高校本研修的针对性和实效性,更好地促进教师团队发展和学校教学质量的提升。此次调研,为破解我校校本研修难题提供了新的思路——我们迫切需要根据不同教师的发展需求,打造一个具有校园文化特色、能凝聚起全员教师力量促进教师专业发展的校本研修平台。

俗话说:"晒草要趁太阳好。"趁热打铁,我们把这个提议撰写成了教师教育的课题方案——"琢玉匠院:基于教师专业发展多元需求的载体设计与研究",申报了杭州市2021年教师教育科研课题研究项目。本课题基于教师专业发展多元化需求的载体设计与实施，创造各种有利于研修的条件和机制。以琢玉文化为特色，加强教师群体的合作，重视教学常规的落实，推进教师基于实践情境的专业发展。

之后，我和朱倪阳老师一起参加了余杭区太炎中学校本研修展示活动。我们观摩了太炎中学的语文和数学科目的课堂实践，主持人高度评价了太炎中学学生的课堂表现。我们也很好奇课堂背后的故事——老师们的智慧是如何凝聚起来的？

那天下午的培训活动中，林荣凑老师带领着校本研修主持人开展了沙龙式学习——研修主持人视角的诊断，分片区对太炎中学集体备课模式进行探讨。每个片区都讨论得热火朝天，大家纷纷拿起马克笔在白纸上不停地画着写着。最后，每个片区都展示了探究的结果，通过图文的形式在白纸上完美地呈现出来。主持人之间智慧的碰撞，激发了彼此的深度思考和专业表达，从不同片区的展示中，我们也看到了在实践过程中反思的重要性，校本研修的持续推进，需要我们在不断的复盘中实现迭代生长，最终走向稳定，做出实效。

时光是创造未来的颜色

近两年的时间里，在校领导和老师们的共同努力下，我校的琢玉匠院体系至2020学年第二学期已初步构建完成。聚焦教师专业发展的需求、围绕教育教学研究的校本研修活动得以有序开展。

琢玉青年教师社团。围绕专业阅读，以学生的德育主题为依据，以提升教师的教学为目标开展了微信推送、广播栏目、朗读演讲、线上直播活动。教师通过阅读不仅能获得自身成长的喜悦感，更有助人成长的成就感，通过多渠道向全体师生传达阅读的重要性。阅读的功能外显，也实现了教师的赋能。

琢玉学科工坊。围绕打造琢玉课堂的精准教学模式为具体任务，组织教师开展课堂教学研究实践。在各教研组骨干教师的组织安排下，教学研究的实践过程中不仅有朝气蓬勃的青年教师，也出现了资深教师的身影，打破了历来只有青年教师参与课堂研究的不良局面。其中，在琢玉匠院名优教师课堂展示活动中,12位区级名优教师以身作则,提供示范课例供青年教师学习研究。琢玉匠坛的资深教师们也积极参与到青年教师和骨干教师的培养活动,积极承担听评课的评价任务,帮助青年教师打磨课堂,对青年教师的教育教学工作进行指导。

学校的集体备课活动。不仅得到了老师们的认同,还在形式上有了创新与发展。特别是理科教研组的教师,结合学科特点,围绕命题开展集体备课,并利用数字化平台管理,做好集体备课成果的数据管理与分析。这种基于命题的集体备课模式是有主题、有方向、有计划的集体备课,实现了教师群体效益的最大化,为教师个体赋能,为学生学习减负。

接连不断的好消息也一个劲儿向我们涌来。2021年4月,学校课题"琢玉匠院:基于教师专业发展多元需求的载体设计与研究"在杭州市2021年教师教育科研课题评审活动中立项。6月,案例《阅读四件套,为教师赋能》被收录进《余杭区2020学年校本研修优秀案例集》。我和汪倩老师合作撰写的案例《迭代·赋能:基于命题的集体备课模式》还获得了2020学年余杭区校本研修满分案例,在余杭区2020学年校本研修考核中,我们学校被评定为优秀等级……。

一年前在心底埋下的种子,原来真的发芽生长了!

一路行来,我们见证时光的缤纷,感受到成长是具有无限力量的。作为校本研修的主持人,我也希望在校本研修区域发展的大背景下,找准努力的方向,以创新之志、工匠之心,呈现更精彩的内容。

第二部分 学理基础与运行机制

亲爱的读者，让我们一起走进SCTT样式。

我们从追寻校本研修的源流开始。这不单是行文的套路。经验告诉我们，某些区域、学校校本研修屡屡出现主体被动化、过程形式化、内容碎片化等问题，原因不是管理者缺乏专业精神，而是缺乏专业视野。从教师学习的内容、方式和影响因素的探讨出发，探寻校本研修的历史脉络和现状是必要的。

在廓清历史和现状的基础上，我们提出了校本研修SCTT样式。S、C、T、T，分别是"实践""常规""特色""团队"这四个词语汉语拼音的首字母。校本研修SCTT样式作为一种研修形式，基于中小学实践情境的定位，通过组织常规活动和特色培育，以求建设和发展学校成为"学习共同体"（团队），不断满足教师专业学习和发展的需求。其最简洁的表达，就是实践情境、常规活动、特色培育、团队建设。

提出SCTT这一样式概念的同时，我们就设计了一整套运行流程，区域层面的，学校层面的。不仅如此，我们费时三年多，集余杭区幼儿园和中小学之力（分区前至少268所，分区后至少176所），开展自以为扎实的行动研究，不断发现和校正运行中的问题，倾心打造校本研修"当下最好"的样式。

现在呈现在读者面前，就是这个"当下最好"的样式。但我们十分清楚，SCTT样式有十分广阔的发展空间，还可以持续发展出诸多"当下最好"的样式。

这个使命，就自然地落在"咱们"的肩上！

2.1　教师学习与校本研修

"校本研修"的曾用名是"校本培训"。除非历史的或引文的表达需要,我们都将用"校本研修"的概念。这不仅是教师行动主体的回归和尊重,还因为我们所称的"校本研修"着眼于专业修炼、专业修为,融合了"校本教研""校本科研""校本培训"等概念的内涵,以获得基于学校、为了学校(和教师)的真义。

时代的发展,要求每一名社会成员成为终身学习者。教师更需如此。有的教师教育研究者,尝试以"教师终身学习"一词来代替"教师专业发展",并注重教师个体学习转向通过教师专业共同体来促进教师学习。[①] 在"教师专业发展"与"教师专业学习"两个概念之间,我们倾向于后者,且从"教师学习"的角度切入。

一、教师学习的内容

从系统的视角看,教师学习涉及学习动力、学习内容、学习过程、学习的影响因素等元素。我们先来看教师学习的内容,讨论"学什么"的问题。余新的《教师培训师专业修炼》提供了一个形象的"五指模型",如图 2.1-1[②] 所示。

这一模型,是从"学生学习"中迁移过来的,教师对此并不陌生。这一模型有助于开启对教师学习内容的思考,但未能突出教师作为"成人学习者"的特点。更多研究者运用其他方式来揭示教师学习的内容,如罗伯特·斯腾伯格(Robert J. Stenberg)认为教师知识有内容知识、教学法的知识、实践的知识;格罗斯曼(Grossman)认为教师知识包括一般性教学知识、学科知识、教学内容知识和背景知识。不过,国际最著名的分类,是 1987 年美国学者李·舒尔曼(Lees. Shulman)的分类:

---

①　朱旭东,裴淼.教师学习模式研究:中国的经验[M].北京:北京师范大学出版社,2017:1.

②　余新.教师培训师专业修炼[M].北京:教育科学出版社,2012:54.

情感、态度和价值观

技能　　　　　能力

行为

知识

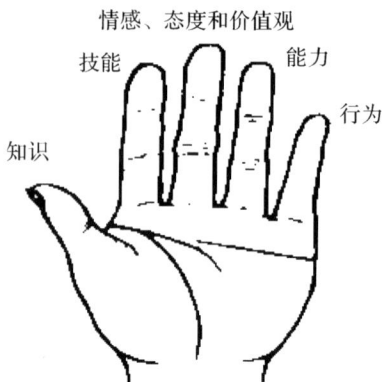

图 2.1-1　教师学习内容五要素

（1）学科内容知识；

（2）一般教学法知识，尤其是关于课堂管理与组织的一般原则和策略，这种知识似乎超越了学科知识；

（3）课程知识，尤其是掌握教师工作中必不可少的教学材料和教学计划；

（4）学科教学知识，即学科内容与教学法的具体结合，它属于教师独特的领域，即他们自身特有的专业理解力；

（5）关于学习者及其特点的知识；

（6）教育情境的知识，包括小组或班级的运作、学区的管理及财政资助、社区和文化的特征；

（7）有关教育结果、目的、价值，及其哲学基础和历史基础。①

为简明起见，这七方面的知识，我们可以分成四大类②：

（1）本体性知识，教师所具有的特定学科知识，直接支持学科教学的知识，即舒尔曼所说的第1类知识；

（2）条件性知识，指支持教学行为顺利进行的策略性知识，包括舒尔曼所说

---

①　黑恩,杰塞尔,格里菲恩,等.学会教学:教师专业发展导引[M].丰继平,等,译.上海:华东师范大学出版社,2009:55.

②　我国学者林崇德、申继亮、辛涛也有类似的分类。如林崇德等提出教师的知识结构包括本体性知识、条件性知识、实践性知识和文化知识,见:林崇德,申继亮,辛涛,等.教师素质的构成及其培养途径[J].中小学教师培训:1998(1):10-14.

的第 2、3、4、5 类知识；

（3）实践性知识，指教师教育教学积累的经验，可称为案例知识、情境性知识、默会性知识、综合性知识、个体性知识等，相当于舒尔曼所说的第 6 类知识；

（4）素养性知识，指教师的哲学态度、教育理解以及气质、人格、智慧、兴趣等不直接支持教学，却能间接影响教学活动的知识，包括但超越了舒尔曼所说的第 7 类知识。

四类知识，既有先天的成分（如气质），但更多来自后天的学习，包括职后的不断学习，即杜威"不断地保持经验中良好的东西"，这里的"保持"理解为"发展""丰富"等更妥当，实践已然证明了这一点。

如引入职前（师范及以前）、职后的元素，四类知识可以用图 2.1-2 表示：

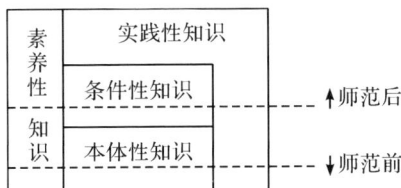

图 2.1-2　教师知识的构成

这四类知识中，最值得讨论的是"实践性知识"。

教师的职前教育，四类知识均有不同程度的积累，最受关注的当然是本体性知识；经由师范学习或教师资格考试，条件性知识的概念框架也已初步建立，但这并非意味着进入教师岗位就是合格的教师。

何谓"实践性知识"？按现行流行的说法，中小学的教育教学本质上不是技术性实践，而是反思性实践。钟启泉认为，教师的工作依存于变动不居的具体的情境，在实践中发现道理并同情境展开对话的"反思性实践"，支撑"反思性实践家"同情境对话的"行动中的反思"的知识，就是"行为中的智慧"。[①]

关于实践性知识的构成，中外学者多有研究。北京大学教育学院陈向明基于其"教师的实践性知识是教师真正信奉的，并在其教育教学实践中实际使用和（或）表现出来的对教育教学的认识"的定义，认为实践性知识包括六个方面：

---

① 钟启泉.读懂课堂［M］.上海:华东师范大学出版社,2015:151.

(1)教师的教育信念，包括对教育目的、"好"的教育等的理解；

(2)教师的自我知识，包括自我概念、自我评估、自我教学效能感、对自我调节的认识等；

(3)教师的人际知识，包括对学生的感知和了解、热情、激情等；

(4)教师的情境知识，主要通过教师的教学智慧反映出来；

(5)教师的策略性知识，指教师在教学活动中表现出来的对理论性知识的理解和把握，主要基于教师个人的经验和思考；

(6)教师的批判反思知识，主要表现在教师日常"有心"的行动中。[①]

她还按教师对其实践性知识的意识和表达的清晰程度，将实践性知识分为可言传的、可意识到但无法言传的、无意识的或内隐的三类。后两类大都来自教师的个人经验，与迈克尔·波兰尼（Michael Polanyi）提出的"默会知识"[②]非常类似。我国学者喜用冰山模型来说明显性知识（海面以上）与默会知识（海面以下）的关系。

对教师学习内容（教师知识）的认知，事关教师学习方式的安排，乃至教师教育的取向与定位，在介绍 SCTT 样式时，我们还将就此问题延伸讨论。正是学界对教师实践性知识的重视，才有诸如"到中小学去研究教育"的呼声。

二、教师学习的方式

教师学习的方式，是随着学习内容研究的发展而发展的。在教师"实践性知识"得到认识和重视前，教师教育主要采用两种方式：一是师范院校学习本体性知识和条件性知识，书面考试，易脱离实际；二是入职后模仿优秀教师的可观察行为，听课、评课，重机械模仿，缺乏分析、批判和隐性知识显性化。

之后，中外学者都展开了教师学习方式的新探索。学习科学的名著《人是如何学习的》也探讨了"一线教师的学习机会"，认为"一线教师一直都是通过各种

---

① 陈向明.实践性知识：教师专业发展的知识基础[J].北京大学教育评论,2003(01)：104-112.

② 20世纪英国著名物理化学家、思想家迈克尔·波兰尼（Michael Polanyi）将知识分为显性知识（explicit knowledge）与"默会知识"（tacit knowledge）。他的名言是"我们所认识的多于我们所能告诉的"（We can know more than we can tell），参见：迈克尔·波兰尼.个人知识：迈向后批判哲学[M].许泽民,译.贵阳：贵州人民出版社,2000：131.

途径学习教学",并分析列举了以下途径:

(1)教师从自己的教学实践和行动研究中学习,获得新知识,获得对学生、学校、课程和教学方法的理解;

(2)教师在与其他教师(包括教研室主任、校长)的互动过程中学习,这种学习在正式的和非正式的情境下都会发生;

(3)教师通过在自己的学校内参与学位课程学习,参加具体的由顾问开设的教师提高课程而向教育专家学习;

(4)很多教师报名参加研究生课程学习;

(5)教师从正式的职业工作之外(如做父母、社区)获得学习。[①]

教师继续学习的途径非常广泛,很难对其进行一般性归纳。以上仅是基于美国一线教师(front-line teachers)学习情况的归纳,但可由此反观我国中小学教师。相比于美国,我国由于五级(全国、省、市、区、校)教研、科研机构的设置,有着比美国中小学教师更多的学习机会和学习方式。浙江省教育厅教研室张丰老师研究并归纳了教师学习的六种方式,如表 2.1-1 所示。

表 2.1-1 教师学习的主要方式[②]

教师学习的形式	机制特点	教师学习的主要指导方式
读书与思考	自主性学习	教师学习提供资料与技术条件,组织有益的交流活动,营造讨论交流的氛围和平台,以交流促进思考和学习
对话与交流	交流性学习	
网络阅读与交流	分享与互动学习	
参加培训活动	接受性学习	组织教师培训,以有意义的任务促使学习深化
实践锻炼培养	指导性学习	以师徒方式进行教育教学实践的业务指导
探究性实践	研究性学习	开展以改进实践为目的的行动研究

表 2.1-1 显示了张丰老师 2007 年前的研究成果。尽管其当时就主张从"培训"转向"学习"并用"教师学习"概念,但其中不免使用"培训""培养"等概念。此

---

① 约翰·D·布兰思福特,等.人是如何学习的:大脑、心理、经验及学校(扩展版)[M].程可拉,等,译.上海:华东师范大学出版社,2013:171.

② 张丰.校本研修的活动策划与制度建设[M].上海:华东师范大学出版社,2007:117.

外，随着科技的迅猛发展，网络学习已不限于"阅读与交流"。教育领域新技术的引进，改变和丰富着学习方式，不仅有学生的，还有教师的。

《人是如何学习的》专章讨论了"技术支持下的学习"，为我们描述了使用新技术的图景，包括：(1)把令人激动的、基于真实世界的问题引入课堂；(2)提供促进学习的支架和工具；(3)给学生和教师提供更多的反馈、反思和修改机会；(4)建立包括教师、管理人员、学生、家长、实践科学家和其他有兴趣的人在内的本地共同体和全球共同体，以及由此而来的拓展了教师学习的机会。①

教师学习方式的丰富性和时代性，使得研究者(如前所述的布兰思福特、张丰)很难做完整而又富有前瞻性的归纳②。借鉴他人研究的成果和方式(如 Edgar Dale 的"经验之塔"③)，我们试着绘制教师学习之塔，如图 2.1-3 所示。

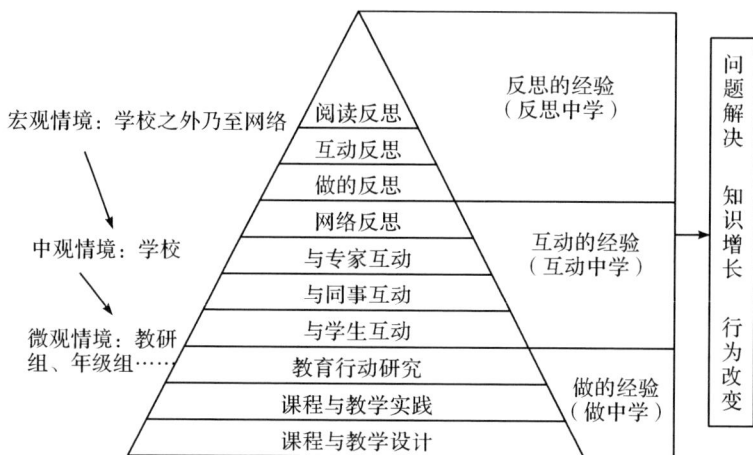

图 2.1-3 教师学习之塔

图左意在强调教师学习总是处于一定的"情境"(微观、中观、宏观)之中。中间

---

① 约翰·D·布兰思福特，等.人是如何学习的：大脑、心理、经验及学校(扩展版)[M].程可拉，等，译.上海：华东师范大学出版社，2013：184-208.

② 朱旭东等曾提炼11种发生在中国学校的教师学习模式：基于赛课的、基于学历提升的、基于师徒制的、基于访问的、基于名师工作室的、基于教研组教研的、基于课例研究的、基于课题研究的、基于教师培训的、基于大学-(幼儿园)中小学合作的、基于农村教师研修工作站的。参见：朱旭东，裴淼.教师学习模式研究：中国经验[M].北京：北京师范大学出版社，2017.SCTT 样式设计时，我国利用文献法制作了六大类30种"研修形式备择"导图(参见图 1.1-1，本书第3页)。这些均属于学习路径(途径)，而非学习方式。

③ 叶力汉."经验之塔"理论及其现实指导意义[J].电化教育研究，1997(2)：20-24.

的"学习之塔"参照埃德加·戴尔(Edgar Dale)"经验之塔"绘制。戴尔的"经验之塔"在由具体逐渐向抽象过渡的图解中,将学习经验分"做"的学习经验、"观察"的学习经验、"抽象"的经验。借此,我们将教师学习分为:做的经验(做中学)、互动的经验(从互动中学习)、反思的经验(从反思中学)。三类经验学习十个层次的结构虽不很符合学习心理的逻辑,但有助于凸显教师学习方式上的特点:实践情境学习、共同体学习、经验反思学习。SCTT样式关注"实践情境""常规活动"与此密切相关。图右"问题解决、知识增长、行为改变"则表明了教师学习的倾心和结果。

图2.1-3主要适用于职后教师学习,仅注明最典型的学习方式。比如"从互动中学习",互动的对象远不止学生、同事与专家。互动学习的范围甚广,如图2.1-4[①] 所示。

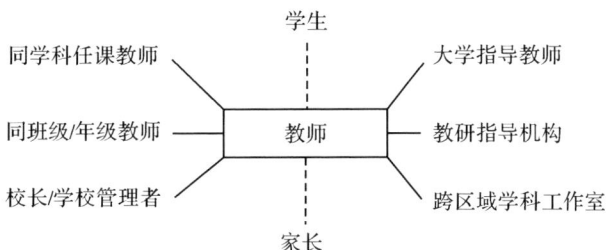

图 2.1-4　互动学习的范围

图中,左、右侧分别指校内、校外交往的关键人物。在习惯性的印象中,教师是一个具有个体性的职业。然而,当我们以图2.1-4的框架来思考的时候,就会发现,教师职业需要拥有霍兰德职业理论中的社会型、研究型兴趣的人格特征。

三、教师学习的影响因素

教师学习的影响因素,总是与教师专业发展阶段联系在一起。为此,我们这里先介绍有关教师专业发展阶段的研究成果。自20世纪60年代以来,中外学者各从不同视角做了研究,胡惠闵等归纳了五类:职业/生命周期阶段理论、心理发展阶段理论、教师社会化阶段理论、"关注"阶段理论和综合阶段理论。[②]

这里介绍崔允漷的五阶段论,他是基于关注问题和合作特征来划分的:

---

① 林荣凑.基于标准的语文教学[M].重庆:西南师范大学出版社,2020:167.
② 胡惠闵,王建军.教师专业发展[M].上海:华东师范大学出版社,2014:58-63.

表 2.1-2　教师专业发展的五阶段①

阶段	时间	关注问题	合作特征
求学	/	我想当个好老师！	/
职业求生	1～3 年	我能当老师吗？	跟着做
职业适应	3 年～退休	我知道怎么教？	独立做
职业成熟	5 年～退休	学生需要我怎样教？	合着做
专业成熟	10 年～退休	好教师是我吗？别人说我不错，自己觉得不怎么样？	带着做

表 2.1-2 区分"职业成熟"和"专业成熟"，参考富勒（F.Fuller）"关注"阶段理论（从自我关注、任务关注到学生关注），并辅以"合作特征"来分析，是一种简明扼要且适合中国教师职业生涯特点的粗线条描述。

为何有的教师只停留于从教 3 年、5 年的水平不再发展？影响教师专业学习和进步的因素有哪些？教师教育研究者基本沿着教师个体的内因、外因（外在环境）和专业发展时段的路线进行。相关的研究成果不少，这里介绍诺丁汉大学克里斯托夫·戴（Christopher Day）的归纳，如图 2.1-5② 所示。

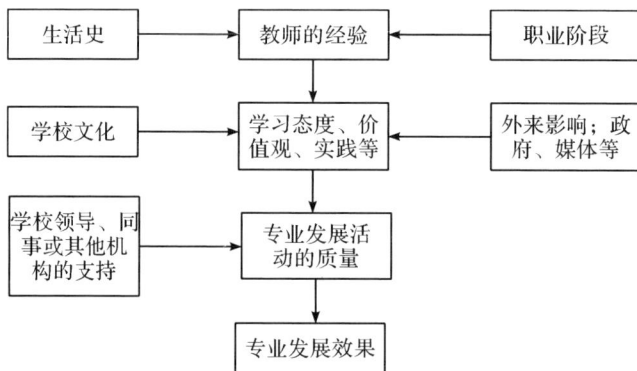

图 2.1-5　影响教师专业发展的因素

图 2.1-5 既包含了教师在专业的发展阶段（职业阶段）、教师个人的生活史

---

① 崔允漷.走向专家型教师[CP/DK].华东师范大学研修中心讲座,2010-06-22.
② 胡惠闵,王建军.教师专业发展[M].上海:华东师范大学出版社,2014:67.

(作为教师当前及未来对于专业之理解及行动选择的基础和背景)，又包含了教师个人的素质(学习态度、价值观、实践等)、专业发展活动本身的质量，还包含了来自教师之外，甚至学校之外的教师专业活动之背景的影响，如学校文化和来自校外结构的支持或影响。分析视角是很开阔的，对于理解"教师学习"的影响因素颇有意义。

四、校本研修的历史发展

教师教育的发展，是随着"教师学习"的研究而发展的。纵观全球，教师教育有四个出发点，分别是政府中心、高校中心、教师中心和学校中心。由于对教师实践性知识的关注和重视，以教师、学校为中心的校本研修得以兴起和发展。

校本研修，最早被称为校本培训，出现于英国。1971年，英国约克大学名誉校长詹姆斯·波特(Jams Potter)在《詹姆斯报告》中提出："教师的在职培训应始于学校。学校是教学实际发生的场所，是各种课程与教学技能得到发展的场所，是各种教育需求得以体现的场所。每一所学校都应将教师的在职教育视为其任务的必要部分，而且学校的每个成员对此都负有责任。"[①]随着教师专业化运用的发展，校本培训模式受到各国的欢迎与推广。

我国的校本培训探索，自20世纪80年代后期开始，上海在建立继续教育制度的过程中，已开始以学校自培为基本形式的校本培训探索。90年代后，校本培训探索自发扩大，吉林省吉林市、北京市丰台区、湖北省十堰市等地的早期实践形成了不同特色的校本培训操作模式。

1998年12月，教育部出台《面向21世纪教育振兴行动计划》，提出实施"跨世纪园丁工程"，大力提高教师队伍素质。1999年9月，教育部在上海召开全国中小学教师继续教育和校长培训工作会议，会议明确提出"对中小学教师进行的全员培训要以校本培训为主"。同年9月13日，教育部颁发《中小学教师继续教育规定》，第12条明确提出"中小学校应有计划地安排教师参加继续教育，并组织开展校内多种形式的培训"。在此背景下，校本培训的各种形式纷纷涌现。21世纪初发端的基础教育第八次课程改革，新的三级课程管理催生了"校本课程"

---

① 转引自：张丰.校本研修的活动策划与制度建设[M].上海：华东师范大学出版社，2007：120.

"校本教研""校本科研"等一系列概念，与"校本培训"相伴而行，校本培训也得到迅猛发展。

其实，全面梳理我国的"校本研修"，需要从"教研组"（校本教研）开始。中华人民共和国成立前，中小学就建立了较为正式的学校教学组织，负责教学管理、教学研究。1936年，民国教育部的《小学规程》规定，"小学有教员五人以上者，应组织教育研究会，研究改进校务及教学训育等事项"。

中华人民共和国成立后，教育向工农开放，学校、学生激增，师资不敷使用，遂大量扩充教师队伍。为保证教育教学质量，教育部门开始强化备课指导，开展教学观摩活动，这是校本教研的早期萌芽。1952年3月，教育部颁布的《小学暂行规程（草案）》和《中学暂行规程（草案）》最早提出教学研究会议制度。1957年，教育部颁布的《中学教学研究组工作条例（草案）》是我国第一部也是迄今唯一一部有关中小学教研组的专门法规，它将中学教学研究组简称为"教研组"，明确了教研组的性质、任务与工作内容，并对教研组的设置及组织管理做了原则性的规定。此后，小学也陆续建立了教研组。教研组与班主任会议均由教导处管理，对学校（校长）负责。

改革开放后，随着学校规模的扩大，许多学校增设年级组，实现扁平化管理；教研组下设备课组，教研组及备课组成为学校推进教学、研究及相关工作的重要组织，备课分析、课堂研讨、资料编写、组织考试是教研工作的主要内容。不过，各校教学研究的质量和水平参差不齐，较多学校的教学研究自上而下的"贯彻执行"比较多，针对学校、学科实践的问题相对较少。

20世纪90年代，学校群众性教育科研运动勃兴。教育研究不只是高校专家学者的专利，中小学教师也要开展教育教学研究成为共识。各地通过课题管理与指导、教育科研方法的普及培训以及区域性教改课题，促进了学校和教师开展理论联系实践的教育教学研究。很多学校设立了教科室，负责学校教育科研工作的组织与管理，在研究实践中培育了一大批教学管理的业务骨干。

2001年，教育部颁布的《基础教育课程改革纲要（试行）》，提出"改变课程管理过于集中的状况，实行国家、地方、学校三级课程管理"。在此背景下，"学校本位"（基于学校、为了学校、在学校之中）的理念得到传播，校本课程、校本培训、校本教研、校本科研、校本评价等概念和实践活动风起云涌。

如是发展十多年,研究与实践者发现,省市县(区)教科室、教科所、师干训中心的"千条线",到学校则是"一根针"。如果不加整合协调,势必无助于学校和教师的实践、研究与发展。为此,有的县(区)尝试将教师进修学校(校本培训)、教研室(校本教研)、教科所(校本科研)合并,成立县(区)一级的教师发展中心(名称各异),整合教研、科研、培训的"校本研修"概念也悄然走红。

从语源上探究,"研修"源于日本汉字词汇,主要有学习、研究、修炼的含义。用"校本研修"整合校本教研、校本科研、校本培训,是对数十年来教学研究、教育科研和教师培训工作的反思与改进,是回归教师学习本源的明智选择。浙江省中小学教师培训中心 2019 年 10 月发布的《浙江省中小学教师专业发展校本研修工作指导意见》,即使用"校本研修"的概念。这一概念,将解决教师教育教学实际中的问题与教师专业发展的目标有机统一起来,教师从"受训者"转变为"研修者",将更有利于广大教师积极主动地参与学习、实践和研究。当然,有没有可能变为现实,还有待于省、市、县(区)三级机构的纵向改革、整合与协调。

浙江省至今还保留着教研室、教科院、教师培训中心三者并列的机构设置,它们在教学研究、课题研究、教师培训管理的权限内指导各县(区)和学校开展工作。若以当今"校本研修"的视角看,浙江省教育厅教研室柯孔标、张丰等业经十年(2004—2013)实践、探索和提炼"校本教研"的经验值得关注,如图 2.1-6[①]所示。

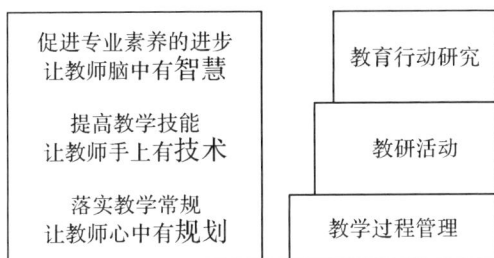

图 2.1-6 教师研修方向及形式的层次性

张丰认为,校本研修的关键不在于发生的场所,而是研究是否以学校为出发

---

① 张丰.校本研修的实践嬗变[M]//安桂清,周文叶.教育改革时代的学校本位教师专业发展.上海:华东师范大学出版社,2014:183.

点,是否在关注研究学校教育教学中实际发生的问题,它是将教学实践、教学研究和进修提高密切结合的教师学习方式和工作方式。它重视实践性知识,按教师的入门到其成熟,将教师研修区分出三个层次:首先是关注教育教学常规的落实,目标是"让教师心中有规则";其次是关注教育教学能力的提升,"让教师手上有技术";最后是关注教师专业素养与应用理论改进实践的能力,"让教师脑中有智慧"。

余杭区校本培训从 2004 年发端,探索形成了"校本培训项目制"模式。该模式由组织系统、操作系统、支持系统、运行系统和评估系统等五大系统构成。

组织系统:区级按四个层次(区校本培训指导中心、学区组长、辅导员,以及学校项目主持人),实行组织管理、过程管理、质量管理等三维管理;校级,一般由校长、项目主持人、职能科室(一般为教科室)、学科或学术团队(如教研组、年级组、课题组)构成线性的组织结构,保障项目正常有序地开展。

操作系统:明确了项目计划的设计(内容、思路、呈现格式)、申报和审批的流程,明确了区级四个层次管理运作的过程和要求。

支持系统:动员教育行政、培训机构、基层学校三方优势,为项目的开展提供制度、政策、经费、资源的支持。

运行系统:明确行政、培训机构、中小学(幼儿园,下同)、培训者、行动者(教师)等卷入校本培训项目的责任及落实运行的要求。

评估系统:由校级考核(教师个体考核、项目实施情况的调查、学校总结自评)和区级考核(辅导员对培训项目评价、考核小组实地考核评估、区域性项目调研与评价、区评估组综合评议、公示及表彰)两个子系统构成。

五大系统的设计和运作,将余杭校本培训迅速带上正轨,功不可没。然而,由于培训、教研与教科的条块分割①,又未能将校本培训嵌入教师日常专业生活的"教学"主阵地,实际运作中出现名为项目、实为拼盘的现象,校本培训的有效性和发展性大受制约。十年后,随着区域管理者的退居二线,后任无以为继。

---

① 研究当年的成果材料,我们发现这样的文字:"把科研、教研、培训结合起来,也有人称'一鱼多吃'。但应该突出培训的特点,毕竟培训在形式和手段上还是有别于教研。"从中不难看出区域校本培训管理者职权上的尴尬。见:朱跃跃,刘堤仿,徐建华.教师校本研修培训项目制[M].北京:中国书籍出版社,2013:90.

当然,校本研修的问题,不独余杭存在。有学者基于调研与文献分析,发现当前校本教研存在主体浅表化(对教研缺乏深度理解)、过程形式化、内容碎片化、方式大众化、制度无序化、引领表层化六大困境①。这里说的虽是校本教研,其实这些问题同样出现于校本研修。此外,教师被动参与研修、研修定位脱离实践情境、为学分的形式主义研修、研修不能沉淀专业底蕴等问题也普遍存在。

---

① 吴立宝,栗肖飞.中小学校本教研的困境、成因与突破路径[J].课程·教材·教法,2019(6):125-130.

2.2 SCTT 样式的学理基础

从本源视角认知教师学习,我们体验到了清明;从历史视角回顾校本研修的历史发展,我们感受到了荣光;分析全国和区域的现状,我们意识到了责任。

我们发现,余杭 2004—2013 学年探索的校本培训项目制模式,已成为浙江省的通例;2017 年 8 月,余杭区级教研、科研和培训的机构整合,给校本研修提出了新的要求。有鉴于此,2019 年 8 月,我们终结了余杭校本培训 1.0 版,并从区域实际和理想出发,设计并运行 2.0 版——校本研修 SCTT 样式。

一、SCTT 样式概述

S、C、T、T,分别是实践、常规、特色、团队这四个汉语词语拼音的首字母。

实践,即实践情境。这是从教师学习"做中学"推演出来的,明确校本研修 SCTT 样式的取向,即从"学术报告厅"转向"教育现场"。

常规,即常规活动。校本研修应是一种与工作结合的嵌入式研修,日常专业生活是其研修的重要内容。这也是"做中学"学习特点的自然推演,明确了校本研修 SCTT 样式的重要内容。实践已证明,一个组织越是常规的活动越具有生命力,那种一边学着最新的理念、一边重复老旧的常规,注定是形式主义的、无效的研修,常规的"旧船票",是无法登上新形势的"客船"的。

特色,即特色培育。每所学校,其时空定位、师生状况、办学目标应当各有其特点,千校一面,则是教育的悲哀。学校发展的面貌是这样,校本研修的实施亦然。各校研修的内容、形式自有共性的方面,但要有"人有我优"的研修特色追求,并以思考、坚持与智慧来实现。特色培育,明确了 SCTT 样式另一项重要的内容。

团队,即团队建设。这是从教师学习"从互动中学"推演出来的,也是"做中学"的必然,因为教师从事的教育教学,事关育人这一高度复杂[①]的任务,需要多方合作才能完成。团队建设,明确了 SCTT 样式的目标和方向,即打造学校与教师成长的"学习共同体",以此实现教师学习真实、持续、有效的发生。

试用弓箭模型表达 S、C、T、T 四要素之间的关系,如图 2.2-1 所示。

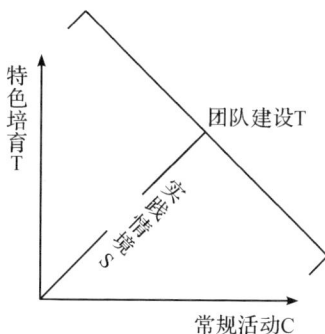

图 2.2-1　校本研修 SCTT 样式的弓箭模型

总起来说,校本研修 SCTT 样式,作为一种研修方式的集成,它基于中小学实践情境的定位,通过组织常规活动和特色培育,以求建设和发展学校成为"学习共同体",不断满足教师专业学习和发展的需求。

下面,将介绍"实践情境"与"团队建设"的学理基础,"常规活动"与"特色培育"的学理将融入第三部分、第四部分来介绍。

二、"实践情境"的学理基础

拟从建构主义学习理论、成人学习理论、教师专业发展取向三方面进行解说,以明确"实践情境"的扎实学理,并能贯彻于校本研修 SCTT 样式的实践中。

---

①　教育的复杂性,可用"低洼湿地"来形容。美国哲学教授唐纳德·A. 舍恩(Donald A. Schoen)把专业实践划分为两类:在某些专业实践领域,问题(目标)是清晰的,达成目标的手段也可以清晰地确定,实践者只需作出决定、明确要达成的目标以及可选择的方法。这些领域的实践者犹如在"干爽的高地"上行走。另外一些专业实践领域,很多时候问题并不清晰,它们需要实践者从令人困惑、未确定的问题情境中建构,实践者不能应用已有的原理与技术直接解决问题,而是要在揣度情境、调整既定方案、不断探索中明确问题,找出解决问题的途径和方法。参见:唐纳德·A. 舍恩. 反映的实践者:专业工作者如何在行动中思考[M]. 夏林清,译. 北京:教育科学出版社,2007.

1. 建构主义学习理论

我国自孔子、《学记》以来，不乏教育和学习的表述，但至今没有形成系统的学习理论著作。故而，我们需要借助西方的学习理论来观照"实践情境"的学理基础，主要是情境学习理论。

人类是如何学习的？自"教育心理学之父"爱德华·李·桑代克（Edward Lee Thorndike）以来，对此问题的回答，依次出现了行为主义、认知主义、建构主义等学习理论。行为主义"刺激—反应"学习理论，形成于20世纪初期，认为"学习是反应的强化""教学就是操练"。认知主义学习理论，形成于20世纪50年代，认为"学习是知识的获得""教学就是可以打包的知识产品的输入"。建构主义学习理论于20世纪80年代末兴起，认为"学习即感知与环境给养的互惠""教学即创设学习环境"。

这里，我们着重了解建构主义的学习理论[①]。建构主义是一种关于知识和学习的理论，其渊源可追溯至维果斯基（Lev Vygotsky）、皮亚杰（J. Piaget）等，发展中形成教育建构主义、哲学建构主义和社会学建构主义三种主流传统。20世纪90年代初介入教育领域，不断发展出具有各种不同变体的教育建构主义，其中以个人（认知）建构主义、社会建构主义和情境学习理论[②]最为主要。它们各有其有关学习的关键假设，从中可以导出各有侧重的校本研修启示，如表2.2-1所示。

表 2.2-1　教育建构主义的三种观点及启示

类型	学习假设	校本研修启示
个人建构主义	知识通过经验建构而来；学习产生个人对知识的阐释；学习是学习者在经验基础上主动建构对意义理解的过程	重视教师的主体地位和已有经验，创设优化的研修环境，以支撑教师对实践性知识的建构

---

① 参考了多个文献，主要有：莱斯利·P.斯特弗，杰里·盖尔.教育中的建构主义[M].高文，徐斌艳，程可拉，等译.上海：华东师范大学出版社，2002.戴维·H·乔纳森.学习环境的理论基础[M].郑太年，任友群，译.上海：华东师范大学出版社，2002.裴新宁.面向学习者的教学设计[M].北京：教育科学出版社，2005.

② 有学者认为，情境学习理论是与建构主义大约同时出现的一种学习理论，不属于建构主义。情境学习理论强调学习的情境性，意义和身份都是在互动中建构的，与个人建构主义、社会建构主义在概念和观念上有诸多交集，我们主张将其纳入广义建构主义的范围。参见：戴维·H·乔纳森.学习环境的理论基础[M].郑太年，任友群，译.上海：华东师范大学出版社，2002.

续　表

类型	学习假设	校本研修启示
社会建构主义	学习是磋商不同观点的社会性协作过程;学习是对已有实践共同体的文化适应的过程	重视学校研修情境脉络,创建学校和教师学习的共同体,让所有教师发出自己的声音
情境学习理论	学习应发生在真实场景;创设"实习场"或实践共同体,让学习者通过合法的边缘性参与建构意义和身份	创设有利于学校和教师学习的共同体,让不同教龄段的教师获得理想的发展

表 2.2-1 仅仅是教育建构主义的主要学习观,此外,诸如社会共享认知和分布式认知观、活动理论和生态心理学等(后文"团队建设"的学理基础还将提及),各从不同视角揭示了知识的本质,如建构性、社会性、情境性、复杂性、默会性,由此深入探索学习机制的科学要义,如学习者的中心地位、情境化或真实情境的重要性、个人知识的社会协商、意义建构中先前知识的重要性等等。

我们相信,建构主义是救治传统校本研修问题的良药。研修主体被动化、过程形式化、内容碎片化、方式大众化、制度无序化、引领表层化,太多是行为主义、认知主义的做派,当我们寻求校本研修转型之时,是不能不借助建构主义的。

中小学教师身处教育教学实践的现场,从入职到成长为成熟期教师、专家型教师,一路将遇到各种各样的专业问题,弃置问题于不顾,单靠会议或讲座势必造成研修的投资"打水漂",如林恩・埃里克森(H. Lynn Erickson)和洛伊斯・兰宁(Lois A. Lanning)所说:

这些会议或讲座仅仅是播下了一颗新思想的种子,这粒新思想的种子能否扩展并付诸实践,直接决定了专业发展方面的投资会不会打水漂。为避免这种浪费,学校系统正在不断地加大力度,为教师们提供基于工作的嵌入式培训,让教师从所参加的会议、读书或者听讲座等活动中得到知识,再通过协作将知识付诸实践。[1]

我国中小学有得天独厚的教研组(备课组)、年级组等建制,通过这些实践共

---

[1]　林恩・埃里克森,洛伊斯・兰宁.以概念为本的课程与教学:培养核心素养的绝佳实践[M].鲁效孔,译.上海:华东师范大学出版社,2018:45.

同体的"协作"以"实践"所学知识，解决教师日常专业生活中遇到的教育教学问题，具有良好的基础。建构主义学习理论，是 SCTT 样式整体设计最重要的学理基础。

2. 成人学习理论

关于学习的早期研究，是将人类学习作为一个整体来思考的，没有区分成人的学习和儿童的学习。尽管不同年龄阶段的学习存在共性，但成人的学习因为发展过程、经验因素和生活情境的影响而和其他生命阶段的学习有所不同。校本研修的规划与实施，应借鉴成人学习的相关理论。

成人学习理论包括成人学习者的假定、成人学习情境的认识、成人学习原则的探索等方面[1]，这里摘引最典型的，供读者参考。

关于成人学习者的特点。沃恩（K. Vaughan）考察了职场中的学习，发现成年的员工一般渴望学习，偏爱工作伦理和生活经验；成人也羞于参加课堂讨论；当学习与他们承担的任务相关时，易于与培训者建立良好的关系；如果年轻的员工尊重他们的知识和经验，他们能够成为很好的培训者；他们与职场、学习之间存在着互动关系，能够对职场学习项目施加影响；可能不喜欢职场学习中的某些灵活性，可能不适应没有培训者告诉他们怎么做的新的学习方式，可能希望有人告诉他们怎么做学习者，因此，可能经常会抵制涉及开放的交流、问题解决学习和讨论的学习策略；组织成员的力量并不总是相一致，他们的学习会受自己在职场中扮演的角色影响。

这里所描述的，未必适合每一位教师。但仔细分析，我们不难发现对校本研修的借鉴意义，比如"羞于参加课堂讨论"提示我们组织的校本研修，不能简单搬用儿童课堂的提问、理答方式；"当学习与他们承担的任务相关时，易于与培训者建立良好的关系"提示我们开发校本研修项目或活动，当与教师的日常专业生活相关。

成人学习发生在多种情境之中，但职场是成人学习最重要的一个情境。崔允漷等认为可从四方面考察职场学习，从中可导出有助于校本研修的启示，如表

---

① 参考了多个文献，主要有：崔允漷，柯政.学校本位教师专业发展[M].上海：华东师范大学出版社，2013；余新.教师培训师专业修炼[M].北京：教育科学出版社，2012；黑恩，等.学会教学：教师专业发展导引[M].丰继平，等，译.上海：华东师范大学出版社，2009.

2.2-2 所示。

表 2.2-2　职场学习观的考察视角及启示

视角	学习特点	校本研修启示
学习目标	重要的是指向组织事业的发展,个体的学习服务于组织的发展	教师成长以助学生成长,师生成长才能带动学校发展
学习责任	通常被定位为员工个体的责任,最多被作为组织中某个特定部门的责任	强调校长、教科室的责任是不够的,还须强调教师个人责任
学习内容	实践性知识,即具体技能的学习、依赖于情境的学习以及缄默的学习	有效安排问题导向的、基于专业情境的实践性知识学习
学习结果	除有形的知识技能外,更关注无形的结果,如意象、隐喻、概念地图、共同的理解以及承诺、忠诚之类的意向	校本研修物化成果固然重要,但更要关注图式、行动和语言等实践性知识的表征信息

基于对成人学习者、成人学习情境的认识,诸多研究者提出成人学习的原则,最著名的是罗伯特·W.派克(Robert W.Pike)的"Pike成人学习法则":

法则一,成人是身体较大的婴孩。孩子喜欢通过经验学习,因为每一次探索都是新经验;成人也一样,能够通过"做中学"的经历而加强学习。

法则二,人们不会与他自己的数据争论,即如果人们自己得到某种观点,就更可能相信它,参与能够生成观点、概念或技术的有结构的活动能加强成人学习。

法则三,学习与其获得的乐趣直接成比例。参与学习过程,且理解学习能够有助于更好地完成工作,就会体验到学习的快乐,因而进一步加强了学习。

法则四,只有行为改变了,学习才能发生。重要的不是你知道什么,而是你做了什么。成人实践新技能的经历会提高保持和应用的可能性。[①]

这四条法则,完全适用于教师学习。在课程与教学的设计、实践和行动研究中学,让教师自己得出结论(而不是他人告诉),重视研修活动的乐趣,着眼于行为改变,这些都是校本研修应追求的。

成人学习最权威的研究,是美国著名成人教育家马尔科姆·诺尔斯

---

① 崔允漷,柯政.学校本位教师专业发展[M].上海:华东师范大学出版社,2013:91-92.

(Malcolm S. Knowles)。他于 1967 年提出"成人教育学"的概念，并在《现代成人教育实践：从普通教育学到成人教育学》一书中提出了成人学习的四个基本原理：第一，成人的学习心理倾向于自主学习；第二，成人的认知过程以经验学习为主；第三，成人的学习任务体现为完善社会角色；第四，成人的学习目的主要为解决问题。后来，他又从动机角度补充，成人因内部而非外部因素的驱动而学习。

试将成人学习与儿童学习比较，如表 2.2-3 所示。

表 2.2-3　儿童学习与成人学习的区别

维度	儿童学习模式	成人学习模式
学习者自身	依赖性个性	自我指导
学习者经验	很少有有价值的经验	有更多的、不同种类的经验可以用于学习过程
学习的准备	升级	社会角色方面的发展性任务
时间观	以未来为中心	以现在为中心
学习的组织	学科中心	问题中心

需要补充的是，教师的学习以非正式学习为主，校本研修所安排的则是正式学习。这就意味着，校本研修不能安排教师学习的所有，只能从学校发展和教师共性发展需求作出设计，但一个开放有活力的校本研修，应能引导教师更好地开展非正式学习。成人学习理论，是 SCTT 样式具体设计与实施时重要的学理基础。

3. 教师专业发展的取向

SCTT 样式对"实践情境"强调，还与教师专业发展取向有关。

长期以来，人们将教师的专业发展建立在培训的范式上。当教育改革提出教师要学习一套新的知识与价值时，就安排教师参加新的课程研修，以掌握一些既定的知识技能。这就是"不足—培训—掌握模式"。实证研究已表明，这种以"补短"为特征的模式是不成功的。为此，学者从各种不同的视角教师专业发展的路径，从而形成教师专业发展的多元取向，最主要的有三种，如表 2.2-4 所示：

表 2.2-4 教师专业发展的三种取向①

取向	基本内涵	学理
理智取向	通过各种形式的知识分享或传授(如讲演、展示、阅读等),帮助教师丰富和重组专业知识,或提高基于专业知识的"实践推理";教师培训常将课程分为"专业知识""专业实践"两部分	最为传统的取向,认为教学实践存在理智的基础
实践—反思取向	理智之外,还有个人的、实践的、情境化(地方性)的知识;这些知识可以通过对教学实践多种途径反思、自我理解而获得	20 世纪中期以后,波兰尼等对"缄默知识"的发现
生态取向	学校乃至教研组的规范或传统(如教育价值观、人际关系形式、习惯做法、判断标准、专业学习态度和途径等)促使生活于这一教师文化中的教师在专业上获得新的表现	20 世纪 90 年代后,"生态观"的流行,建构主义学习理论的发展

黑格尔曾说:"凡是已经过去了的,并不是抽象地被否定了,而只是被扬弃了,因此同时也被保存了。"②这三种取向共同构成了完整的专业发展整体,在实践领域三者往往也是相互补充的。胡惠闵、王建军认为,教师自身的变革,既可包含理智取向所指的"内容知识""教育知识"的提升,也可以包含反思取向所指的教师对自己实践活动的认识的变化,或如生态取向所指的同侪关系的变化,如图 2.2-2 所示。

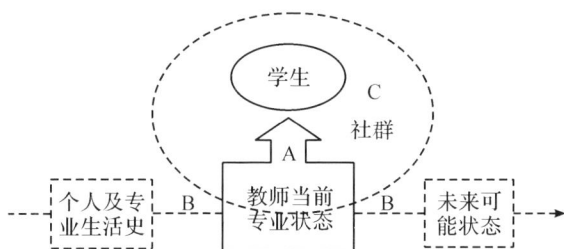

图 2.2-2 教师专业发展三种取向的融合

① 胡惠闵,王建军.教师专业发展[M].上海:华东师范大学出版社,2014:43-54.
② 黑格尔.小逻辑[M].贺麟,译.上海:上海人民出版社,2009:231.

图中 A 的部分，直接体现教师与学生之间的教育关系，是理智取向的关注点；B 的部分承认教师作为实践－反思"主体"，揭示了教师学习与专业发展的个人影响因素；表明个人及专业的生活史，是他当前专业状态的重要基础，教师对当前个人经验的理解、自觉程度及重组的可能等，又直接指向他专业发展的未来可能状态；C 的部分则揭示了教师学习与专业发展的环境因素。

校本研修 SCTT 样式，并不排斥理智取向，但偏重于后两种取向，更强调教师学习和专业发展的实践性、情境性，强调学校文化合作生态的建设。校本研修的重点，要从自上而下的"有效传递模式"，转向重视教育教学常规的观摩、实践知识的分享的"合作建构模式"。于此，有必要记取教师学习三大定律：

- 越是扎根教师的内在需求越是有效；
- 越是扎根教师的鲜活经验越是有效；
- 越是扎根教师的实践反思越是有效。[①]

三、"团队建设"的学理基础

基于对教师知识、教师学习的认知，明确教师主动学习者、实践反思者的地位，把握学校与教师成长的"学习共同体"，这是校本研修 SCTT 样式的理想。将"团队建设"列为 SCTT 样式的目标和方向，也是有其坚实的学理基础的。团队建设的学理，与上述的生态取向相关，但这里主要介绍"自我实现人"的人性假设、建构主义衍生的学习共同体及活动理论，并简要讨论教研组、师徒结对和专家引领。

1. "自我实现人"的人性假设

在哲学史上早有人性善与恶的争论，中西皆然。从科学意义上研究"人性"，主要见于管理学，特别是企业管理学研究。美国行为科学家麦格雷戈（D. M. McGregor）提出了 X－Y 理论，美国心理学家和行为科学家埃德加•谢恩（Edgar H. Schein）归纳分类了人性的四种假设，即经济人、社会人、自我实现人和复杂人。

"经济人"（rational-economic man）的假设（X 理论）。这种假设由麦格雷戈

---

① 钟启泉.读懂课堂［M］.上海：华东师范大学出版社，2015：175.

提出,认为人的一切行为都是为了最大限度地满足自己的利益,工作动机是为了获取经济报酬。与此假设相应的管理方式即"胡萝卜加大棒"。

"社会人(social man)"的假设。这种假设由霍桑实验的主持者梅约(Elton Mayo)提出。它认为,人是由社会需求而引起工作动机的,并且通过与同事的关系而获得认同感,社会需求的满足往往比经济上的报酬更能激励人们。由此假设相应的管理方式强调关注从事此项工作的人们的需求,更应重视员工之间的关系。

"自我实现人"(self-actualizing man)的假设(Y理论)。"自我实现"来自亚伯拉罕·马斯洛(Abraham H. Maslow)的需求层次理论,麦格雷戈据此提出了Y理论。它认为,一般人都是勤奋的,若环境有利,工作如同游戏;人们在执行任务时,能够自我指导和自我控制;在适当的条件下,还会主动寻求职责。基于这种假设,管理方式就是安排好组织工作方面的条件和作业的方法,使人们的智慧潜能充分发挥,更好地为实现组织目标和自己具体的个人目标而努力。

"复杂人(complex man)"的假设(超Y理论)。这种假设于20世纪六七十年代提出,认为人是复杂的,人的需求是多种多样的,而且这些需求随着人的发展和生活条件的变化而发生改变。每个人的需求都各不相同,需求的层次也因人而异。基于这种假设,要求管理人员根据具体的人的不同,灵活采用不同的管理措施,即因人因事而异,不能千篇一律。这就是管理的"权变理论"。

这是一种基于经验的研究,无法通过严密的实验科学给出确证性的结论。但这不妨碍作为校本研修定位的参考。SCTT样式的设计,主张采用"自我实现人"的假设,打造学校与教师成长的"学习共同体",使学校成为学习型组织。

2. "学习共同体"理论

然而,"学习共同体"不是喊了就有的。尽管每一位教师都身处在"教研组""学校"乃至更大的社会关系中,"从互动中学习"也是教师学习的重要方式,但这并不意味着"一群人一起学习"就是学习共同体。

学习共同体并非一个全新的概念。杜威在《民主主义与教育》中就反复提到,共同体中共同的了解(包括目的、知识、信仰、期望等),以及达到这些共同体的沟通过程,本身就具有教育性。[1] "共同体"(community,也译为社区)是人类学、社会学及管理学等领域研究的重要概念,血缘共同体、地缘共同体和精神共同体等都是共同体的基本形式。后为教育学研究所引用,产生出诸如"学习共同体""实践共同体""学习型组织"等相似的概念。赵健建立了一个分析模型,将学习共同体区分出三个水平:微观水平的"实习场"、中观水平的"实践共同体"、宏观水平的"学习型社会"。[2] 按此,我们将 SCTT 样式中的"学习共同体"定位于"实践共同体"水平,并可以根据校本研修实践需要发展出不同层面的学习共同体,如图 2.2-3 所示。

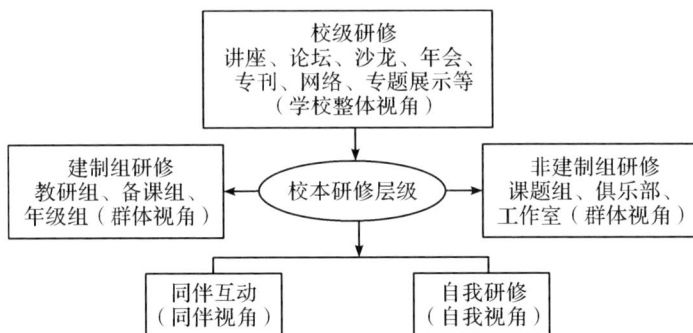

图 2.2-3　校本研修的层级

图 2.2-3 中除"自我研修"外,都可以发展成"学习共同体"。然而,学习共同体不是一种自然的安排,教师都在同一个办公室或学校工作未必构成共同体,它需要成员基于实践活动的智慧创造和持续发展,才能成为教师学习共同体。

那么,教师学习共同体应具有哪些特征呢? 在中外学者研究的基础上,结合我们的实践[3],厘定如下五大特征:

第一,共同的理解。共同体成员对于学生、学习、教学、教师角色和专业发展等有着共同的理解和认识,并且会形成他们作为教师的行为。成员在共同的理解下存在"差异",从而使每一个人的个性差异各自发挥其独特性,显示其存在的意义。

---

① 约翰·杜威.民主主义与教育[M].王承绪,译.北京:人民教育出版社,2001:9-11.

② 赵健.学习共同体:关于学习的社会文化分析[M].上海:华东师范大学出版社,2006:119.

③ 林荣凑.语文学习共同体研究[J].浙江教育学院学报,2009(01):70-75.

　　第二，相互的介入。这是共同体存在的基础。"共同体"并不意味着一定是共同在场，重要的是实质性地参加到一个过程中，如公开讨论教育教学，分享教育教学策略和技巧，定期就教学行为和学生发展等问题进行反思性对话。

　　第三，共享的规则。介入，必须借助规则。这里的"规则"是广义的，指的是共同体内一整套的规则，可以是显性的（如规定、程序、故事、隐喻等），更多是隐性的（如惯例、用语、行动、样式等），存在于成员的各种介入与参与行为中。使用规则的状况可用来判断成员是新手还是熟手。

　　第四，开放的架构。教师共同体能超越组织正式的控制、固定的分工，不论资排辈，拒绝"小团体"，为新手提供"边缘"到"核心"发展的机会，实现"再生产循环"。开放的架构还意味着嵌套性，即学习者可以参与多个共同体。

　　第五，互惠的效益。共同体成员在相互的介入中尽可能多地产生物化的成果（如方案、工具等显性人工制品），促进学生学习，提高教学效率，同时追求彼此沟通、传授、支持和冲突中发生思维、情感上的联系，拥有专业的归属感和幸福感。

　　需要说明的是，"学习型组织"的英文 Learning organization，直译是"学习中的组织"或"学习实践中的组织""获取（知识和能力）过程中的组织"[①]。彼得·圣吉《第五项修炼》认为，学习性组织经由自我超越、心智模式、建立共同愿景、团队学习、系统思考等五项修炼完成，而第五项修炼"系统思考"是建立学习型组织的基础。"共同体和组织表达的是不同的社会学含义，而且在一定的历史阶段里，组织所追求的严格精确的制度体系，正是与共同体倡导的精神背道而驰的。"[②]此外，合作学习自 20 世纪 30 年代在美国产生至今，已经发展诸多技术，可以作为共同体建设策略的备择，但合作学习小组（学生的或教师）本身不是共同体。

　　有鉴于此，从学习共同体角度看，SCTT 样式的"团队建设"，不在于打破行政组织的结构，而在于引入共同体的理念，着眼于在组织结构中不断发展合作技能和精神，发展出具有共同体特征的"组织"，成为"学习中的组织"。

---

①　彼得·圣吉.第五项修炼:学习型组织的艺术与实践[M].张成林,译.北京:中信出版集团,2018:16.
②　赵健.学习共同体:关于学习的社会文化分析[M].上海:华东师范大学出版社,2006:131.

3. 活动理论

校本研修由"学术报告厅"转向"教育现场"后，教师在解决教学问题、完成真实任务中实现"做中学"，并与共同体成员的交流中实现"从互动中学"，即在活动参与中实现知识的建构。个中"活动理论"不可不知。

"活动理论"源于康德和黑格尔的古典德国哲学、马克思的辩证唯物主义和维果茨基、列昂节夫、鲁利亚等俄国心理学家的社会文化和社会历史传统。芬兰学者恩格斯托姆(Y. Engestrom)对活动理论进行了研究并加以发展，认为活动理论分为三代。第一代(即维果茨基、列昂节夫)认为人的心理发展，是在人与人之间(主体)、在完成某种活动(对象)的过程中、通过中介或工具(机器、书面文字、口头语言、手势、建筑、音乐等)发展起来的，如图 2.2-4 最上部的三角。

恩格斯托姆拓展了第一代活动理论，使对活动的分析能够在集体和共同体的宏观层面上进行，并在理论架构中增加了规则、共同体和分工这三个重要的社会要素，从而凸显个体与共同体的互动，如图 2.2-4[①] 所示。

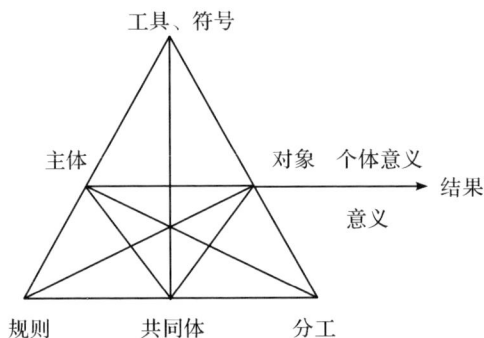

图 2.2-4　第二代活动理论模型

学校及学校内部各层面共同体的建设与运作，最适合用该模式来解释。如"主体"与"共同体"并存且互动，共同体充满"共享"(规则、效益等)，但共享并不意味着排斥群体中的任何一个个体的意义。相反，"主体"(个体)的不同见解会被"共同体"(整体)吸纳并融入，从而形成共同的知识、价值以及心智模式(共

---

① [美]戴维·H·乔纳森.学习环境的理论基础[M].郑太年,任友群,等,译.上海:华东师范大学出版社,2002:169.

识），又给个体留下"保留"的空间（不像"组织"一样必须服从）。可以想象，在教师的日常教学实践和专业生活中，这种共同体的存在及活动，是多么富有魅力。

但第二代活动理论未注意到"共同体"之间的交流，如不同教研组、不同学校、不同区域乃至不同文化点之间的对话问题。为此，恩格斯托姆发展出第三代活动理论[①]，强调学习过程中对象和动机的协商与转换、不同观念和声音的碰撞等，这很适合如今大学—中小学合作、东西部结对协作和网络协作，此略。

4. 教研组

从图 2.2-3"校本研修的层级"看，"建制组研修"是校本研修 SCTT 样式中"常规活动"（C）研修的关键。其中尤以"教研组"的转型升级最为重要。

自 20 世纪 50 年代教研组建立以来，教研组成为支撑中国教研的最基本的教学研究组织之一，在教学管理、教学实施和教学研究中功不可没。然而，由于组建方式、组长任命、建设标准等具有浓厚的行政色彩，加之应试教育、教师绩效考核的异化，传统的教研组遭遇性质行政化、内容随意化、活动形式化、成果功利化等问题，教研组长职能缺失，合作机制名存实亡。

在校本研修整合教研、科研、培训的大势下，教研组亟待转型升级，成为中国本土性质的"学习共同体"，而这需要"多管齐下"。这里仅谈三点。

第一，成为课程领导者。首先要将"教学"的视野扩充至"课程"，从课程角度思考"教研组（备课组）"。教研组长、备课组长首先成为课程领导者，当然不限于此。共同体的运作是分布式（distributed）的，只有当每位教师都能发挥课程领导的角色和功能（拼图隐喻），才能产生民主、道德、反思的课程共同体。

课程领导者的品质要求有：（1）追随者主动向其寻求帮助；（2）有经验的教师愿意参与其主持的课程运作；（3）能形成制度化的工作模式；（4）能带领一个团队有效地解决课程发展的问题；（5）开发出来的各种课程产品有一定的品质；（6）领导力是专业能力而非科层权力。[②]

第二，培育良好的话语方式。布拉德利（Bradley）曾描述拥有课程领导者的团队，每个参与者有其特定的话语方式，我们可以从中窥见作为学习共同体的教

① 郑太年.学校学习的反思与重构：知识意义的视角[M].上海：上海教育出版社，2006：166-180.
② 崔允漷.学校课程领导[CP/DK].华东师范大学教研员研修中心讲座，2010-07-05.

研组样貌。

团队中的个人身份,积极的话语方式为:

- 我有一些东西可以承担这项工作:知识、经验;
- 我有上进心和技能为课程开发做贡献。

团队成员之间的关系,积极的话语方式为:

- 我能和其他人在一起工作;
- 我能公开而诚实地对待他人;
- 我不赞成破坏工作关系的人;
- 我尊重这些人,他们能够做出贡献。

对组织的认同,积极的话语方式为:

- 课程开发对于学校很重要;
- 我想让学校变得好起来;
- 我想参与课程开发,因为它将使学校得到发展。[①]

第三,转变运作方式。按胡惠闵等人的研究,教研组主要有三种运作方式:(1)任务型,分配任务—分工准备—集体合成—完成任务;(2)"戴明环"式(PDCA),计划—实施—检查—总结;(3)诊断型,问题—方案—实施—结果反思—改进。[②]

后两种方式有比较浓厚的专业色彩。但"戴明环"式有改进的空间,其"检查(Check)"宜改为"研究"(Study),如此,将设计、实践、研究、反思(总结)综合起来,形成"PDSA"模式,或能更好体现教研、科研和培训一体的"校本研修"。

5. 师徒结对、专家引领

传统的师徒结对,一般为学校行政安排,1—3年,由师父对徒弟(刚入职的新教师)的教学设计与实践给予指导。也有班主任师徒制,有的还会以徒弟的教学、比赛成绩作为师父指导成果的参考。国内外有关师徒制的研究,涉及指导/学习内涵、类型、关系、内容、过程及策略、影响因素等方面。这里,从教师学习和学习共同体的视角,谈新教师的入职挑战、师父指导重点及带教方式的选择。

---

① [美]L·H·布拉德利.课程领导:超越统一的课程标准[M].吕立杰,等,译.北京:中国轻工业出版社,2007:38-39.

② 胡惠闵,王建军.教师专业发展[M].上海:华东师范大学出版社,2014:245-249.

第一，新教师的入职挑战。中外有诸多调查与研究的成果。弗兰松 (Fransson)调查研究，归纳了初入职阶段教师的一些基本特征：

• 与有经验的教师相比，新教师认为他们很难不按照已经做好的计划来做事。这是由于他们尚未发展出一套能够从容应对各种突发情况的知识和技能。

• 新教师是通过学生的私人和社会关系来解释学生的学业不良，而有经验的教师则是从自身的教学行为即从有计划的学习情境中去寻求解释。

• 新教师没有在教学中应对诸多挑战的思想准备，例如，应对课堂情境与处理纪律问题，处理冲突，等等。①

马丁·贝尔(Martin bel)甚至说："对于很多人来说，从事一个新职业，包括从学生角色转变为职业工作者的角色，是多么痛苦。"这是丹麦的情况。而美国默南(Murnane)等人指出，工作的前两年属于"最危险时期"。因为密歇根州有大约21%的新教师在工作一年之后离开了工作，剩下的部分中有13%的人在两年后离开了。②

国情、时代不同，离职的情况不一，但入职挑战有其相同之处。重要的是，作为学校，作为师父(不管是行政指定的，还是民间双向选择)，当以仁爱之心，基于新入职的教师以专业、情感上的支持，让他们走好职业第一步。

第二，师父指导重点。新教师入职困境有共同性，也有个体性。从教师知识的构成来说，素养性知识短期不可变，实践性知识的快速增进远比本体性知识、条件性知识来得急切和现实。

雷塔利克(Retallick)曾指出，工作现场的学习有一些显著的特征将其与其他形式的专业学习区别开来，它是任务驱动的、合作的、基于经验的、问题取向的，常常很难用已知的系统知识为基础来解决自身的问题。③ 对此，教育建构主义的认知学徒制(Cognitive Apprenticeship)策略，也适用于师父对新教师的指导。这些策略包括建模、指导、搭建脚手架、拆除脚手架、清晰表达、反思、探究。

---

① 马丁·贝尔，乌尔夫·布瑞克.教育现场的专业学习[M].郭华，郑玉飞，宋国才，译.北京：人民教育出版社，2010：28.

② 马丁·贝尔，乌尔夫·布瑞克.教育现场的专业学习[M].郭华，郑玉飞，宋国才，译.北京：人民教育出版社，2010：124，29.

③ 马丁·贝尔，乌尔夫·布瑞克.教育现场的专业学习[M].郭华，郑玉飞，宋国才，译.北京：人民教育出版社，2010：26.

可以通过教学设计的指导（借助说课）、听课（加入 AI 人工智能观察）、评课（还可加入新教师互评）等，做出个性的诊断和改进建议。

我们还应注意到马丁·贝尔的发现，新教师"他们愿意与同事们讨论教育问题，可是在很大程度上却得不到实现"，因为一些同事认为：（1）教学中根本没有问题；（2）同事间的教学没有相关；（3）教学是自己的事情。[①] 为此，随时的讨论、定期的讨论都是必要的，借用"世界咖啡"深度汇谈方法[②]也是必要的。

第三，带教方式的选择。从现有的研究看，带教方式主要有四类：

• 同伴关系式的带教，指导者作为与新教师处于同一水平的同伴，一起分享与工作有关的信息、策略，并从相互支持中受益；

• 职业指导者式的带教，指导者作为和新教师从事同一职业的身份，向新教师解释组织，给予专业上的指导；

• 激发者式的带教，指导者并不需要拥有组织权力，而是能够激发新教师规划他们的职业生涯；

• 赞助人式的带教，利用指导教师的权力帮助新教师提高教育教学能力。[③]

在此，有必要了解"合法的边缘参与""分布式认知"等建构主义学习概念。

合法的边缘参与（Legitimate Peripheral Participation）。在情境的共同体学习，学徒（新手）是"合法"参与者，而不是被动的观察者，师父作为熟手应引导新手理解共同体的规则，新手先是部分地、不充分地参与共同体的活动（边缘性参与），而后慢慢地走向共同体的"中心"。新手教师从共同体的边缘走向中心的顺畅程度，同时检验新手的环境适应性、共同体架构的开放性。

分布式认知（Distributed Cognition）。这是由加利福尼亚大学的赫钦斯（Edwin Hutchins）于 20 世纪 80 年代中后期提出来的，认为认知现象不仅包括个人头脑中所发生的认知活动，还涉及人与人之间以及人与技术工具之间通过交互实现某一活动的过程。分布式认知有一重要原理，是"认知过程可能分布在

---

① 马丁·贝尔，乌尔夫·布瑞克.教育现场的专业学习[M].郭华，郑玉飞，宋国才，译.北京：人民教育出版社，2010：70-71.

② 朱安妮塔·布朗，戴维·伊萨克.世界咖啡：创造集体智慧的汇谈方法（修订本）[M].汤素素，金沙浪，译.北京：电子工业出版社，2019.

③ 胡惠闵，王建军.教师专业发展[M].上海：华东师范大学出版社，2014：218.

一个社会团体的成员之间"。新手教师有其自身的优势,他在完成自身的知识和身份建构的同时,也将奉献智慧给共同体。从这个意义上来说,"同伴关系式的带教"是最切合建构主义特质的,最符合学习共同体建设需要的。

其实,广义的师徒关系不仅发生于"老"教师与新入职教师之间,还发生于专家与职业成熟期教师等之间。现有的校本研修文本,均将"专家引领"与"自我反思""同伴互助"相提并论。

由于专家的来源、结交关系、个人优势不同,专家引领的分类方式也是不同的。比如,以专家对象分,有中小学专家型教师(校内的、校外的)的引领、专业研究人员(教育科研人员、教学研究人员和大学教师等)的引领;以与专家的关系分,有随机型的专家引领、既定型的专家引领(长期的、短期的);以专家提供的引领方式分,可以是学术报告、专题培训、专家咨询、合作研究、专业对话等。

崔允漷等曾依据专业需求的问题,将专家引领分为构件需求型、支架需求型和心智模式需求型,如表 2.2-5[①] 所示。

表 2.2-5　专家引领的三种类型

类型	专业问题(示例)
构件需求型	·在撰写教案时,如何叙写学习目标? ·如何在语文课上有效展示 PPT? ·如何设计数学课的课后作业? ·在小组合作学习中,如何指导学生分工?
支架需求型	·如何设计教学环节? ·如何将教学问题转化为课题? ·如何构建教学论文的结构? ·如何将自身的优秀经验概念化?
心智模式需求型	·如何思考教材/讲授的利与弊? ·如何从基于教材的教学走向基于课程标准的教学? ·如何才能实现"评价设计先于教学设计"? ·如何批判自己的教学观以求嬗变?

这种分类既体现了教师的专业需求,又体现了专家引领的内容,可为"专家引领"双方及学校的行动提供思维支架。

---

① 崔允漷.有效教学[M].上海:华东师范大学出版社,2009:321-328.

2.3 SCTT 样式的区域运行

校本研修 SCTT 样式，是区、校两级联动的设计。为有效地协调区、校联动，设计了如图 2.3-1 所示的整体流程图。三年多实践，证明了该流程科学可行。

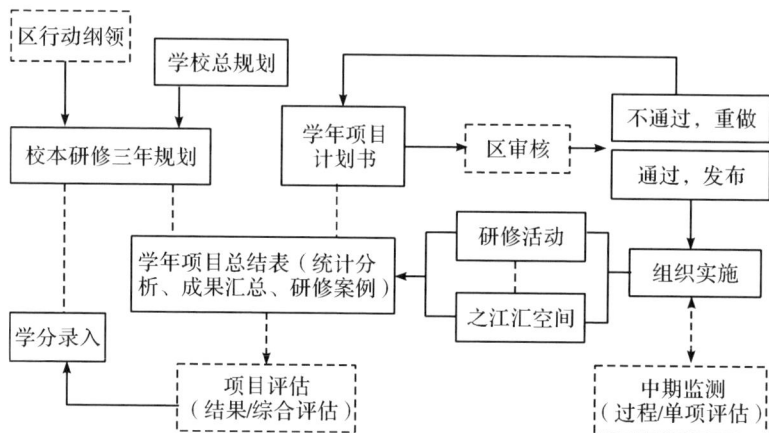

注：虚线框、实线框分别为区级、校级校本研修管理部门行动；实线单向箭头、虚线双向箭头、虚线分别标识流程方向、区校互动、彼此呼应。

图 2.3-1 校本研修 SCTT 样式整体流程图

依据图 2.3-1 的虚线框，下面依次介绍区域层面运行的重点——行动纲领、评估标准和中期监测（活动展示和调研）等三方面。

一、行动纲领

广义上的校本研修课程设计，可分为规划（3～5 年）、计划（1 年）、活动（2～4 课时）三个层面。行动纲领，其实是区域校本研修规划的一种表达。

"规划"，是指个人或组织制定的比较全面长远的发展计划，是对未来整体性、长期性、基本性问题的思考和考量,设计未来整套行动的方案。我国从 1953 年开始制定首个"五年规划"(原称"五年计划"),至今已完成十三个。

1. 为何要制订校本研修规划

区域(县区级)、校本的校本研修也要制订规划,且以 3—5 年为期。之所以如此,有三方面的考虑:一是区域或学校为聚焦某一"常规活动"和"特色培育"的研修攻坚突破,要有战略考虑和充分的行动实践时间;二是有鉴于教育变革(包括校本研修)的难度,制度重建、习惯沉淀都需要有足够的耐心;三是以"规划的制订"和"规划的实施"解决研修主题年年翻新、内容随意碎片化等痼疾。

我们曾研究了余杭校本研修 1.0 版的某些个案。有一所学校的学年计划曾列举了 8 门课程:义务教育各学科课程标准,有效教学,科研理论与方法,课堂教学技能与模式,课题研究的步骤和方法,听课、观课及课堂分析,结题报告的撰写与展示,新课程专家引领活动。① 这几乎囊括了当时校本研修的所有主题,三五年选一个主题深入做还未必能见效,一年只能是"知"其皮毛。这是典型的"贪多求全",也反映出当时研修"授受"取向。如今观之,足为警戒。

观察近 20 年来的校本研修也会发现,在课堂观察、课例研修、集体备课等校本研修的主题领域,只有坚持不懈若干年的学校,才能沉淀为教师专业学习的血肉,才能成为学校不断发展的动力。规划,正是校本研修成功的基础所在。

2. 校本研修规划制订的依据

校级层面的校本研修规划,依据(来源)是区域要求、学校定位、群体需求、个体追求,关注点较为具体、聚焦。县区层面的规划,则需要将视野放大、站位退后,以我们的经验,宜以专业标准、专家建构、教育发展形势、区域定位为依据。

一是专业标准。20 世纪 80 年代以来,世界各国纷纷研制并实施了一系列的教师专业标准。我国现有最高的专业标准文本,主要是教育部 2011 年 10 月发布的《教师教育课程标准(试行)》;2012 年 2 月发布的《幼儿园教师专业标准(试行)》《小学教师专业标准(试行)》和《中学教师专业标准(试行)》。

《教师教育课程标准(试行)》包括基本理念、教师教育课程目标与课程设置、实施建议三部分。其中"基本理念"包括育人为本、实践取向、终身学习。第二部

---

① 朱跃跃,刘堤仿,徐建华等.教师校本研修培训项目制[M].北京:中国书籍出版社,2013:38.

分,将教师教育分职前(幼儿园、小学、中学)和在职:"职前"从教育信念与责任(应信)、教育知识与能力(应知)、教育实践与体验(应会)三方面描述教育目标,按六大学习领域提出课程建议模块。"在职"明确教师教育加深专业理解、解决实际问题、提升自身经验等功能,并各示例若干主题或模块。

三个"专业标准",均含基本理念、基本内容和实施建议三部分。其中"基本理念"包括师德为先、学生(幼儿)为本、能力为重、终身学习;"基本内容"各从专业理念与师德、专业知识、专业能力三个维度描述;"实施建议"提出,要"制定教师专业发展规划""开展校本研修,促进教师专业发展"等。

二是专家建构。相对于各方发布在专业标准,专家论著提及的校本研修观点和做法,对区域规划更有前瞻价值。我们在制订"行动纲领"时,较多参考了华东师范大学课程与教学研究所、浙江省教育厅教研室等专家的建构。从本书的脚注和参考文献,读者可以找到相关的线索,这里不赘述。

三是教育发展形势。各时期的教育,都有其特殊的时代要求。2012 年,党的十八大提出把立德树人作为教育工作的根本任务,明确强调了教育的本质功能和真正价值。北京师范大学林崇德团队遴选和界定了中国学生发展的核心素养。[①] 此后,基于"核心素养"普通高中、义务教育课程标准相继做了修订,推出2017 年版、2022 年版,建构主义学习下的大概念教学、项目式学习等进入教师学习的视野,反思传统的教学常规以及教师学习内容、方式,使之符合教育大事成为必要。

四是区域定位。余杭区地处我国东部沿海,良渚文化的核心区、京杭大运河的最南端,原本从西、北、东三面拱卫省城杭州(2021 年析出东部为临平区)。GDP 名列全国前茅,集聚大量的高端科技企业,有望成功打造中国"硅谷"。余杭区曾是基础教育课改国家级实验区,其独特的地理与文化特点要求余杭教育率先高水平实现现代化。为此,转型升级校本研修,尽快让大批涌入的青年教师快速成长,且以教师发展推动学校、教育发展,是校本研修的重心所在。

当然,区县层级的校本研修规划,还需考虑省、市两级校本研修的相关文件。我们在制订现行的规划(即《行动纲领》)时,《浙江省中小学教师专业发展校本研

---

① 林崇德.21 世纪学生发展核心素养研究[M].北京:北京师范大学出版社,2016.

修工作指导意见》还未发布。但欣喜的是,两者的内在精神高度一致。

3. 校本研修规划的呈现

规划的制订,当经过诸如调查研究、专家咨询、集体研讨、初稿撰拟、广泛听取意见建议、修改定稿等一系列的程序,有的还须提交行政会议的表决,这里不做讨论。这里只谈规划的呈现方式,按照我们的研究,规划的呈现主要有条文式、板块式、列表式等。列表式,其目标—内容—行动措施对应,但易流于琐碎,不推荐。校级层面的规划模板,推荐"板块式"(见 2.4 节)。这里介绍条文式。

条文式,典型如《基础教育课程改革纲要(试行)》(2001),由前言与主体内容构成,主体内容分条陈述,连贯编号。它最适用于具有统领性、具有较长时效的规划。下面呈现《打造余杭校本研修 SCTT 样式的行动纲领》(以下简称《行动纲领》),全稿 9 条 1340 字,2019 年 9 月 11 日由余杭教育发展研究学院通过主持人会议发布。

教育大计,教师为本。教师专业化的国际潮流,立德树人的根本任务,核心素养的新课程理念,都需要教师不断提高专业素养。余杭区从西、北、东三面拱卫省城杭州,其独特的地理与文化特点要求余杭教育率先高水平实现现代化。为此,迫切需要完善与丰富校本研修的方式,坚持实践(S)取向,将常规(C)做实、特色(T)做亮,建设一支合作的、专业的教师团队(T),特制定本纲领。

一、充分认识校本研修的重要性

1. 校本研修是教师专业发展的重要途径。教师专业发展是现代化教育发展的要求。教师是幼儿和中小学学生发展的促进者,教师专业发展制约着教育教学的发展。

2. 教师专业发展包括专业品质、专业知识与专业实践等内容。校本研修应注重发展教师理解、尊重学生以促进学生全人发展的知识与技能,发展教师有效学习的教学实践技能,发展教师专业反思能力、终身学习能力和合作能力。

3. 校本研修应强化实践意识,关注现实问题。教师是反思性实践者,经由实践的、情境化的经验积累与反思,在改进教育教学行为的过程中实现专业发展。校本研修的中心场域,应从学术报告厅转向教育教学的现场。

二、明确校本研修的重点

4. 重视教育教学常规。常规是相对固定的行为模式，一个组织越是常规的活动越具有生命力。常规并非一成不变，要随着时代要求、人才培养模式的变化而变化。在当今着力发展学生核心素养的教育背景下，我区校本研修应以专业阅读、集体备课、公开课展示、听课评课、专业文本的表达为重点，将教育教学常规的反思、重建与校本研修结合起来，以此推动教师基于实践情境的专业发展。

5. 培育各校研修特色。不同类型、不同层级、不同地域的学校，其培养目标、育人任务、社区资源、历史传承、师生状况各有差异。这些差异，要求各校的校本研修在目标定位、路径选择、情境设计等方面各有不同。各校应选择或开发最切合本校实际的研修形式，以全校教师的思考、坚持与智慧培育研修特色，实现"人无我有，人有我优"。

6. 加强研修团队建设。教育是一项合作的事业，合作是教师专业素养的重要内涵，教师需要通过丰富多样的合作来发展专业。各校要充分发掘教研组（备课组）、年级组和各中层职能部门等传统建制组织的研修潜能，开发课题组、俱乐部、工作室、沙龙活动等非建制组织，丰富校本研修的形式与途径，创建符合教师需求的多类型研修团队。

三、齐心协力，打造余杭教师研修共同体

7. 教师应主动参与研修活动，成为研修活动的主角。教师要具有专业发展意识和行动，试用期、初级、中级、高级教师各以入格、合格、定格、升格要求自己，在日常教育教学实践和专项研修实践中各扬所长、各补所短，实现教师与学校、课程、学生的同步发展。

8. 学校作为校本研修的发生场所，应以全体教师的专业发展为宗旨，创造各种有利于研修的条件或机制。校长是校本研修第一责任人，要加强领导团队的建设，使之成为真正的专业领导者和研修示范者。教研组（备课组）、年级组、课题组等负责人和各种学术荣誉的获得者，要不负岗位与荣誉，努力成为课程领导者和研修先行者。

9. 区教育发展研究学院作为校本研修的业务指导单位，要加强区域校本研修的规划协调、指导服务、监督管理，组织全区各种专业力量，共同打造学校与教师成长的研修共同体。各片区辅导站和各学科专业组织，也应积极推进与各自相关的校本研修活动。

定稿有第 10 条:"区教育局作为校本研修的行政领导单位,要加强校本研修相关政策的研究,积极落实区政府与浙江省教育厅教研室、中小学教师培训中心和杭州师范大学的协议,为余杭教师的专业发展保驾护航。"考虑到不是由教育行政部门发布,故未公开。该《行动纲领》成为余杭区层面校本研修的指导性纲领,引导着 2019 学年后的区域校本研修。

二、评估标准

教育评估虽是世界难题,但挡不住人们探索的脚步。评估也是撬动校本研修转型升级的杠杆,它本身也需要转型升级。SCTT 样式评估标准的建设,基于对之前评估系统的反思,吸收表现性评价的新技术,并伴随实证研究不断改进的。

1. 对之前评估系统的反思

余杭校本研修 1.0 版极为重视评估系统的构建与运行。系统由校级考核(教师个体考核、项目实施情况的调查、学校总结自评)、区级考核(辅导员对培训项目评价、考核小组实地考核评估、区域性项目调研与评价、区评估组综合评议、公示及表彰)两个子系统构成。设计是细致、具体的。当时全区学校总数在百所内,教师进修学校的人员也较充足,因而学年项目的终结性评估,采用实地考察的验收方式,通常分若干小组,每组以每天 2—4 所学校的进度操作,已足以应对。

当时用于评估的量表很多。其终结性评价的总量表包括学校重视(10 分)、制度保障(10 分)、组织实施(15 分)、培训管理(20 分)、培训特色(15 分)、培训成效(10 分)、科研成果(5 分)、教师个人档案(15 分)等八方面,满分 100 分。[①]

2014 学年后,随着管理领导的更换、学校总量的急剧增长,程序上,现场评估的方式不再沿用,曾尝试抽查、优秀自荐和答辩等方式;评估标准方面,虽有微调但总不离百分制、多指标的考查。2017—2018 学年的评估量表,均由学校重视(10 分)、组织实施(40 分)、培训成效(50 分)构成,偏重于传统模糊评价方式

---

① 朱跃跃,刘堤仿,徐建华等.教师校本研修培训项目制[M].北京:中国书籍出版社,2013:164.

的运用，评价大而全，反馈不够及时，结果不够精细。

国人对评估有着强烈的百分制偏好，为此会列入诸多未必是关键的表现，徒然增加评估的负担，又无助于提高评估的效度。且看下面的考核条文：

A1 本项目列为学校发展规划（2分）：本项目列为学校发展规划（1分）；教师培训（师资队伍建设）列入学校发展规划（1分）；

A4 校本培训机构、职责、制度健全（2分）：有校本培训机构（1分），有职责、有制度（1分）。

两条隶属"学校重视"（10分）。按照经验，既然某校已有"发展规划"的文本，必然会列入（出现）"校本培训""师资队伍"（文字）。但这是否就能证明学校重视，或许是值得讨论的。评估重要的是抓住评价对象的关键特征，赋分应当有利于评价对象优劣甄别、结果运用的大背景。大赋分的设计，其结果（如甲校90分，乙校89分）很难得到良好的说明，也无以发挥评估应有的作用。

2. 表现性评价技术的引入

表现性评价（performance assessment）是舶来品，世纪之交进入我国。它是与纸笔测试相对的一种评价方式，适用于对完成任务的表现、能力的展示等表现性目标的检测，其评价工具主要有核查表、表现清单、评分规则。

周文叶曾撰文，大声疾呼"开展基于表现性评价的教师研修"。她认为，当前教师研修中的许多问题是由于教师研修表现的评价缺失造成的。对教师研修表现的评价缺失主要表现在以下几方面：只有笼统的目的，没有表现性目标；只有听中学，没有实践任务；只有凭借行政手段的管理，没有能够引领教师专业学习的评价。[①]

自2007年以来，我们曾对语文学科广泛运用表现性评价，以此获得了比较丰富的经验。2019年8月设计SCTT样式时，就大胆引入表现性评价中"评分规则"的技术，用来评估各所学校的校本研修。

下面是"三年规划"（5分）评分规则中的"特征描述"：

• "现状分析"基于调查与分析，紧扣"校本研修"，表达清晰；

• "研修目标"明晰、可操作，切合区域SCTT样式的大要求；

---

① 周文叶. 开展基于表现性评价的教师研修[J]. 全球教育展望，2014，43（01）：50-57.

- "行动路径"描述清晰，能为读者对象（本校教师）指明研修路径；

- "支持系统"全面而简明呈现实施需要的条件，便于各方配合；

- 上述内容具有一致性，并切合校本研修的定位。

各校的"三年规划"采用统一模板，区域采用书面评审的方式。三位评委背靠背评分，确保较好的信度是特征描述的关键。教育评价专家格兰特·威金斯（Grant Wiggins）提出："提供有效适当的区分来保障足够公正的评价，但在量表上不宜使用太多的分值（通常不超过 6 分），以免破坏信度。"[①]为此，我们采用 5 分制。此外，对应三年规划的模板来描述特征，便于评委操作（符合 1 分、不符合 0 分，处于两者之间的 0.5 分）。业经两次验证，这个评分规则是比较好用的。

3. SCTT 样式评价标准的设计

SCTT 样式评价标准，一则与 SCTT 样式打造配套，二则引入评分规则技术，2019 学年的设计由 7 个方面构成：（1）三年规划（首年评价，三年有效，5 分）；（2）项目计划（学年初评价，5 分）；（3）"之江汇"学校空间（学年中、末两次评价，5 分/次，共 10 分）；（4）研修情况（学年末评价，5 分）；（5）研修案例（学年末评价，5 分）；（6）资料提交（学年末累计评价，5 分）；（7）研修成果（学年末评价，15 分）。

满分 50 分，排除"领导重视"等虚空难以落实的因素，倚重过程与实效。试运行一年，做了微调：一是"学校空间"已基本能规范运作，故只在学年末评价，由 10 分降为 5 分；二是考虑到"研修成果"多属间接考核学校，分值不宜太多，故由 15 分降为 10 分。如此，2020 学年的考核依旧 7 项，但满分为 40 分。

2021 学年，又做了第二次调整：一是将"资料提交"改为"资料与会务"；二是增加"满意度调查"，听取校本研修主体——教师的意见，促使各校重视教师的实际感受——"满不满意老师说了算"。调查借助"问卷星"平台，将诚实作答和参与人数列入"基本要求"，学年初提出"评价标准"，如下：

基本要求（不符合直接视为 0 分）：（1）按要求组织本校教师作答，不弄虚作假；（2）参与率：30 人及以下学校（68 所）不少于 100%，31～99 人学校（73 所）不少于 90%，100～199 人学校（31 所）不少于 80%，200 人及以上学校（4 所）不少

---

① 格兰特·威金斯.教育性评价[M]."促进教师发展与学生成长的评价研究"项目组,译.北京:中国轻工业出版社,2005:163.

于75％。

评分标准：教师就领导重视、项目目标、课程内容、过程开展、成果等方面，对本校学年校本研修项目的实施情况做出评分，计算均分计入。

学年结束时，调查问卷由教师匿名作答，主问题"请您对您所在学校的校本研修做出评价"，用"矩阵单选题"，如表2.3-1所示。

表2.3-1　教师满意度调查表

表现描述	很不满意	不满意	一般	满意	很满意
1. 校领导有计划地组织每一次活动，自己能以身作则					
2. 研修活动目标明确，立足教师与学校的现实需求					
3. 研修内容充实，形式有创新，重视教师的专业实践					
4. 充分展开研修过程，重视教师在活动中的参与					
5. 研修活动务实，参与活动感觉有激励，有收获					

从问卷星下载数据到 Excel，表中"很不满意"到"满意"，按 1～5 分赋分，并求取全校教师的平均分，计入考核总分中。

校本研修 SCTT 样式的 8 项评估，按时间节点来说："三年规划"在周期初；"项目计划书"在学年初；"资料与会务"依据平时积累，学年末自然生成；"学校空间""研修案例"要求各校平时积累，学年末考核；学年末需要整理分析并提交考核的只有"研修情况""研修成果"，分散了学校管理者的负担。

不仅如此，每一项评分，评委都会依据评分规则做出文字标记，便于区域汇总、反馈。因而，这一评估设计，保持着良好的公正性、透明性和及时性。相比于 1.0 版的集中考核、数据不能很好地解释，有着极大的进步。

经过三年的运行，评价标准的整体项目可以定型，但某些项目(如研修情况、研修成果)到底如何评价具有效度，新的评价体系是否足以保证提升校本研修项目的质量,都还有待于后续的探讨。

三、中期监测

整体流程图中的"中期监测"设计,是着眼于补救上述评估的缺陷的。但实际开展中,我们更多的是考虑"活动展示"和"调研解难"。虽然有 3 名人员参与全区校本研修管理,但都是兼职的,按总量计算不足 1 人。

1. 活动展示:着眼于主持人研修观摩

展示活动承办学校的确定。在学年初,一次性确定。先由学校自我推荐,通过"问卷星"填报拟展示的活动名称、年、月。再由区域评估,每学段(学前段还考虑片区)确定 3 所展示学校(分区前 15 所,分区后 12 所),均匀地安排于 10～12月、3～5 月。区域评估的标准有三方面:申报活动的品质,与区域研修学年重点的吻合度,承办学校的行内声誉。如表 2.3-2 所示。

表 2.3-2　2021 学年校本研修片区与学段展示安排表

展示年月	展示学校	活动主题	观摩者
2021 年 11 月	闲林海文幼儿园	幼儿园运动游戏课程的组织与实施	余杭片幼教
2021 年 12 月	海创幼儿园	"玩创"课程理念下主题式游戏的实施与推进	余杭片幼教
2022 年 4 月	仓前中心幼儿园	支持儿童九十九种想象策略探讨	余杭片幼教
2022 年 3 月	仁和第三幼儿园	三阶游戏评价在畅游日中的实践运用	良渚片幼教
2022 年 4 月	径山长乐幼儿园	项目计划日志的实践运用	良渚片幼教
2022 年 5 月	勾庄中心幼儿园	音乐、美术课程为载体,互评式学习类主题活动评价	良渚片幼教
2021 年 11 月	闲林和睦小学	借力集体备课,提升课堂实效	小学段
2021 年 12 月	良渚古墩路小学	STEAM 项目教学展示	小学段
2022 年 4 月	海创小学	AI 课堂教学行为分析研讨活动展示	小学段
2021 年 11 月	仓前中学	学思案设计关键问题的研讨	中学段

续　表

展示年月	展示学校	活动主题	观摩者
2021 年 12 月	绿城育华亲亲学校	亲亲成长链教学研讨	中学段
2022 年 3 月	良渚第二中学	名师书院三型教师论坛	中学段

活动展示力求凸显三大功能：一是检阅展示学校的校本研修成果，二是为校本研修主持人提供观摩学习的机会，三是就研修中的问题展开研讨。许多展示活动会同时邀请行内专家做报告、答疑，将"活动观摩""同伴互导""专家引领"结合起来。活动前，区域管理者会与展示学校一同讨论活动设计，借此指导校本研修，也可借此了解基层学校校本研修的现状与需求，每遇优秀经验也会进行褒奖和宣传。

2. 调研解难：着眼于过程管理的举措

余杭校本研修 1.0 版运行期间，组织系统中设置了"项目辅导员"一职。辅导员由区校本培训指导中心安排，每个项目（学校）一名辅导员，要求辅导员研读项目计划，一学期参与校本培训 1～2 次，并查阅《主持人手册》和抽查《教师手册》。平时与主持人保持联系，了解培训的进展情况，对项目进行阶段性总结，学年结束对项目进行考核评估。辅导员制度一直坚持了 10 年，后来由于学校总数激增、区域管理人员不敷其用，该制度无法继续。

尽管辅导员制度无法坚持下来，但区域校本研修管理者不能"坐"在办公室指导的"共识"却一直存在。不定期的"调研解难"一直在做，具体如下：

调研的发起：(1)应邀为主，强调主动性——是调查、研讨不是监督、检查；(2)区管理部门直接发起为辅，如公办学校之薄弱者（整体或校本研修）或具有典型性（样式提炼价值）的项目。

调研的内容：(1)文本阅读（三年规划、项目计划、云平台、研修记录等）；(2)教师座谈或访谈；(3)核心成员聚集困惑或问题，研讨解决路径和对策。

调研的频率：一般每学期 3～5 所学校。

"调研"与"解难"是相伴而行的：调研中发现的问题，会在调研反馈时与学校领导一起讨论对策。为提高现场调研的效率，我们不断探索"教师座谈或访谈"的方式。下面的普通访谈提纲，每次调研作为基本线索使用：

（1）你知道所在学校的校本研修，有哪些举措？请列举。

（2）刚才各位所谈的举措中，哪些效果好？哪些有欠缺？请说说为什么。

（3）你对本校的校本研修，有哪些建议？请尽可能具体地说说。

（4）其他随机问题，比如：五项常规做得如何？学校领导、主持人的工作如何？

参与调研的区域管理者，都能根据调研目的、调研学校、受访者等情况，随机询问，以获取更多信息。从三年的运行来看，基层学校还是很支持这一举措的。

2.4 SCTT 样式的学校运行

依据图 2.3-1 所示的整体流程图，下面依次介绍学校层面运行的重点——三年规划和项目计划书的制订、活动的设计、"之江汇"学校空间的建设、研修案例的写作和研修总结等五方面的操作。

一、三年规划和项目计划书的制订

如前章所述，广义上的校本研修课程设计分为规划（3～5 年）、计划（1 年）、活动（2～4 课时）三个层面，其中的"规划"有条文式、板块式和列表式。

1. 三年规划的制订

区域层面的规划，以条文式的"行动纲领"呈现，学校层面的规划使用的是板块式。其参考框架，如图 2.4-1 所示。

××××（学校全称）

校本研修三年规划（2020—2022 学年）

引言部分，100～200 字，介绍学校性质、师生总量、办学理念、校本研修的定位。

一、现状分析

我们在哪里：300～500 字。建议综合运用座谈、问卷、SWOT 分析、与周边同类学校比较等方法，围绕"师资队伍""校本研修"，挖掘本校的传统、特色与优势，揭示问题、挑战与劣势，还可涉及教风、制度、行为、资源等，表达力求清晰而简要。

二、研修目标

我们去哪里：用 3～5 条表达，要求具体明晰、可操作、与"现状分析"相关，注意体现区域 SCTT 样式的大要求。

三、行动路径

我们怎么去：围绕和体现"研修目标"，选用最适当的方式（如图文结合），清晰表达学年目标或主题、各层级［校级—组级（建制组、非建制组）—个体］或不同发展阶段（职称）研修的行动举措。

- "常规做实"的五项常规,是全区三学年都要紧抓的,但每学年可确立若干重点;
- 五项常规中的"文本表达",不同学校应选择适合自己学校的文本表达方式,如教学设计、教育叙事、课例、案例、命题、论文以及合作开发的课程、作业、学案等;
- "特色做亮"的"特色",建议从六大类型30种研修形式中选择确定,力求三年培育成型。

四、支持系统

我们需要怎样的支持:300～500 字。建议考虑:教育哲学的(没有哲学就没有魂),组织保障的(应成立多部门联动的学校领导小组,校长是第一责任人),制度重建的(管理、教育、教学、学习制度、研修评价等),资源的(时间、场所、资金、专家等)。

图 2.4-1　三年规划的参考框架

为便于校本研修主持人运用此框架,还做了如下操作提示:

- 本规划的读者对象是本校教师,不是区域管理部门。
- 希望各校经历"区域行动意向传达—现状调查与规划内容讨论—专人起草—行政会议或领导小组专题讨论,形成征求意见稿—广泛征求教师意见—形成二稿—行政会议或领导小组表决定稿"等程序,而不是写一份规划、应付而已。
- 最后的文稿,控制在 A4 纸 2～4 页,杜绝冗长、空泛的文本表达,格式及字号等参考以上框架样式(如标题黑体三号、正文宋体五号等)。

以上谈及参考框架及其运用。其实,"三年规划"制订的学理问题,也是有必要给管理者讲清楚的。前章提及区域层面规划的依据是专业标准、专家建构、教育发展形势、区域定位为依据,学校层面的规划,则需要区域要求、学校定位、群体需求、个体追求。其中"区域要求"已囊括区域对专业标准、专家建构、教育发展形势、区域定位等的考量,故而后者实际成为学校规划制订的间接依据。

学校定位,需要考虑学校所在社区、学段、学校校训、理想的学生形象。一般来说,各区县教育局均要求学校有 3—5 年的发展规划,校本研修规划从属于发展规划。有关"学校定位"的分析,可以直接参考发展规划。

把握本校教师的群体需求、个体追求,可以采用观察、调查法(问卷、访谈、座谈),辅以对教师作品(如总结、反思、论文等)的分析;了解教师学习理论、教师职业周期理论等是必要的,有助于找到自己分析本校教师群体需求的支架和工具。

2. 项目计划书的制订

规划是一种行动承诺，"三年规划"也不是一件摆设。要将三年规划落地，就必须一年接着一年干，连续干三年。制订并执行学年项目计划书，是必不可少的。项目计划书，每学年初制订，一般都有现成的模板。SCTT 样式规定的模板，是在杭州市师干训中心模板之上区域定制的，主要由四个板块构成：

• 基本信息，包括项目名称、项目单位和负责部门、研修人数、学校负责人和项目主持人、合作单位等。

• 项目定位，要求从《三年规划》、需求/问题两方面分析，回答"为什么确定这个项目"的问题。

• 研修计划，包括研修目标、研修课程（按模块或时序，不少于 24 课时）、研修作业、研修考核、预期成效（优先考虑物化成果）、经费预算等。

• 附件目录，研修教师名册是必备的，如有合作单位（研修共同体、远程培训机构、其他校外机构等），则需填写相关信息表，作为附件 2。

从运行情况看，难点问题有项目名称、需求/问题分析和课程设计等三个。

第一，关于"项目名称"。校本研修的项目名称，相当于计划书文本的标题，应根据三年规划、学年需求制定，一般由"主题＋主要研修形式"构成，且不超过20 个字。下面我们通过若干实例，辨析怎么样的表达是好的：

（1）知效合一，提升教师专业发展；

（2）探索集体备课，提高教学质量；

（3）AI课堂：教师专业发展新样态研修；

（4）学习共同体：基于班级主题环境的组团式研修；

（5）基于绿野奇趣课程下的幼儿游戏支持策略的联动式研修；

（6）幼儿园项目活动设计与实践的浸润式研修。

（1）表达了理念"知效合一"和目的"提升教师专业发展"，该学年到底围绕什么主题组织研修没有表达，是典型的大而空、虚而浮。（2）交代了达成"提高教学质量"目的的途径——"集体备课"，但如何切入集体备课，如何借此组织研修，也没有交代清楚。（1）（2）都是欠缺"火候"的表现，需要对项目定位和展开深入研究才是。

（3）中的"AI"是人工智能（Artificial Intelligence）的英文缩写。该校引入 AI

技术观察、分析并改进课堂,应称之为"AI课堂观察"。这种观察技术,个人、学科合作均可运用。初始阶段,以学科组合作或师徒结对方式,借此组织研修活动,是一个不错的研修途径,但不能将之拔高为"教师专业发展新样态"。该项目名称,可改为"运用课堂观察AI技术的合作研修"。

(4)表达很简洁,兼具"主题＋主要研修形式"的元素。唯一的遗憾是读者不明白"学习共同体"是哪一个层面的,是基于建制组还是非建制组"组团"的。

(5)也符合"主题＋主要研修形式"结构要求,但"主题"比较繁复,字数也就超了。估计"绿野奇趣课程"是园本总课程的名称,真如是,可考虑改为"园本课程中幼儿游戏支持策略的联动式研修"。

相比于前面的5个项目名称,(6)是较完美的,18个字,简洁流畅。"幼儿园项目活动设计与实践"是主题,"浸润式"是研修形式(尽管其内涵比较模糊)。

第二,"需求/问题分析"。制订规划阶段,需要全面调查、分析教师的研修需求或专业问题,以明晰研修现状——"我们在哪里",并拟定规划周期结束后到达的研修目标——"我们去哪里"。项目计划书制订时,需回顾规划的执行情况,追问"我们现在到了哪里",与研修目标还有多大距离等问题。

此理甚明。但如何收集"需求/问题",如何在计划书模板有限的空间内陈述,似乎难煞执笔者。下面是余杭区安溪幼儿园"园本课程中幼儿游戏支持策略的联动式研修"项目计划书中"需求/问题分析"的实例:

应知:基于"绿野奇趣"课程,捕捉幼儿在游戏中有意义的游戏行为,支持幼儿的游戏,促进幼儿在游戏中的学习与发展。这是幼儿园课程实施并且实施有效的主要方向,本学年也成了我园的主攻方向。

能做:部分教师有一定的观察意识和观察经验,并能运用时间轴记录表、路径图记录表、白描式记录表、纵轴式记录表等,有针对性地进行观察记录。但不清楚如何去捕捉游戏中有意义的游戏片段,观察能力不足。

愿持:教师能正确认知自己分析和支持能力较为欠缺的现实,希望通过观察去改进支持策略的能力,丰富幼儿游戏支持策略。

这一分析,是借助我们的支架建议(可从教师专业"应知""能做""愿持"等视角分析),侧重于"需求"的表达,且与"项目名称"因果呼应。表面上看,"需求/问题分析"是文字表达的功夫,其实背后关键是执笔者能否科学、清晰地认知本校教师的"需求/问题"。建议在"三年规划"的视野下，运用观察法、调查法（问卷、访谈、座谈）和作品分析法，不断跟踪"需求/问题"。

第三，课程设计。即从研修目标出发设计出系列的课程，满足"不少于24课时"需要。研修课程的整体安排，有拼盘式、主题式、项目式三种。拼盘式的课程，常常游离主题（项目名称）之外，貌似丰富多样，实则表面滑行，是一种陈旧的设计，要警戒。项目式，一般以终端成果为任务驱动，带动学习、实践、反思和表达，让研修过程摸得着，结果看得见，是一种比较前沿也颇适合教师研修的方式。项目式的规范操作，还请学习PBL的相关知识，此略。

在掌握"项目式"设计之前，建议用"主题式"，围绕项目名称（主题、研修形式）设计课程，可借助"教师学习"方式（从做中学、从互动中学、从反思中学，2.1章）、研修形式备择（1.1章），如表2.4-1所示。

表2.4-1 "园本课程中幼儿游戏支持策略的联动式研修"的课程设计

研修课程名称	研修形式
1. 研讨两类游戏计划表和游戏月方案的调整	专业会议
2. 结合游戏计划和现场，进行优化研讨（中大班重点针对自主游戏材料超市的创设）	课堂观察
3. 学习"如何通过游戏促进幼儿学习与发展""如何在游戏中捕捉幼儿有意义的行为"，对照实践说说自己的对策	案例研究
4. 第一次月方案调整交流。结合月方案表，说说自己看到的，想到的，及后续的跟进与调整	专题研讨
5. "游戏视频案例观察解读""优秀游戏案例观察解读学习"	案例研究
6. 定点式现场观察：观察并分析幼儿游戏行为，研讨环境、时空、材料和支持等方面跟进策略，优化区域设置	课堂观察
7. 定区式现场观察：观察并分析幼儿在某一区域中的游戏行为，研讨环境、时空、材料和支持等方面跟进策略，优化区域设置	课堂观察
8～16. 萌芽组（青年教师）围绕"体育游戏"组织系列研修，从略。（1～7与17～18，是全体教师参与的研修）	专业会议
17. 片级活动展示：主题课程下的活动展示	活动展示
18. 区级活动展示：主题课程下活动展示	活动展示

计划书模板要求填写课程名称、面向群体、学时、研修师资、研修形式和实施时间等，限于篇幅，表2.3-1只摘录了部分，但不难看到执笔者细致的专业精神。

二、研修活动的设计

这里的"研修活动"，是指由规划、计划、活动构成的广义课程中的"活动"，一般一次"活动"可安排2～4课时。研修活动的设计，其依据是"项目计划书"。

当然，计划书属于一种预期，实际执行时的微调在所难免。这并不意味着把计划书当作一种作业，制作完成便可以被"悬置"。研修活动也不以追求"热闹"为上，重要的是让教师获得真实的参与、长期的效果，所谓"深度学习"便是。

1. 怎样的研修活动是好的？

2005年初，浙江省教育厅教研室提出"教研活动策划"的概念，从教研活动形式、组织活动策划方法、有效教研活动的观察视角、改进教研活动的策略等方面搭建了教研策划的分析思路，首创了教研案例的研修形式。[①]

尽管教研活动并非"校本研修"的全部，有策划的教研活动却同样适用于校本研修。仅以听为主要方式的学习肯定不是教师学习的主要途径，基于"实践情境"的研修活动，应让参与研修的老师成为研修活动的真正主体。为此，"策划"要立足教师立场，活动主题的确定、活动形式的选择、活动过程的设计、活动效果的评估，都要基于教师立场，教学"以学习者为中心"的原则，同样适用于教师研修。

一次研修活动的策划，都需经历背景分析与需求调查、活动主题和目标确定、活动任务和过程设计、活动的准备和实施、活动成果的整理与分享等环节，现场活动结束后，相关行为的跟进也是必然的，这里恕不展开。

校本研修具有实践性，校本研修需要精心设计、实施。SCTT样式设计时，我们曾就"研修活动的设计与实施"提出四点要求：

• 立足研修原点。研修活动不能图表面的热闹，而要基于研修教师的困惑/需求，服从项目定位、研修目标与课程，立足"为了教师的研修"的原点。

---

① 张丰. 校本研修的实践嬗变[M]//安桂清,周文叶. 教育改革时代的学校本位教师专业发展. 上海：华东师范大学出版社,2014:186.

• 重视情境学习。从活动目标出发，设计真实的学习情境和任务，提供必要的支架，组织协同、展示和反思，将目标、内容、活动、评价等整合成为完整的活动方案。

• 展开活动过程。活动方案付诸实际操作才有意义，要充分展开活动过程，积极鼓励研修教师参与其中，注意处理好预设与生成的关系。

• 做好总结反思。收集活动设计、实施的材料（文档、图片、视频等），积极听取研修教师的建议，做好活动的总结反思、信息发布与材料归档等工作。

基于四点要求，我们提炼了"怎样的研修活动是好的"的评价标准，供校本研修项目主持人参考：(1)活动项目基于教师困惑/需求、项目定位、研修目标与课程；(2)活动设计方案体现情境学习特质；(3)充分展开活动过程，教师成为研修活动的主体；(4)及时收集与分享有关资料，积极听取教师建议；(5)活动总结、信息发布与材料归档符合相关规范。

2. 研修活动形式举隅

这里所说的"活动形式"，不是课例研修、案例研修等层面的"研修形式"，而是指组织一次活动所采用的方式方法（两种"形式"有时难区分[①]）。不同的研修主题和内容，势必要求选用不同的活动形式：一则合宜的活动形式，有助于主题和内容的落实；二则活动形式的新颖性，有助于吸引参与教师的投入；三则活动形式对教师课堂教学有间接的示范作用。可以借鉴企业管理培训、学生学习活动丰富"活动形式"。这里试举若干例，旨在对其引起足够的重视、研究和开发。

第一种，分组参与式研讨。每组 4～10 人，择一处便于分组讨论而不致互相干扰的场所。各组研讨的问题可相同，便于分享交流时比较；也可相异，形成交流成果的互补分享。2006 年 8 月 28 日，崔允漷教授在杭州市余杭高级中学主持了一次分组参与式研讨，其活动程序如图 2.4-2 所示。

---

① 朱旭东等曾列举了10种教师培训教学模式：示范—模仿、情景体验、现场诊断、案例教学、参与—分享、合作交流、任务驱动、问题探究、主题组合、自主学习等。这些模式，大多可以理解为"研修形式"，但在某种语境下也可用作"活动形式"，如现场诊断等。参见：朱旭东，裴淼. 教师学习模式研究：中国的经验[M].北京：北京师范大学出版社，2017：272-275.

一、热身活动(用时 5 分钟)

宣布游戏规则,编号分组,制作小组名片,组内分工。

二、分组讨论(用时 1 小时)

发作业单,按分工活动,并进行组内交流。

作业单:请每小组设想新课程会遇到哪些问题? 并按一定的逻辑画一棵问题树。

如何画问题树?

第一步:围绕一个主题,每人写出至少一个自己会遇到的问题;

第二步:小组讨论将所有问题归为一个中心问题(树干);

第三步:寻找这一中心问题的原因(树根);

第四步:分析中心问题的子问题(树枝或树叶);

第五步:这些子问题的主要解决方法(果实);

第六步:画出上述的问题树。

三、大组分享(用时 40 分钟)

各组汇报人报告本组的问题,评价员根据以下标准评选最优组:

· 问题本身:有内在的逻辑关系、真实性、归因正确、解决方法有创意且可行(5 分)。

· 合作过程:个人责任、充分对话、心情愉快(3 分)。

· 小组作品:完整、美观、整洁(2 分)。

四、活动总结(15 分钟)

先是个人反思,用一句话总结本次的通识研修,后是主持人崔允漷教授的总结。活动结束后,我们将六小组的"问题树""一句话反思"整理成文档,应参与者要求挂到校园网上。

图 2.4-2　分组参与式研讨①

浙江省普通高中是 2006 年 9 月开始新课程的,当时省市组织的新课程培训不多,这次校本研修显得十分重要。但这次活动没有采用讲座式(崔教授直接参与全国新课程的策划),而是基于教师心头的疑惑组织活动。参与研讨的老师,给予了高度的评价:"这是一次真正走进教师内心世界的有效、有趣、有意思的活动!""不一样的活动,不一样的收获。""教学也能这样进行的话,学生肯定感兴趣。"

---

① 据此活动,由林荣凑执笔的《普通高中课程:我们的问题和对策》研修案例获 2007 年浙江省教研室"推进校本教研"主题征文案例一等奖。参见:柯孔标.校本教研实践模式研究[M].杭州:浙江大学出版社,2008:402-407.

第二种，课堂观察。传统听评课存在"三无"现象：无合作的听课分工，无证据的评课推论，无研究的实践活动。鉴于听评课存在的"去专业"现象，杭州市余杭高级中学和华东师范大学课程与教学研究所合作，联合开发了课堂观察 LICC 范式，厘定了学生学习、教师教学、课程性质、课堂文化等四维度 20 个视角 68 个观察点，并实践开发了课堂观察的四步流程，如图 2.4-3[①] 所示。

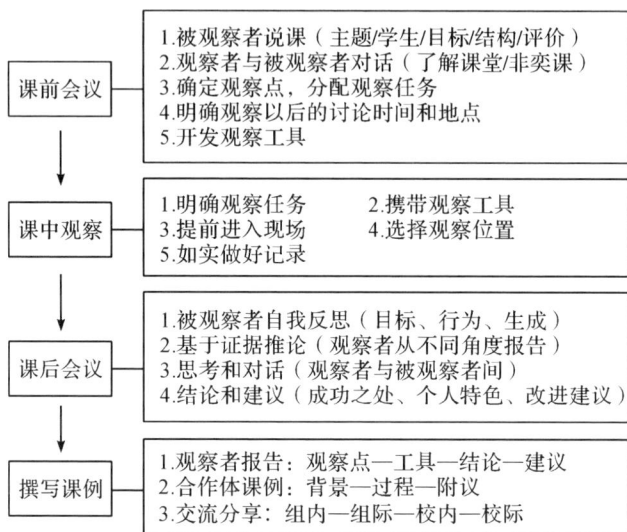

图 2.4-3 课堂观察 LICC 范式的操作步骤

实践证明，四步操作聚焦课堂教学的改进需求，有助于发现和讨论课堂问题，引发课堂教学的反思，指向和促进教学改进，贯连理论学习、行动改进，带动教师专业生态的改善，确保了听评课的专业性、合作性。

第三种，问题澄清活动。在日常专业生活中，教师会遇到各种专业问题。有的问题还非常模糊，难以明确其指向，更不用说寻找解决的路径和方法。这时，可组织问题澄清活动。这种活动的组织，一般 4 人一组，每人（提问者）在"问题澄清任务单"上写出一个问题，再将"任务单"传第二人（溯因者）分析成因，第二人传第三人（建言者）提出对策，再传最后一人（完善者）补充与该问题有关的信息（如问题的性质、成因、对策及其他）。一轮四人传写，结果如表 2.4-2 所示。

---

① 沈毅，崔允漷.课堂观察：走向专业的听评课[M].上海：华东师范大学出版社，2008.

表 2.4-2 问题澄清任务单（示例）

遇到的专业问题	如何更好地将课堂归还给学生 提问者：××
问题可能的成因	1. 学生主动性差，积极性不高 2. 填鸭式教学下学生懒于思考 3. 教师急于知识点的落实，对学生的信任不足 溯因者：××
可被考虑的对策	1. 激情教育，激发学生主动性 2. 设置激励性目标，引导学生参与到课堂中来 3. 教师适当放权，重心交还给学生 建言者：××
补充	1. 发挥课堂中学生的主体作用，引导学生积极发言 2. 问题设计指向性，让学生自己独立思考 完善者：××

以上是入职第二、三年新教师的一次研修活动的记录，这样的单组操作时间只需 30 分钟。可在小组问题澄清的基础上，安排组间交流，分析相似的专业问题，判断同龄教师的专业困惑；或据此了解本校教师的专业需求，为后续的研修和行动跟进提供依据。当然，它本身就具有研修的价值。

读者可阅读更多著作，了解诸如研修活动唤醒技术、聚焦技术、对话技术、生成技术的运用等。下面的"团队讨论调谐规程""鱼缸讨论法"来自项目学习领域，由美国巴克教育研究所开发①，读者不妨试试。

团队讨论调谐规程的操作步骤：

·选择两组学生，每组 4～5 人，这些学生必须是在做同一个项目，或同一项目的同一部分工作。

·小组 A 先作陈述，介绍他们理解和设计的项目愿景、项目活动、项目成果；小组 B 倾听，不作回应或提问。（7 分钟）

·小组 B 向小组 A 提问，澄清对小组 A 刚才陈述的理解。（4 分钟）

·接下来，小组 B 各成员思考如何进一步反馈，从暖问题（积极角度）、冷问

---

① 巴克教育研究所.项目学习教师指南:21 世纪的中学教学法(第 2 版)[M].任伟,译.北京:教育科学出版社,2008:127,141.

题（消极角度）两方面考虑。（2分钟）

· 小组B成员讨论各自的"暖问题"，统一意见后给出积极的反馈，小组A成员记下来但并不马上回应。（4分钟）

· 小组B成员讨论各自的"冷问题"，统一意见后给出积极的反馈，小组A成员记下来但并不马上回应。（4分钟）

· 小组A对小组B的问题做出回应，双方进行开放的交流。（4分钟）

这个方法也适用于三个小组，各组轮流陈述并得到大家的反馈。各步骤的时间可以根据情况做调整，但是每个步骤都很重要。

鱼缸讨论法的操作步骤：

· 学生围坐成一个圆圈。

· 在大圆圈（外圈）的中间摆5～7把椅子，组成一个小圆圈（内圈）。

· 选几位坐在内圈，内圈留出一把空椅子。

· 内圈讨论会有哪些成果，外圈观察和倾听。外圈如果有问题或者建议，可以坐在内圈的那把空椅子上发言，他（她）发完言之后回到外圈，其他人可以再加入。

在项目式学习中，鱼缸讨论法可用于制订项目计划或其他需要小组讨论的场合。我们可以借用于研修活动的策划、实施。

三、"之江汇"学校空间的建设

"之江汇"是之江汇教育广场的简称。它是以云计算为基础，通过信息技术与教学过程深度融合，搭建涵盖核心应用的教育云平台，同时汇聚第三方优质资源及应用，面向教育机构、老师、学生、家长提供一站式的教学服务。

2017年8月，余杭区教育局教研室·余杭教育学院合署办公后，要求各校利用其中的"学校空间"（俗称"云平台"）分享校本研修的过程和成果，统一建立培训资讯、在线学习、主题研讨、成果展示四个栏目，实现全区校本培训的信息化管理。

实施SCTT样式校本研修后，为避免栏目调整带来太多工作的浪费，依然保留四个栏目，但对名称与顺序做了微调：研修资讯、主题研讨、在线学习、成果展示，且对其上传内容做出规定：

· 研修资讯：三年规划（置顶）、项目计划（置顶）、活动通知及项目总结等组织类材料，便于读者统揽全体。

· 主题研讨：活动设计、宣传报道、评比结果等过程类材料，力求主题聚焦、有序列、有深度。

· 在线学习：线上课程与资源链接（置顶），提供拓展学习的素材，注意署名权、便于读者浏览等。

· 成果展示：校本研修中的原创成果（如研修感悟、教学设计等），最好形成序列或结集，便于读者浏览。

根据以上设计，2019年9月到2022年6月，业已组织4次评分，评分坚持用下面的评分规则，评价结果和问题反馈及时公布，指导各校建设。

· 层级清晰：菜单的命名、排序符合逻辑。

· 功能明确：材料归口正确，切合学年项目的主题与研修形式。

· 内容充实：围绕学年项目主题与研修形式，确保"校本研修"各模块内的文章内容充实、丰富，为研修教师所喜欢。

· 简洁清新，格式规范：模块、版面、用色等形式要素，力求简洁清新；文档的格式、标点与语言表达等遵守国家相关标准，同类文章建议形成序列。

· 适度的点击量和评论量。

该项建设，旨在发挥"之江汇"学校空间在校本研修中的资讯分享、过程监控等功能。由于"之江汇"的升级、平台稳定性也不够理想，再加上如今的交流媒介不计其数，教师可自由支配的时间受限，故而预想中的功能未能充分发挥。后续如何完善，有待调研解决。

四、研修案例的写作

校本研修是有一系列充满鲜活色彩的专业活动场景组成的，其中有太多的故事值得回顾、表达与分享。如果将这些鲜活经验转换成为传统意义的"总结"，那么领导重视、制度完善、教师积极参与、成果丰硕等词句，就将掩盖研修原本丰富的色彩、感人的场景和动人的故事。出于这样的考虑，SCTT样式的运作，我们丢弃了传统的"成文总结"，代之以"研修案例"和"项目总结表"。

1. 案例的结构与评价

根据"百度百科"的解释，案例就是指人们对已经发生过的典型事件的记述。从法律、医学、商业等专业教育领域对案例的界定看，案例就是对真实发生的实践事件的记录。SCTT样式所谈的"校本研修案例"，就是对一次（项）校本研修活动过程（缘起、设计、实施与反思）的文本式记录。

案例没有统一的写法，但一般来说，自始至终围绕特定的问题展开，以问题的发现、分析、解决、讨论为线索，一般表达形式为"背景＋问题＋问题的解决＋反思讨论"，其内在逻辑是"为什么做""怎么做""做得如何"。为便于各校撰写，也方便记录，我们选择了若干样例，提供了最简易的结构支架——标题、引言、背景（含问题）、问题解决（含假设与实际操作）、反思与讨论。

我们还制定了研修案例的评分规则：

·围绕学年项目计划的主题或特色。

·聚焦教师专业发展的需求与问题。

·以一事一述的方式撰写，可插入表格、图片。

·能启发他人思考，具有参考价值。

·1500字左右，行文流畅。

2. 案例的写作

SCTT样式的案例要求一事一议，因而要有对拟写作的案例有预期，在某一次（项）校本研修活动的设计和实施时，就注意积累素材，活动结束即趁热打铁写就。其写作的过程，一般包括六个环节。

第一步，锁定事件（哪个研修活动可以写成案例）。值得写成案例的事件，一般具有这些特征：真实的，过程完整的；重点、难点问题的研修；素材充分、丰富的；具有反思与讨论价值的；寓含成人学习理论的；具有典型、参考价值的。

第二步，搜集材料（这个研修活动有哪些材料）。尽可能丰富地占有材料，这是写作的基本原理。材料类型包括显性的或隐性的。显性的材料，如活动计划、过程记录（文字或非文字的，如视频、照片等）、参与者反馈（书面的或口头的，系统的或零碎的）。隐性的材料，通过回忆钩沉，如为什么策划这一活动（需求与困惑驱动）、想解决什么问题、活动是否解决了这一问题、有无更好的方案等。

第三步，分析材料（哪些材料足以使案例厚实）。"厚实"不等于字多，给人冗长感觉的文章,多是清汤寡水。案例写作,落笔前要从材料中归纳出一个主题或观点(案例告诉读者什么),然后围绕主题,对材料的相关性、重要性、典型性作分析,区分主要与次要,分出特色与普通。

第四步,构思布局(怎样的布局足以使案例成功)。了解案例的一般结构,评估怎样的调整,才能创造出最得体的布局。可以顺向构思,从标题开始推敲;也可以逆向构思,即从反思与讨论开始推敲。不管如何,始终围绕问题或主题。

第五步,行文起草(怎样的行文足以让读者倾听)。悬想读者就坐在你的对面,注意行文的腔调,读者可能的反应;段落不要太大,句子不要太长;适当使用图与表,引文不妨变换字体。找个合适的时空,力求一气呵成。

第六步,编辑定稿(怎样的编辑足以让下家满意)。说给同事听或让同事读想,观察或听取同事的反应;让自己成为案例的一个客观、批判性的阅读者,思考哪些地方需要详写,哪些地方可以略写或不写,案例情境、问题、框架、逻辑顺序是否最佳,"反思与讨论"是否"溢出"事件或活动本身。

学年结束,选择1~3个研修活动案例提交评审评分。区域逐一评分并给出必要的反馈意见,选择最高分计入学年考核的总分。优秀案例,区域编集分享,每学年一集,收入常规研修、特色研修、样式探索等案例30—40个,供各校学习、借鉴,以不断丰富各校 SCTT 样式打造的经验。

五、研修总结的操作

完整的研修过程,包括"需求/问题聚焦—研修设计—行动落实—反思总结"等基本环节。项目的反思总结是研修过程的最后环节,对项目学校、区域研修等层面都具有整理研修经验、发现存在的问题、提高研修水平等多方面功能。

1. 研修总结的基本原则

第一,重视素材的平时积累。切忌临近结束时补、抄乃至假造等有损教育人形象的行为。校本研修素材一般包括文档、照片和视频,这些资料均需有文件名,显示文件的概要信息,让后续使用者一看即知。

第二,重视资料的统计和分析。根据《校本研修项目总结表》(以下简称《总结表》)的引导,做好统计分析,准确填写有关数据,并对"五项常规改进""规划特色彰显""预期成效达成"等做出简要的定性描述,"研修教师考核"则需对是否进行考核、考核结果做出说明。

第三，项目总结要重视研修教师的建议。项目总结过程中，可以采用座谈、问卷等方法采集研修教师的意见和建议；项目总结后，可将总结情况在云平台发布，让研修教师了解。

2. 定量与定性分析的操作

总结，不仅仅是回顾、整理过往，更在于思考、明确后续的行动。怎样的总结才能发挥其应有的作用？远离行政化色彩甚浓的"成文总结"后，我们该用怎样的替代性方案？这并非一个简单的问题，三年来我们使用的是总结表。

2019—2020学年，我们使用的总结表分四部分：基本信息、研修情况分析、研修成果汇总和附件清单。经由两年验证，我们发现，就"研修情况分析"部分看，如果项目主持人能把握其整体安排，便能从"研究"的视角整理过往，也便于"学术"地规划未来。但也有不少的主持人，仅仅是从"填表"的角度对待，所填信息的"总结"价值便大打折扣。而"研修成果汇总"部分，由于对统计"口径"理解不一，造成区域对数据的处理颇费周折。

为此，2021学年，我们做了改进，剥离"研修成果汇总"，用Excel表填写（发挥软件的数据处理功能）；将原表word压缩成为1页（A4）。这里先介绍"研修情况分析"的"活动分析"部分，如表2.4-3所示。

表2.4-3　活动类型分析(示例)

活动类型		人均总学时数	主要内容列举
按层级统计	全校级	12	项目启动、专家讲座、集体研讨、现场观摩
	建制组	40	年级组理论分享、教研组线上交流、教研组周研讨
	非建制组	10	课题组方案论证、观察评价、案例汇报、中期展示
按群体统计	雏雁组	10	游戏观察案例撰写、游戏视频解读
	青雁组	10	游戏计划推进、游戏组织、游戏视频解读
	成雁组	10	工具表研制、工具表试用论证、借助工具表解读分享

续　表

活动类型		人均总学时数	主要内容列举
按研修形式统计	现场研讨	16	计划书制定、畅游日观摩、游戏观察评价汇报
	小组学习	8	游戏观察方法学习、评价要点学习
	专家讲座	4	线上董旭话《基于专业观察的自主游戏指导》讲座

"活动类型"分类定量统计人均学时数，一则检查总量，二则分析活动构成。

第一，按层级统计，"全校级"指全员参加活动，"建制组"指备课组、教研组、年级组活动，"非建制组"指课题组、工作室、特定群体沙龙等活动。

第二，按群体统计，依据项目情况确定统计群体，如新教师、班主任、骨干教师等。表 2.4-3 示例，是按教龄分层统计的，从"主要内容列举"看是能够各扬其长的，如"成雁组"教师经验丰富，让他们研制工具表是很恰当的。

第三，按研修形式统计，要求根据项目情况，对照六类 30 种形式（图 1.1-1）选择最多的三种形式统计。表 2.4-3 示例，填写了"现场研讨""小组学习""专家讲座"，说明该校已从"学术报告厅"走向"教育现场"，可喜可贺。

如果说，"活动分析"部分是定量与定性的结合，"研修成效"部分就基本靠定性分析了。这也是教育评价和总结的天然局限。下面看"研修成效"部分的设计，如表 2.4-4 所示。

表 2.4-4　研修成效分析（示例）

研修成效	本学年重点	成效简要描述
五项常规改进	畅游日游戏的观察评价	关注游戏计划实施、研制建构、角色、表演游戏观察评价工具表，并在使用中不断反思改进
规划特色彰显	畅游日基本游戏类型观察评价	通过小组研修、班级试用、集中汇报等形式厘清游戏观察评价要素，在评价的基础上推进相应游戏策略
研修教师考核	出勤分 60％＋作业分 40％构成	作业，包括观察记录、工具表研制、游戏展示、研修汇报。最后评出优秀 17 人、良好 26 人、合格 44 人
预期成效达成	提升教师游戏观察评价能力	关注幼儿游戏计划推进，形成观察评价工具表，有相应的游戏推进策略

"研修成效"是定性分析，表 2.4-4 的分析是比较到位的。

第一，"本学年重点"一列填写，分别对应《项目计划书》"二是项目定位"之"常规研修""特色研修"，"三是研修计划"之"研修考核""预期成效"。对比发现，填表人处理得十分到位。

第二，"成效简要描述"，要求就学年重点的达成情况作简要定性描述。表 2.4-4 学年研修的项目名称是"三阶游戏评价在畅游日中的运用研究"。从表 2.4-4 描述看，该校这一学年基于"三阶游戏评价"的研究性研修，做得是比较到位的。

至此，我们从课程设计（规划、计划）到研修活动的设计，从"之江汇"学校空间的建设到研修案例的写作，最后到研修总结的操作，介绍了 SCTT 样式学校层面的运作。这一层面的运作有其独立性，又与区域层面的运作相呼应。这些运作是实际操作中"可见"的部分，其"不可见"的部分就是蕴含于其内在的学理基础。

打个未必贴切的类比，这里所说的"可见"的部分，仅仅是 SCTT 样式的"程序法"，第三部分"常规活动的研修"、第四部分"特色培育的研修"则是 SCTT 样式的"实体法"。

第三部分　常规活动的研修

　　有学者曾说:"从制度理论来说,一个组织越是常规的活动,越是具有生命力。……要把这些专业发展活动尽可能地与学校的日常教学(无论是教师层面还是学校管理层面)紧密地挂起钩,并努力使之成为日常教学常规的一部分。"(崔允漷、柯政《学校本位教师专业发展》,华东师范大学出版社,2013年版,第162页)

　　学校,因课程与教学而存在,教学工作是教师日常专业活动的主阵地。校本研修以促进教师专业发展为首要任务,不能置教师日常专业活动的主阵地于不顾。

　　余杭校本研修2.0版,正是基于这一普通而朴素的认识,将"常规活动(C)"纳入SCTT样式的框架之中。并从区域全局出发,厘定专业阅读、集体备课、公开课展示、听课评课、文本表达等五大常规,将与教学最相关的"集体备课""公开课展示""听课评课"作为常规活动的主体,期待通过此举贯通传统的培训、教研与科研,以解决之前彼此割裂、多头管理的局面。

　　然而,常规作为一种稳定的模式化行为,其"惯性"有助于高效行事,其"惰性"则极易阻碍变革创新。将"常规"纳入校本研修的范畴,需要学校、教研组和教师等各方具有极强的反思力和变革力,不断审视常规(包括成文的制度)的利弊长短,敢下狠心去"顽疾"。如此,"常规活动"方能成为教师专业发展之利器。

　　本部分先以"概述"总领常规活动之研修学理、研修品质追求的准则等,继以专业阅读、集体备课、公开课展示、听课评课、文本表达等五大常规为经,以各常规的专业价值、常见误区、子样式介绍为纬,分享我们思考、实践和研究的情况,为读者呈现基于常规活动校本研修的路径、方式和策略。

3.1　概　述

常规指那些惯常奉行的规矩,包括成文的和不成文的。学校语境中的常规活动,是指教育教学中那些经常"重复"的模式化行为。就教师教学来说,制订教学计划、备课上课、听课评课、布置作业(练习)、教学测试等,都是常规活动。

校本研修旨在为教师专业学习创设良好的环境,校本研修的改善不能脱离教师日常专业活动,特别是课程与教学方面的常规活动。有鉴于此,校本研修 SCTT 样式厘定专业阅读、集体备课、公开课展示、听课评课、文本表达等五大常规。

一、常规活动研修的学理基础

在学习这件事情上,习惯比智商更重要! 学生学习如此,教师学习何尝不是如此。参与常规活动,从与学生、同事等的互动中学习,是教师学习的常态。常规活动影响着常规中的个体,知识技能的,思维方式的,行为习惯的,而且这种影响是深刻的,不知不觉的,即所谓的"习焉不察""习惯成自然"。

然而,如果你是某个团队的新成员,或者你是一位保持专业理性的成员,你将会对团队的常规活动保持一种清醒。作为校本研修的负责人,对自己所带团队,应保持一种清醒而专业的理性:你注意到常规活动蕴藏的学习和研修元素了吗?

且把教育教学中的常规活动或行为,放在人类行为角度思考。

为了解释说明人类行为,心理学家提出了各种理论。环境决定论者认为,行为(B)是由作用于有机体的环境刺激(E)决定的,他们的公式是:$B=f(E)$。与此相反,个人决定论者认为,本能、驱力和特质等内部事件,驱使有机体按照某些固定的方式行事。换言之,环境取决于个人如何对其发生作用。他们的公式是:$E=f(B)$。这两种理论,其行为与环境关系都是单向的。

美国心理学家、社会学习理论的创始人阿尔伯特·班杜拉（Albert Bandura）对环境决定论和个人决定论提出了批判。他认为人的行为、环境与个体的认知（P）之间的影响是相互的，即行为是个体变量与环境变量的函数，公式为：$B=f(P,E)$。

不仅如此，班杜拉对此深入研究，他认为有三种不同的相互作用的类型，如图3.1-1[1]，从而确立了行为、环境与个体的交互决定论。

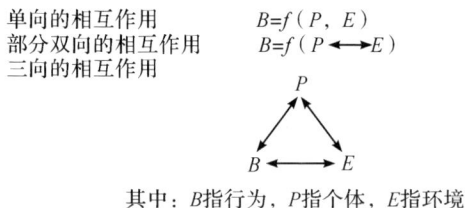

单向的相互作用　　　　　$B=f(P,E)$
部分双向的相互作用　　　$B=f(P\longleftrightarrow E)$
三向的相互作用

$$P$$

$$B\longleftrightarrow E$$

其中：B指行为，P指个体，E指环境

图3.1-1　相互作用的三种模式

班杜拉的交互决定论主张"三向相互作用"，认为人的行为、个体（主要指认知和其他个人的因素）和环境是"你中有我，我中有你"的，不能把某一个因素放在比其他因素更重要的位置，尽管在有些情境中，某一因素可能起支配作用。

运用交互决定论，可以解释教育教学的常规活动或行为（B），与教师主体（P，可分解为群体、个体来观察）、环境（E）之间的共生互动关系。与此相应，要反省和变革常规活动的行为，也必须从教师主体、环境等两方面着力改变。

二、常规活动纳入研修的必要性

SCTT样式，明确将"常规活动（C）"纳入，希望创设一种有利于教师学习的"常规环境"，就是基于班杜拉交互决定论的学理，是从多方面考量后的选择。

1. 常规活动是教师日常专业生活的重要组成部分

人们往往容易将教师参加培训学习、开展教学研讨、实施课题研究视为教师的研修活动，却常常忽视有质量的完成教育教学工作的常规活动，是最重要的、最基础的研修。彼得·圣吉（Peter Senge）认为："建设学习型组织的第一核心策

---

① 施良方.学习论[M].北京：人民教育出版社，2001：358-360.

略,就是把学习与工作相结合。"①常规活动,是最日常性的、最频繁的"工作"内容,如果不能将"校本研修"植入那些"常规的工作",其他的所谓"研修"很难说是真实的。把握并发掘学校教育教学日常过程管理中的教师研修因素,是发展教师专业素养的关键。

2. 满足课程改革的需要

自中国学生核心素养发布以来,大概念教学、深度学习、项目式学习、大单元教学、表现性评价等新概念纷纷出现。为此,不少学校组织学习研修,听专家报告、读相关专著、研习相关课例,以为这些研修活动就是培训,就是教师学习。殊不知,类似的研修是不能外在于常规活动的。我们不仅要将这些新概念内化于心,更要落实于行。要借此时机审视常规行为,否则就必然是"穿新鞋走老路",是无法让新概念扎根于教育教学的。

3. 反省和改进常规活动,是校本研修内在的要求

常规活动有着"惯性"和"惰性"的两面性:惯性,让我们驾轻车就熟路,提高行事的效率;惰性,则让我们因循守旧,丧失发展的动力和机体的活力。我们并不主张"常规不常",但更应警惕"常规之常"导致平庸。正如威廉·萨默塞特·毛姆(Willian Somerset Maugham)所说:"只有平庸的人,才总是处于自己的最佳状态。"②实践已证明,那些自我感觉良好的学校(教师),恰恰就是最安于常规的。将常规活动纳入研修,是培养学校(教师)反思性、研究性的需要。

4. 打破"时间怪圈"的需要

曾几何时,中小学基于"欲提高学习成绩,必投入更多学习时间"的假设,进入了"抢占时间—质量未达理想—再抢占时间"的怪圈,引发 2021 年席卷全国的"双减"行动。然而,"双减"落地的根本,除了行政手段,还需借助教师研修:减轻学生机械学习的负担,也要减轻教师非专业的负担(特别是时间负担)——教师将腾出的时间用于研究日常教学,提升常规活动的品质—提高学生的学习质量,用最少的时间获取最好的学习。要彻底和长久地打破"时间怪圈",离开常规活

---

① 彼得·圣吉.第五项修炼:学习型组织的艺术与实践[M].张成林,译.北京:中信出版集团,2018:318.

② 彼得·圣吉.第五项修炼:学习型组织的艺术与实践[M].张成林,译.北京:中信出版集团,2018:155.

动的研修，无异于缘木求鱼。

三、常规活动研修的品质追求

2.4节，我们曾讨论了"怎样的研修活动是好的"的问题。这里针对"常规活动的研修"领域，从发展"学习共同体"的视角提出常规活动的品质追求。

1. 加强常规活动的合作性

"时间怪圈"和不恰当的绩效考核，使得教师学习合作知识与技能的机会大幅缩水，某些专业常规形同虚设。长此以往，共同的理解、相互的介入、共享的规则、开放的架构、互惠的效益等品质无以生长，"学习共同体"就迟迟不能形成。为此，亟需在常规活动中加强合作，丰富合作内容和形式，在合作实践中建设学校内部、学校之间不同层面的共同体。

2. 倡导深度参与

教师七种知识的提炼者李·舒尔曼(Lees. Shulman)教授2013年曾莅临上海，就新一代的教师教育提出："这一代教师教育和资深教师专业发展，最大的挑战在于发现我们迫切需要一整套常规的、能够教人们像教育家一样去思考、去行动、去做人的标志性教学法。"[1]标志性教学法(The signature pedagogies of the professions)尚无良好的定义，但其实践性、形成性与参与性毋庸置疑。常规活动中，如果参与者各自"留一手"，貌合神离，就无以达成相互的介入，就无以获得常规活动应有的专业性和发展性。"第五项修炼"十分强调深度会谈，认为团队学习要有自由的、创造的探讨，相互深度"聆听"。只有深度参与，团队才能发挥"协作学习"的巨大潜力，才能表现出比个人单独思考时具有更大的智慧、悟性和洞察力。[2]

3. 倡导集体论争

常规活动的合作—互动，是为了获得$1+1>2$的效应。互动就意味着彼此的支持和依赖，还有冲突及冲突的解决。"集体论争"的教学策略(类似于第五项

---

① 李·舒尔曼.标志性的专业教学法：给教师教育的建议[M]//安桂清，周文叶.教育改革时代的学校本位教师专业发展.上海：华东师范大学出版社，2014：20.

② 彼得·圣吉.第五项修炼：学习型组织的艺术与实践[M].张成林，译.北京：中信出版集团，2018：240，242.

修炼中的"商讨"),在教师常规活动中应得到重视并借鉴:

- 个体表述对所探讨的问题的观点。
- 将自己的观点与他人的观点进行比较。
- 对一个立场进行解释论证。
- 由小组合作建构一个观点。
- 将小组合作建构的观点在全班发表。
- 在班级这个更大的共同体内证实自己的观点或检验其受认可的程度。①

美国心理学家克里斯·阿吉里斯(Chris Argyris)和他的同事们研究了这样一个困境:为什么聪明能干的经理人往往无法在管理团队中进行有效学习? 他们发现,伟大团队与平庸团队的区别,在于他们如何面对冲突,如何处理冲突带来的不可避免的习惯性防卫。② 从某种意义上来说,常规活动的研修是否表达冲突,如何解决冲突,是衡量一个研修组织(建制组、非建制组)是否良好运行的重要标志。

4. 强化常规活动的反思性、研究性

教师的专业实践品质,是与反思性、研究性密切相关的。一般意义上来说,由于教师专业的"沼泽"性质,教育教学不可能只是机械的反应,而是决定了其行动总是伴随着反思以及进一步的研究。反思、研究的深浅,可以照见教师专业品质。由此推论,研修组织常规活动的反思性、研究性程度,也可窥见其活动的品质。不少学校,正是基于常规活动的反思和研究,发展出课例研修、案例研究和课题研究,从而形成各有特色的校本研修。这从另一侧面说明,常规活动的研修是基础性研修,是校本研修的"必修课"。

四、如何找准常规活动研修的切入口

校本研修 SCTT 样式,从区域层面确定了专业阅读、集体备课、公开课展示、听课评课、文本表达等五大常规,其中的"文本表达"又包括教学设计、教育叙

---

①　郑太年.学校学习的反思与重构:知识意义的视角[M].上海:上海教育出版社,2006:254.

②　彼得·圣吉.第五项修炼:学习型组织的艺术与实践[M].张成林,译.北京:中信出版集团,2018:318.

事、课例案例、命题论文等文本类型。其中的任何一项常规，任何一种文本表达类型（包括未列举的作业、评价等），都可以成为常规活动研修的突破口、切入口。

那么，如何找到或找准突破口、切入口呢？一般来说，基于交互决定论，分析学校、教师的困惑或需求是最基本的路径；从最迫切或最易入手的常规开始行动，让研修组织渐次感受常规活动合作、反思、研究的快乐，也是最基本的方式。然而，我们更建议用彼得·圣吉的"第五项修炼"——系统思考的方法。

彼得·圣吉的系统思考方法一言难尽，他在专著中分享了11条第五项修炼的法则。这里介绍第8条：微小的变革可能产生很大的成果，但最有效的杠杆常常最不易被发现。[①] 不是所有的"微小变革"都能如此，能产生"很大的成果"的杠杆并不是容易发现的。为读者理解这一法则，且引用专著中的"小舵板"之例。

巴克敏斯特·富勒（Buckminster Fuller）对杠杆作用的效益有一个巧妙的说明，也是他对杠杆作用原则的比喻："小舵板"。小舵板是船上的"舵中舵"，它的尺寸只有船舵的很小一部分，作用是让转舵更容易，也就是让船转向更容易。船越大，小舵板就越重要，因为大量的水流会使船舵很难转动。

小舵板是杠杆作用的绝妙说明，因为它不仅十分有效，还很不起眼。在你对流体力学一无所知的情况下，当你看见一艘大油轮在海上航行，想让油轮左转的话，你会推哪里？你也许会向左推船头。可是，你是否知道要把一艘航速15节的油轮，从船头推向左转，需要多大的力量？向左掉头的杠杆作用点，在于把船尾向右推。这当然就是船舵的功能。但是，要让船尾向右，船舵应该向那边转呢？哎呀，当然是向左喽。

看到了吧，船能转向是因为其尾部被"翻转吸吮"着呢。船舵转动时，迎面而来的水流因受到压力而在舵板上产生压力差，压力差使得船尾向转舵方向相反的一侧运动。……小舵板——这个对大船产生巨大效应的、非常小的部件，相对船舵来说也是一样。当它转向某一侧时，就在船舵两侧的水流中产生了很小的压力差，压力差"吸吮着船舵"向需要的方向转动。假如你想让船舵向左转，小舵板应该向哪个方向转呢——自然是向右了。

---

① 彼得·圣吉.第五项修炼:学习型组织的艺术与实践[M].张成林,译.北京:中信出版集团,2018:72-74.

整个系统——船、船舵、小舵板,通过杠杆作用原理形成了绝妙的工程设计组合。对于传统学校的常规活动,反思并改进使之获得前文所述的品质,我们无须企求全盘重构,运用系统思考的方法,找到"小舵板"是最为关键的。

此后的章节,将提供我们的实践和思考。这些实践和思考,从教师(群体与个体)、环境(教育宏观环境、学校中观环境与教研组等微观环境)、常规活动(行为)等构成的"三向"关系出发,不同程度地运用了系统思考的方法,供各位参考。

3.2　专业阅读

今天，世界整体上的演变如此迅速，以致教师和大部分其他职业的成员从此不得不接受这一事实，即他们的入门培训对他们的余生来说是不够用的：他们必须在整个生存期间更新和改进自己的知识和技术。所授学科方面的才能和教学法方面的才能之间的平衡应注意加以保持。[①]

这段文字，来自国际 21 世纪教育委员会报告《教育：财富蕴藏其中》。报告发布于 1996 年 10 月。时隔 20 多年，人类已然跨入智能时代，科技正以史无前例的速度发展。报告敦促教师"必须在整个生存期间更新和改进自己的知识和技术"的观点，不仅没有过时，而且更为迫切。尽管阅读带有较大的个人性，但这并不排斥"专业阅读"植入校本研修，做精心的策划和实施。

一、专业阅读的价值

阅读对个人的精神发育、精神境界的重要性，论者甚多。对教师的要求也比一般人高出许多。苏霍姆林斯基给教师的第 96 条建议是"要用书籍、智慧与信念去影响学生的心灵"。其中讲了他与学生尤拉读书的故事，其后诚挚地感慨道：

由于读书，青少年的兴趣像火一样被点燃起来了。我觉得自己一直处在学生的严格监督之下。要是我把自己在书的世界里的积极活动停止一天，我就会失去对学生心灵的影响作用，就会成为他们所不需要的人。……

亲爱的朋友，我想建议你：要影响学生的头脑。再没有比左右学生的思想更为有力的手段来左右学生的意志了。然而，只有当你在书的世界里享有丰富而

---

　　① 国际 21 世纪教育委员会报告.教育：财富蕴藏其中[M].联合国教科文组织总部中文科，译.北京：教育科学出版社，1996：142.

充实的生活的时候,你才能影响学生的思想。只要办法得当,最敏感的、个性最独特的、固执任性的、"好造反的"和桀骜不驯的学生,也能变成读书迷。用书籍和智慧去驯服他们吧![1]

从建议的全文看,苏霍姆林斯基是从师生关系、教育目的维度说的。其中"自己在书的世界里的积极活动停止一天"一句,不由得让人想起据说是黄庭坚说的话:"士大夫三日不读书,则义理不交于胸中,对镜觉面目可憎,向人亦语言无味。"

对啦,还有苏轼"粗缯大布裹生涯,腹有诗书气自华"的名言。教师作为普通的社会一员,其阅读就足以增长或丰富"素养性知识";而其专业阅读,更是专业生活水平的"标配":入职并非意味着本体性知识学习的结束,之前接触的条件性知识还需要实践的验证和反刍,实践性知识的结构化和"个人理论"化离不开专业阅读的"点化"(专业阅读,犹如点豆腐的卤水)。说实在的,每一位读者,可从教师知识构成(本体性知识、条件性知识、实践性知识、素养性知识)和教师学习之塔(做中学、互动中学、反思中学,均见 2.1 节)的角度,找到专业阅读的足够理由。

中小学教师读书现状的追踪调查,一直有热心人士在做。自 2007—2021年,调查数据或有变化,但"堪忧"的结论还未有变。[2] 随着"双减"政策的落地、校本研修的推进,阅读远离校园、教师拒绝读书的现状或将有所改变。

《教育家》期刊 2021 年 5 月发布的调查结果[3]显示,72%的教师表示"工作负担重,没时间读书"。尽管如此,中小学教师还是有比较强的读书意愿和行为的,即愿意并阅读正式出版的纸质书籍和电子图书资源(不包括教材和教参),不读的仅占 3.24%。表 3.2-1 的三组数据值得我们注意。

---

[1]　苏霍姆林斯基.给教师的一百条建议[M].周蕖,等,译.天津:天津人民出版社,1981:258.

[2]　参考:马利.中小学教师读书现状堪忧[N].燕京都市报,2007-07-03;《教育家》编辑部.中小学教师读书现状调查[J].教育家,2021(5):8.

[3]　《教育家》编辑部.中小学教师读书现状调查[J].教育家,2021(5):8.另可参见同题网络文章:https://www.sohu.com/a/467282889_100154279(2021-05-19)[2022-08-10].

表 3.2-1　中小学教师读书调查的三组数据

角度	结果	结论
选书的标准	按个人兴趣爱好选书的占比最大，为48.98%；选择公认的、经典的、有思想内涵的书，为29.73%	教师群体的阅读逐渐趋于个性化、多元化
喜欢书籍的类别（多选）	排前三位的是所教学科的经典书籍、教学参考类书籍、人文类书籍，分别占53.08%、49.58%、49.04%	选择出于对职业的热爱、对专业发展的需求，也越来越注重精神成长
读书的原因（多选）	68.13%的教师源于兴趣爱好，借以丰富自己的精神世界；52.57%的教师是由于工作原因，需要读书充实自我；而为了应付上级指示去读书的教师仅占5.74%	教师阅读的兴趣需求大于信息知识获取的需求，尤其注重阅读的自主性

　　从上面的数据和调查者结论看，教师源于兴趣阅读的比例较高，"由于工作原因"的专业阅读是不足的。这三组数据以及相关结论，与我们的日常观察比较接近，因而我们的建议是：阅读，且尽可能增加专业阅读的含量！

　　我们也愿意强调学者的观点：没有良好的专业阅读，就永远只能做一个平庸的教师，就永远不会成为"有思想"的教师。有鉴于此，继续讨论专业阅读"读什么"，校本研修中"如何"组织专业阅读，是必要的。

二、专业阅读的范围

　　教师的专业阅读，读什么？夏丏尊先生在回答中学生"阅读什么"时，主张阅读的范围包括：（1）关于自己的职务的；（2）参考用的；（3）关于趣味或修养的。[①] 受其启发，教师专业阅读的书可分三类——有关本学科的书，有关教师的书，纯属个人趣味的书。如此可获得舒尔曼所说的七类知识或覆盖教师四类知识。

　　1. 有关本学科的书

　　这一类书的数量与覆盖面，各学科自然不同。如语文学科，有人曾列出过150多门与语文教育"相关"的学科，举凡语音学、文字学、词汇学、语法学、修辞学、逻辑学、文章学、文学、演讲学、阅读学、写作学、语用学、风格学等书皆是。

---

　　① 夏丏尊.夏丏尊教育名篇[M].北京：教育科学出版社：2007：136.

这一类书,学科的专业机构或专家(学科专家、课程专家)一般会开出一些书目。比如中国教育学会中学语文教学专业委员会,就在 2020 年 9 月开列 105 种中学语文"读书种子计划"推荐阅读书目,其中:"语文教育专业类"70 种(含语文教育教学类 20 种、语言文字类 10 种、文学类 20 种、中国传统文化经典类 20 种)是"有关本学科的书";"教育学、心理学类"15 种,是"有关教师的书";"中外文化、历史、哲学类"20 种,则是跨学科的书。

当然,这些书不可能尽读,要基于任教学科、学段选择,有两种最值得关注:一是本学科的经典(大学教育未必都涉及),二是能提供学科最新知识的图书。

2. 有关教师的书

有关教师的书,一般会界定为"教育学、心理学类"的书。但从舒尔曼的七类知识列示,并"条件性知识""实践性知识"的所指,这样的界定,显然会大大窄化"有关教师的书"。笔者主张应再分三层次:第一层次为"教育哲学",如孔子、朱熹、柏拉图、卢梭、杜威等人的书;第二层次为"三论"(学习论、课程论、教学论);第三层次为"教师成长",包括但不限于教育政策、教育人物、教育研究、教育技术、比较教育之类的书。[①] 具体如图 3.2-1 所示。

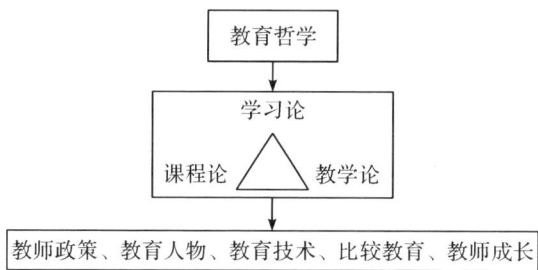

图 3.2-1　"有关教师的书"可分三层次

如若将教师分合格教师、职业成熟期教师、专业成熟期教师三类,那么上面三个层面的"有关教师的书"分别适合这三类教师。

3. 纯属个人趣味的书

这一类书,原则上不属于"专业阅读"的读物范围。然如培根所说"凡有所学,

---

① 林荣凑.基于标准的语文教学[M].重庆:西南师范大学出版社,2020:163.

皆成性格"，长期的阅读浸染会丰富教师的"素养性知识"，也将影响其他三类知识。故而，这类书的选择，有必要从"专业"角度思考，尽可能做到"专业互补性"。

对此，北京师范大学肖川是这样说的："文科类的教师要有意识地去看看理科类的书籍，理科类教师则应该读读文科类的书籍。你无法理解别类学科精深的专业知识，但教师至少应该对中小学所有的学科的概貌有所了解。"①确乎，在强调课程整合化的今天，这种"专业互补性"的阅读显得尤为重要和急迫。

这一类书的阅读，培根所言值得借鉴："书籍好比食品，有些只需浅尝，有些可以吞咽，只有少数需要仔细咀嚼，慢慢品味。"②

三、专业阅读的样式

有关"怎么读"的书目也不在少数，如莫提默·J·艾德勒（Mortimer J. Adler）的《如何阅读一本书》；有关阅读准则的讨论也不少，如"将厚书读薄"等。下面我们将从校本研修的视角，讨论"专业阅读"（这里主要指"共读"）的5种子样式。

1. 基于问题导向的专业阅读

教师在教育教学实践中经常会遇到一些共性的问题：如何有效安排师生互动？项目式学习活动谁主导？……我们可以聚焦这些共性的专业问题，以问题为导向开展专业阅读活动。这种阅读模式以解决实际问题为主要目标，可以从他人的论述中找到解决问题的灵感，或从他人的成功案例中获取具体的方式方法。与教育实践紧密结合，这样的专业阅读才是真实的，才具有久远的生命力。

案例3.2-1　"看得见与看不见"的博弈

我们中青年教师常常困惑于理论与实践难以连接的问题：在撰写论文时，不停搬运各种学术概念，而面对真实的儿童时，仅凭直觉和经验来做事。阅读《让早期学习理论看得见》，让老师们逐渐用思考填满理论与实践之间的沟壑。尽管实践型与理论型教师各有各的问题，但通过阅读后的思考与交流，彼此碰撞出了

---

① 肖川.拯救教师的阅读[J].教师教育论坛,2013(12):92-94.
② 培根.人生论[M].何新,译.北京:中国友谊出版公司,2003:181.

灿烂的火花。比如阅读"皮亚杰理论"这一章节,老师们按照个人经历分成两组,运用书中"理论—案例—理论分析—采取行动"的模式,讨论了幼儿种植活动的案例,看见了幼儿行为方式和思维模式背后的理论内涵,并根据皮亚杰的早期学习理论,进行"头脑风暴",优化了教师支持。老师们还反思了自己在利用重点资源开展课程活动时的不足,让皮亚杰的幼儿早期学习理论落实到实践中。

(案例提供:杭州市余杭区云禾幼儿园 琚姚姚)

入职前,教师或多或少接触了皮亚杰的幼儿早期学习理论,但那多半是"皮亚杰"的,教师们的感受是灰色的。而今,依托实践问题的引导、实践经验的铺垫,讨论幼儿种植活动的现实案例,再来回顾"皮亚杰",此刻的"皮亚杰"是绿色的。这就是基于问题导向专业阅读的魅力所在。

必须说明的是,这种专业阅读的关键是明晰"问题",寻找"书目"。依据我们的经验,教师要能清晰描述实践问题,提炼问题或找到问题预期解决的"关键词"(如:碎片化学习、整合教学),据此线索寻找专业书目或径与专家名师咨询。

2. 基于能力分层的专业阅读

教师在不同发展阶段,会遇到不同的专业困惑,也必有不同的专业阅读需求。校本研修中专业阅读的推进,必然要科学分析教师专业发展的阶段特点,知道他们的专业发展需求,然后为其量身定制合适的阅读书目,激发教师阅读的主动性。

案例 3.2-2 抱团阅读,让阅读更具活力

我园是 2020 年开办的新建园,需求调研中发现:年轻教师迫切需要解决"新手上路"的班级常规建设,而骨干教师则更倾向于了解"项目学习活动的组织与实施"。为让专业阅读更聚焦,我们梳理出适合不同层次幼儿教师(新手型教师、经验型教师、专家型教师)的专业阅读书目,形成"阅读资源库",尽量满足各自不同的阅读需求,组织群组抱团式阅读活动,让专业阅读有了途径与方法,更具活力。

下面是三个层次幼儿教师的代表性阅读书目:

• 新手型教师:《幼儿园新手教师指导手册》(王芳著,中国轻工业出版社)、《幼儿园备课·说课·听课·评课》(俞春晓等著,中国轻工业出版社)《答新手

幼儿教师120问》（刘洪霞著，中国轻工业出版社）。

• 经验型教师：《有力的师幼互动：促进幼儿学习的策略》（Amy Laura Dombro 等著，中国轻工业出版社）、《发现儿童的力量：学习故事在中国幼儿园的实践》（刘晓颖著，北京少年儿童出版社）、《小小探索家：幼儿教育中的项目课程教学》（裘迪·哈里斯著，南京师范大学出版社）。

• 专家型教师：《观察：走进儿童的世界》（里德尔·利奇著，北京师范大学出版社）、《师幼互动行为研究：我在幼儿园里看到了什么》（刘晶波著，南京师范大学出版社）、《聚焦幼儿园教育教学：反思与评价》（刘占兰、廖贻著，北京师范大学出版社）。

除了书目不同，我们的要求也不同：新手型教师围绕班级常规项目建设结合自己的实践，每周进行读书反思；经验型教师着力于当下共同的教育问题，将理论有效运用于教育实践，让理论在实践中看得见、用得到，同时梳理自己的经验总结；而专家型教师则要求结合阅读为教育智慧"支招"，尝试在环境创设、游戏、课程的工作推进中提供具体、生动的策略、指导及建议。

（案例提供：杭州蕙兰未来科技城幼儿园　张林燕）

基于能力分层的群组阅读，让同一能力层次的老师有了共同阅读目标，她们之间的领悟与思考、运用和内化有了共同话题，更是推动教师积极与同伴对话、与作者对话的有效策略之一。这种阅读活动样式，可以有效助力同一能力层教师突破成长困境，较好地满足同一层次教师专业的内涵发展与成长需求。

当然，我们在做教师能力分层的时候，不应受限于教师的年龄、职称和专业荣誉等外在因素。建议可采用教师自主申报、发展性目标考核等多维度的考量确定。

3. 基于资源分享的专业阅读

信息化技术的迅猛发展为我们的专业阅读提供了广阔的资源和空间。我们的专业阅读包括但并不限于纸质书，还有电子书、有声书、视频等。阅读方式也不只有读，还有聆听和观赏。阅读的地点不仅包括书房、图书馆，还有互联网，上面有丰富的阅读资源、优质的听书 App 等。利用互联网＋智慧教育途径，构建以资源分享为目标的阅读共同体，亦是我们校本研修实践中值得不断探究和拓展的点。

案例 3.2-3　共建·共享·共育的云上书房

我们从三个板块建立阅读地图:提升综合素养的人文阅读,厚实理论基础的专业阅读,解决教学问题的实操性阅读。以此打造教师云上阅读共同体,共建、共享、共育云上书房,让云读随时随地、有质有量地发生。

操作程序是这样的:(1)借助云读资源调查表,发挥团队力量,选择性、针对性地搜集三大板块云读资源;(2)汇总推荐,各板块票选出有声书和无声书各自前三名作为共读资源,其余为自读资源;(3)安排专人将共建资源分门别类上传云盘,构建云上书房数据库。依据不同板块读物的特点,采用三种阅读模式。

• 接龙聊书间:人文类资源,自读共享。人文类书籍偏重个性化阅读,采取自由阅读、随时分享的方式。疫情期间,居家网课,教师可以灵活利用零碎时间来读书、听书,每天进行"5分钟接龙聊书"活动——推荐云读资源库的某一期节目或某一书的章节,讲述推荐理由,邀大家共听共读,同时邀请下一位接龙者次日分享。

• 公共读书屋:理论类资源,读、写、用共进。从票选的理论书籍中,每人认领一本书或一期节目设计共读。20分钟云上书房导读,形式不限,由领读人主持话题讨论和读书笔记分享。

• 云上研读坊:实践类资源,团队共研共享。根据专业方向,每个云读群按不同专题分为多个云读小组,团队研究各自的专题。每个云读小组每周选择一节课,看视频、读课例等,进行同课异构,云上分享。不同的云读群,轮流在云上书房交流、共享,实现小组之间的影响和借鉴。

（案例提供:杭州市余杭区未来科技城海曙小学　汪　琼　万丽菲）

互联网阅读资源良莠不齐,如何鉴别和选择,为我们所用?"云上书房"旨在解决这一问题,实现阅读资源的分享,专业阅读的相互激励。在海量的信息资源中,引领教师选择经典的、结构性的书籍和资源,建立高质量的阅读云库。同时,改变阅读观念,调整阅读行为,将阅读变为云读,不仅能在第一时间得到第一手优质教育教学资源,同时多元化阅读方式及途径,也增强阅读对老师的吸引力,为教师的读书成长开辟了一条新的路径。

4. 基于氛围创设的专业阅读

中小学教师的阅读，不仅仅是校本研修的需要，也是校园文化建设的需要。教师的专业阅读，可以与学生的阅读联动，成为学生阅读的示范。让教师拥有"阅读生活"，应成为校园文化建设的内核，这样的生活更符合教师的气质和职业需要。许多学校组织开展了教师阅读的系列活动，如建设教师书吧、成立教师读书社团、分享读书笔记等，让教师把阅读融入其生活，营造阅读的氛围。

案例3.2-4 阅读"四件套"，营造校园阅读氛围

专业阅读对教师专业成长的重要性不言而喻，我校将专业阅读作为校本研修常规研修的重点。为提高阅读的实效，创新阅读的表现形式，校本研修以促全员德育的主题式阅读、促精准教学的专题式阅读为路径，梳理了促进琢玉青年教师专业阅读的"四件套"——微信推送、广播专栏、朗读演讲、线上直播。具体情况如图3.2-2所示。

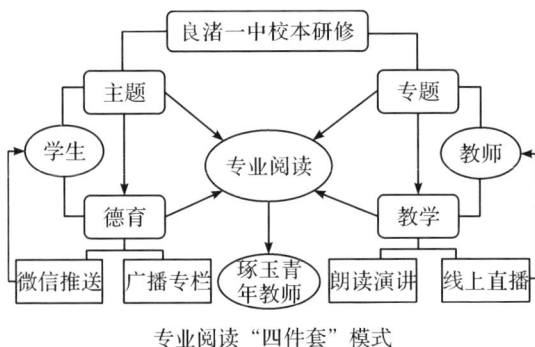

专业阅读"四件套"模式

图3.2-2 校园阅读氛围创设的四条路径

青年教师结合所阅读书籍的内容，联系学生德育工作，撰写微信推送文字稿，并结合文字主题配以图片和积极向上的音乐，再利用学校朗读亭设备录制好朗读的音频。每周五，推送材料将在学校微信公众号发布，推送给全体教师，供教师听读学习。同时，由班主任教师转发给家长朋友，鼓励家长朋友和孩子们一起收听学习相关书籍的内容。我们结合媒体传播的优势，营造了阅读的氛围，扩大了教师个体阅读的影响力，以此为契机带动整校阅读氛围营造。

（案例提供：杭州市余杭区良渚第一中学　杨崇佳）

阅读"四件套"拓展了分享的形式,学生参与评论、师生共读一本书的方式丰富教师阅读的体验,多渠道传达了阅读的重要性。不仅如此,更多的人群加入阅读队伍,学生、教师、家长都融入其中,营造了良好的校园阅读氛围,更是通过这样的方式,持续激发教师内心想要阅读的渴望。阅读"四件套"有助于阅读氛围的创设,但要防止浅表化,如何让阅读走向"深度阅读"还有待于实践探索。

5. 嵌入项目推进的专业阅读

专业阅读,可以单独组织诸如阅读沙龙、阅读报告会的活动,也可以建设教师书吧等平台让阅读常态化。从校本研修的策划和实施来说,更多的是嵌入项目实施或推进,将专业阅读作为项目的一个环节来处理。这就是嵌入项目推进的专业阅读。

案例 3.2-5 团建式阅读,助力课堂观察

课堂观察在海创小学是一个品牌项目,自 2019 年建校开始,一直坚持组织教师做课堂观察活动,以帮助教师从专业角度审视课堂教学、诊断学生和研究学生。

在课堂观察活动实施初期,我们遇到的最大问题是参与教师对课堂观察活动不了解。虽然有前期培训学习,但对于课堂观察没有系统的、深度的解读,由此带来一系列问题,比如:课堂观察点的确立不精准,课堂观察量表设计不科学,课堂观察数据分析不到位,课堂教学改善建议不专业……这些问题不解决,就无法真正有效开展课堂观察活动,共同探讨真实课堂,提升专业教学能力。

为此,学校组织教师分组阅读由崔允漷教授主编的《课堂观察:走向专业的听评课》系列书,每组教师结构为"1+N",即 1 名骨干教师+N 名青年教师,阅读形式为团建式专业阅读,类似于项目化学习形式,驱动问题为:课题观察如何助力教师专业成长? 阅读活动时间为一个半月,一个月的时间安排教师分组阅读,并在阅读的过程中小组进行课堂观察实操,记录其中发现的问题及解决问题的过程和结果。后半个月为阅读成果分享阶段,每天两位组员进行读书分享汇报,可以线上视频分享,也可以线下进行现场汇报。每一位聆听的教师及时与分享者进行交流,且每一位教师的学习体会以文字形式分享到教师学习群。每个小组的阅读分享材料上传到浙江省教育之江汇学校空间站,供全体教师随时

学习。

通过读书活动,全体教师对课堂观察有了更深度的解读,特别是边阅读边实践研究的阅读小组在课堂观察活动中有了本质上的改变。大家发现,课堂观察点的确立更灵活,不仅可观察,更有解释意义;观察量表的使用更规范、快捷,且更具说服力;对教师的课堂教学能力以及课堂类型的转变都带来不一般的影响。

(案例提供:杭州市余杭区未来科技城海创小学　何　君)

专业阅读,为专业而阅读、在专业中阅读,这样的阅读是真实的。课堂观察遇到的问题,固然可以反复实践、合作研讨解决,但必然费时多、走弯路;也可邀请专家莅临现场解决,但次数总是有限的。海创小学以阅读"课堂观察"系列书的方法,与专家"对话",且可以反复"对话",助力专业问题的解决。选择若干种(不宜太多)专业读物,边读边做,低成本、高效率,嵌入项目推进的专业阅读值得重视。

四、问题讨论:如何看待"啃读"

我们发现,近年来教师购买、阅读专业书籍的越来越多,有个词也悄然流行,这个词就是"啃读"。但凡需要"啃"的东西一定很坚硬且有一定韧度,同理,那些需要"啃读"的书通常有一定难度,比起那些可以"悦读"的书会更显高深或难懂。

教师作为专业人士,阅读专业的书籍,为何要"啃"着读呢? 个中原因,既简单又复杂。简单的是,专业书籍不那么容易上手、上心;复杂的是,我国基础教育、大学通识教育的缺失——中国学生比欧美的学生少读了太多的学术类著作。

先天不足后天补。怎么补呢? 苏州大学朱永新多年来倡导全民阅读,谈到教师的"专业阅读",他曾说:"教师的阅读要想效果好,要尽可能地置于'阅读共同体'中,在共读、共写、共同生活中获得发展是最优途径之一。……专业阅读毕竟不同于消遣性阅读,它有理解上的难度,需要通过专业交流来不断地加深理解。"[①]

上述谈及的问题导向、能力分层、嵌入项目等,都是构建"阅读共同体"、实现专业交流的有效途径。此外,专家或名师的领读也很重要。专家、名师以自己的

---

①　朱永新.教师们为什么拒绝读书[J].天津教育,2007(9):20-21.

阅读经验为参照,可助力教师解决"读什么"和"怎么读"两大问题。

"读什么"的问题。在教师的专业阅读范畴里,一般来说,大致有两类书值得"啃读"。一是教育经典,其思想内涵、艺术品质和知识含量足以帮助教师实现精神上的"进化"。二是专业著作,这类著作需要一定的专业基础,才能够理解其专业的术语、独特的逻辑和精深的思想,需要时间上的付出和方法上的匹配,这就让专业书籍具备了"啃读"特质。当然,专业发展的不同阶段,应选择适合本阶段所需的书开始"啃读"。选什么,专家、名师便可指点门径。

"怎么读"的问题。尽管阅读的经验有其缄默的性质,很难明确地传递。但这不妨碍你与专家名师讨论阅读某著作的问题。那些"山重水复"的疑惑,或经专家名师三言两语的点拨而能"柳暗花明",让我们少走弯路。专家、名师的领读,有助于我们将一个个经验串点成线,最后编织成基于我们自己理解下的知识结构,进而转化为教育教学中的实战经验,运用到工作中。

当然,专业阅读不可被"代替",必须亲历。相信亲历若干次(本)"啃读"后,每一位教师都能用专业的方法去读专业的书籍,并形成专业认知、专业思维和专业行动,从而找到专业阅读(乃至专业表达)的乐趣。

3.3 集体备课

尽管迄今教育法律、规章中尚未见到关于集体备课制度的规定,但集体备课是我国中小学教育中相当普遍的现象(现似蔓延至高校思政课),以"集体备课"为关键词搜索知网,其中文献有4300篇之多。集体备课存在的合理性,自20世纪50年代以来,就一直是教育界热烈争论的话题[①]。2005年,《中国教育报》曾就"集体备课"问题开展讨论,光看标题,就可以想见争论热烈的程度。[②]

这些争论文章中,我们特别注意到了华东师范大学陈桂生教授的:

集体备课是否可行,与不同学校、不同学科、不同教师所处的具体教学环境相关。如果撇开对教学环境的调查与分析,也就谈不上对集体备课问题的理性审视。

论争双方如果不就"集体"和"课"等概念达成共识,彼此之间各有所指,也就不具备交流的条件,结果只能是"公说公有理,婆说婆有理",不了了之。[③]

鉴于此,我们认为,集体备课存废之争、变革之策的讨论,要置于具体的适用情境,要基于"集体"和"课"等概念共识。且从"课"与"备课"说起。

---

① 参见:洛寒.反对片面地强调集体化[J].人民教育,1953(9):7-8;程午昌.关于集体备课问题调查报告[J].上海教育科研,1983(5):44-47;卢大立.集体备课中的几个误区及三段式集体备课初探[J].教学与管理,1997(10):22-24;陈惠芳.集体备课须慎行[J].人民教育,2003(23):28;王少华.集体备课不等于统一教案[J].江苏教育,2006(5):25.

② 参见:丁甫东.集体备课应凸显"个人钻研"[N].中国教育报,2005-01-25;程仲.集体备课是一种教研幻想[N].中国教育报,2005-02-08;刘可翔.集体备课的"命"万万不能"革"[N].中国教育报,2005-03-01;周湘辉.如此集体备课,还是"革"掉好[N].中国教育报,2005-03-22;陈鲁峰.理性地审视集体备课[N].中国教育报,2005-04-12;丁善辉.挤掉"冒牌"集体备课的水分[N].中国教育报,2005-04-26.

③ 陈桂生."集体备课"辨析[J].中国教育学刊,2006(9):40-41.

一、"课"与"备课"

顾名思义，备课，就是教师上课前的教学准备；集体备课，就是若干人等在上课前共同准备教学的过程。

然而，"课"是有多层面含义的。如陈桂生教授所问："是指一门课程的课程标准、教材分析、学期的课程计划，或是指按教材中的单元组合的若干课，还是一节一节的课？是专指公开课还是指日常的课？是有选择的集体备课还是无例外的集体备课？"其中课程计划、单元、课时，就是三个不同层面的"课"。

由此从追问出发，我们将"课"放在课程与教学的大视野中来考察。美国学者古德莱德(J. I. Goodlad)在《课程探究》一书中提出五种不同的课程：理想的课程、正式的课程、教师理解的课程、师生运作的课程、学生体验到的课程[①]。其与我国现有课程的运作系统，以及教师的对应行为，如表 3.3-1 所示。

表 3.3-1　课程层级、运作系统与教师行为

课程层级	课程运作系统	教师行为（备课）
1. 理想的课程	基础教育课程改革纲要	理解基础教育的目标，获得自己专业实践的使命感
2. 正式的课程	课程方案（如普通高中课程方案）	理解本学段的教育目标和课程安排，摒弃学科本位思想
	课程标准	完整理解本学科的课程标准，针对学校实际，制定国家课程校本化方案
	教材（教参）	从教材体系是把握教学内容，明其知识技能布局、逻辑结构关系，制定课程实施规划（或与校本化方案整合）
3. 教师理解的课程	学年/学期课程纲要	根据对课程标准、教材的理解，结合学校学情，就学年/学期教学目标、内容、实施和评价等做出一致性的总安排，制定学年/学期课程纲要
	单元/课时教学设计	分析单元/课时教学内容在课程标准、教材中的地位，基于学情设计单元/课时的教学方案（含作业和测试）

①　施良方.课程理论：课程的基础、原理与问题[M].北京：教育科学出版社,1996:9.

续　表

课程层级	课程运作系统	教师行为（备课）
4. 师生运作的课程	课堂教学	基于教学方案的预设，组织以学习者为中心的教学，灵活调整或生成教学
5. 学生体验到的课程	纸笔测验—表现性评价	根据学期—单元—课时学习目标，设计并运用形成性、终结性测试，评价学生学习表现与成果，及时补救教学

表3.3-1“课程运作系统”所贯彻的，是“基于课程标准的教学”。这是相对于另两种教学取向——“基于教师个人经验的教学”“基于教科书的教学”而言的。

表3.3-1“教师行为”，列举了教师在不同层面“课程”应有的作为。据此至少可以“理”出四个层面的“课”①，并可借此确定准备这些“课”所需的“集体”：

A. 国家课程校本化方案（学段课程规划）：由学校各学科的教研组统一制定；

B. 学年/学期课程纲要（行事历）②：由各年级各学科的备课组统一制定；

C. 单元教学设计（含单元作业、测试）：可由备课组统一制定；

D. 课时教学设计（含课内、课外作业）：可由备课组统一制定。

此时，我们不难发现，传统所谓的“集体备课”，大部分是“课时”层面（D）的，次之是“单元”层面（C），最少是“课程纲要”（B）、“课程规划”（A）层面的。SCTT样式“常规活动”所指向的“课”，是希望包括上面A、B、C、D的。

自第八次课程改革以来，“课程纲要”（B）、“课程规划”（A）这两种“课”，某些专业发展领先的学校和教研组，都有不同程度的实践。“课程规划”较为规范的名称是“国家课程校本化方案”，它是对本校某一学科3—6年课程目标、课程内容、课程实施和课程评价的总体安排，其“课程”包括国家课程、地方课程和校本课程三方面。“课程纲要”以学年、学期或模块为限，对将要实施的教学进行整体

---

①　崔允漷教授以为，学科课程内容的组织大致可以分为三个层面：学段、学期与单元。我们区分出四个层面：学段、学年/学期、单元、课时。崔允漷教授的观点，参见：申宣成. 义务教育课程标准（2022年版）课例式解读：初中语文［M］. 北京：教育科学出版社，2022：推荐序，3.

②　学期教学行事历，其存在的价值仅仅是统一备课组内教师的教学进度，与“学期课程纲要”相差甚远，但属于同一层级。参见：林荣凑. 新课程教学：从制订“模块学程纲要”开始［J］. 教学月刊，2008(1)：3-7.

设计，如林荣凑老师制作的高二语文《〈论语〉选读》的《课程纲要》①。

下文所论集体备课的"课"，主要还是基于单元和课时层面的。

二、集体备课的研修价值

前述 70 年来有关"集体备课"争议，双方好像针锋相对，其实双方倒不乏"共识"。这些"共识"皆指向集体备课存在的问题——教师被动参与、无"备"而来、只备集体共案、唱独角戏、追求"×个统一"等等，不一而足。

这些问题，许多是将集体备课当作"行政任务"，而非作为"专业研修"造成的。当教师把集体备课当作"任务"去完成的时候，就注定它不能生长出"专业"提升的血肉。这些问题，是集体备课研修的"毒瘤"。各校各教研组应加以反省，痛下决心摘出这些"毒瘤"，并培育出适合本校、本教研组需求的样式。

其实，集体备课蕴含着多种研修价值。

第一，获得对本学科价值的专业共识。表 3.3-1 呈现了从"理想的课程"到"学生体验到的课程"层级脉络，不管教研组的集体备课着眼于哪个层级，如能关注教学方案生成的"依据"，充分展开"过程"，自会获得更多的专业共识。

第二，便于实施课程与教学的变革。实践证明，人们试图单独实施课程与教学的革新时，总会受到这样那样的牵制，往往难以发生期待的变化。无论是哪个层级的"课"，都可以实践变革，当这种变革是由教研组、备课组实施时，集体的力量将会使这种变革更为可能变为现实。

第三，实现专业困惑的专业求解。实践也证明，从课时教学设计、单元教学设计、课程纲要到课程规划，越往上越会遇到更多、更大的专业困惑。这些专业困惑的解决，教研组、备课组若能合作研讨与实践，便可以获得专业的解决。比如大单元教学，需要对单元的教学、作业、测试做出安排；如果单枪匹马，往往处处受阻，即使举行一个辩论或朗诵比赛，也只能局限于班级。

第四，分享教学设计与实践的智慧。健康运行的集体备课，自会对课程与教学做出某些统一的安排，但不会简单地追求形式上的"×个统一"（如统一进度、

---

① 崔允漷. 有效教学［M］. 上海：华东师范大学出版社，2009：129-130. 更多参见：崔允漷，等. 基于标准的课程纲要和教案［M］. 上海：华东师范大学出版社，2014.

教案、作业），它会良好地平衡"共性"和"个性"："共性"使交流成为可能，不至于出现"鸡同鸭讲"；"个性"使得分享得到珍惜，从而获得 $1+1>2$ 的效果。

第五，有利于教师队伍的建设。多数教研组是由老中青教师构成，集体备课可以各扬其长：青年教师得以快速成长，中年、老年教师的经验得到关注。即或是清一色的同龄人，在互助互动中获得心理支持、知识增长，何乐而不为呢？

当然，集体备课的这些研修价值都是"潜在的"，要发掘其内在的价值，需要3.1节所说的研修品质保障——丰富合作性（集中的、平时的）、倡导深度参与、倡导集体论争、强化反思性和研究性。只有如此，集体备课才能远离形式主义的各种误区，焕发出专业合作的魅力。

三、集体备课的样式

集体备课的样式提炼，可依据不同的标准进行：按集体备课的参与主体，分主备式（1—2人担任主备）、全员式；按集体备课的交流方式，分说课式、答辩式与竞赛式；按集体备课的预期成果，分教案式、学案（学历案）式、作业－测试式、课件－资源式、问题研讨式、课例研讨式等等。

在学校实践中，集体备课的样式运用往往呈现综合的、动态的特点。只要不出现前述的形式主义的做法，自然应被允许。集体备课是否有价值，一如俗语所说"鞋子合不合脚，只有穿的人才知道"，参与教师最有发言权，但凡具有合作性、深度参与性、反思研究性的集体备课，总会赢得积极上进者的青睐。

依据学校具体的教学环境，选用或开发"合适的"样式，是校本研修 SCTT样式始终的追求。下面以杭州市余杭区的实践案例为基础，讨论主备说课式、设计迭代式、同课异构式、问题研讨式等四种样式，彼此或有交叉；"课例研讨式"（三段两反思）放在 3.6 节"文本表达"里讨论。

1. 主备说课式

这是最为流行的一种集体备课样式。中小学教师的日常是忙碌的，备课、上课、批改作业、课后辅导；如果兼任班主任，还将有诸多非常规事务的处理，就意味着每一天都在连轴转。主备说课式，意在分解备课任务，让每人能集中精力备出最好的课，再分享评议汇聚智慧，形成可供参考的最佳教学设计。

主备说课式的操作流程，下面的案例很典型。

案例 3.3-1 人人常规准备，主备常态模式

我校是大体量学校，30 周岁以下的年轻教师占比 60%，为发挥备课组的基层培养作用和集体力量，我校以细化、量化来规范备课管理，扎实、有效地开展集体备课，以"常规准备""常态模式"助推教师们的集体成长。

常规准备人人参与。要求人人完成"三个一"的常规准备。一是认真研读教材，弄清教材的知识点、能力点，教学内容的知识结构、习题的编排意图，以及前后知识间的内在联系等。二是认真研究学生，了解学生的生活经历、认知水平和思想状况。三是教师要尽可能地阅读和查看与课文内容相关的资料，从资料中获取新的教学信息，充实教学内容。

主备人全面准备。主备人根据上一年级留下的备课成果，再次研读教材，分析学情，整合完成每课的目标、重难点、过程设计、板书设计、PPT 演示文稿、规范答题的课堂作业本范本、练习设计等工作，并提前发布在备课群供组内全员审阅。

集体评议定稿。一般每周一次集体备课，组内活动时，主备人再做详细汇报，组内教师交流讨论、经验型教师引领指导，定稿后分享（打印）电子稿资料。

共案基础上的个案制作。0～5 年期新教师根据集体备课成果，手写详案，格式规范，目标重难点必须一致，过程设计可根据集体备课成果略做调整，有课后反思。其他教师在使用集体备课资料时，每课时都要有批注。

成果收集存档。每学期各备课组需上交集体备课成果一套（电子稿）、课堂作业本范本、备课组活动记录（备课组长做好具体分工，每次活动提前做好任务分解，字迹工整，具体备课组长负责），交教务处。

（案例提供：杭州市余杭区五常中心小学　朱艳芳）

这种样式的研修性和专业特质，取决于：(1)主备是否深入研究课标、教材和学情，对单元或课时做出高质量的设计，众人一致通过≠高质量；(2)成员是否有良好的个人钻研，尽管不如主备准备得深入、详尽；(3)备课会议是否体现"深度参与"与"集体论争"，从而形成当下最佳的"共案"；(4)在共案之上是否形成"个案"，"个案"是否有更好的发展和学情适切性。

集体备课被人非议，就在于以上任何一个"否"的出现。因而，使用主备说课

式，要随时警惕过程中的非专业性，对非专业的行为坚决说出"不"。

2. 设计迭代式

设计迭代式，是指备课组为了达到理想的目标或结果，致力于对教案、学案（学历案）或作业－测试题设计的多次修改，重复执行程序中的某些循环，设计成果集体使用，使用中再完善的集体备课样式。

设计的迭代，可以发生的一个备课组内，也可以在不同备课组之间。前面的案例 3.3-1"主备人根据上一年级留下的备课成果""每学期各备课组需上交集体备课成果一套"即属于后者。设计迭代式，也可能是主备说课式。

案例 3.3-2　四次备课，协作生长

我校于 2017 年 8 月建成开学，学校规模逐年扩大，教师队伍青黄不接，结构严重不合理。青年教师教学经验欠缺，专业成长亟需引领；代课教师队伍不稳定，专业能力亟待提升。为此，我校推行"四次备课"集体备课新样态，将教材解读、教学重难点分析、教案设计、作业设计、学情分析、学后反思融为一体，各备课组以一名成熟型教师为组长，辐射带动组内青年教师、代课教师的专业学习和成长。

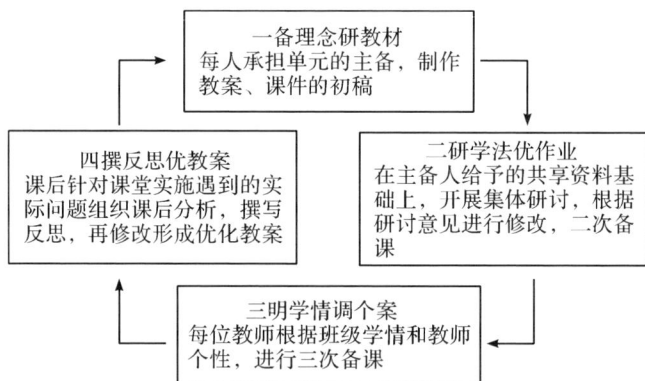

一备理念研教材
每人承担单元的主备，制作教案、课件的初稿

四撰反思优教案
课后针对课堂实施遇到的实际问题组织课后分析，撰写反思，再修改形成优化教案

二研学法优作业
在主备人给予的共享资料基础上，开展集体研讨，根据研讨意见进行修改，二次备课

三明学情调个案
每位教师根据班级学情和教师个性，进行三次备课

图 3.3-1　四次备课的流程图

一备理念研教材。根据学期教学内容，备课组长确定每个单元的主备人。主备人采用 UbD 逆向设计理念，认真学习《课程标准》，仔细研读教材，依托教师教学用书，通盘考虑整体目标、学段目标、明确单元教学目标和课时教学目标，清

晰教学重难点,设计教学过程,确保教案和课件的一致性。

二研学法优作业。依托每周教研活动时间开展集体研讨。主备人通过说课方式阐述自己的教案设计,组内教师共同探讨,纠正认知偏差,完善教学设计。同时,备课活动精心设计课时作业和单元作业。

三明学情调个案。在二次备课的基础上,每位教师根据班级情况以及自己上课风格进行三次备课。全面分析班级学情,找准各班级临界生(临界生指临界优等生和临界及格生),对于临界学生的分析和关注,了解其学习短板,并赋以特定的教学方法,提升其学习效能。同时也需关注班级后进生,在课堂教学中明晰教学设计,根据后进生特点,适时调整教学设计。

四撰反思优教案。课后针对课堂上的实际问题开展课后分析,撰写反思,再修改形成优化教案。反思要从两方面着手:一是反思课堂教学,诊断自我教学行为,反思目标设定是否合理,是否达成,等等;二是反思作业设计,通过学生作业反馈情况,做好补偿教学,并建立个性化错题,形成题库。

"四次备课"挖掘了组内资源,在备课组长的带领下,组内老、中、青各层次教师采用团队协作方式,共享资源,学校已完成各学科各年段的一手备课资料,并整理编辑了各年级练习题题库,易错题题库。通过研究、探讨和反思,共促团队齐成长。

(案例提供:杭州市余杭区良渚古墩路小学 金洁)

本案例与案例 3.3-1 都采用了主备说课式,但有两处明显的不同:(1)本案例主备人设计教案、课件与集体备课设计作业分开,减轻主备负担,让他人有更多的参与;(2)教学结束后,要撰写反思优化教案,而不只写出课后反思。

该样式能在案例学校成功运行,在于切合其队伍年轻化,但又有强有力的备课组长,还有良好的硬件支撑:学校开放校园网,通过内网形式建成各级数据库,由各备课组每年进行资源完善与迭代,方便校内教师自由选择和参考使用。

3. 同课异构式

一般意义上的同课异构,指同一节课的内容,由不同教师根据自己的理解设计并实施教学,以共同探讨教学中的热点、难点问题。

作为集体备课的一种样式,同课异构式一般包括三个要素:一是设计并实施教学,二是不同设计教学的比较(还可用竞赛的方式),三是设计的范围包括教案、学案(学历案)或作业－测试。相对于"主备说课式""设计迭代式"，它重视教学多版本的比较，还强化了人人深度参与、集体充分论争。

案例 3.3-3　同课异构，一课两磨

在区域教育数字化改革的大背景下，我校为提升集体备课实效，创造了同课异构、一课两磨的两两制集体备课新模式，以专家和学校骨干教师指导为引领，利用数字化信息平台，帮助学校教师队伍快速成长。具体情况如图 3.3-2 所示。

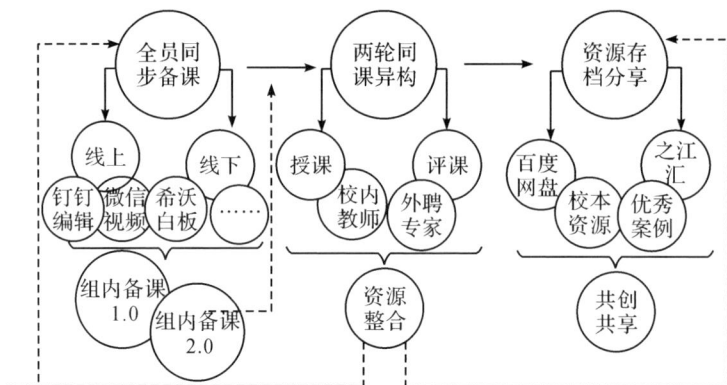

图 3.3-2　同课异构、一课两磨流程图

全员同步备课。在开学初，教研组从教学进度、教学内容和学段等方面综合考虑，确定"同课异构"教学课题。在正式授课前两周给出课题，而后备课组成员进行第一次集体讨论，主要从课标分析、教材分析、教学目标、教学重难点这四个方面展开，利用 QQ 邮箱，百度网盘、微信视频、钉钉在线编辑等有交流传播的软件硬件平台，进行线上与线下的同步备课，每位老师积极阐述自己的观点想法，畅所欲言，开阔思路，以便授课教师对于课题方向的把握更为清晰明确。

两轮同课异构。基于学校人数众多，每个教师都有各自的上课风格，对于教材的理解也是各不相同。虽然每个教师采取的教学方式会有不同，但是最终对于一节课的教学目标和重难点的把握是基本一致的。为此，采用"同课异构"方式进行授课，利用不同教师的风格来演绎同一节课，使同一个课题可以适合不同的学生和教师的需求。不同教师执教同一课题，教师参与听课、评课等教研活动，以期产生思维的碰撞。在组内成员群策群力下，授课教师形成教案的 2.0 版

本进行第二次试教,形成最终教案3.0版本。整个过程还有外聘专家,本校名师工作室核心成员,两位老师对这两次的活动都进行针对性指导。

资源存档分享。授课教师将课题的反思、教案、课件、学习单等上传百度网盘,评论研讨的数据一一被沉淀下来,一场集备经过多次的打磨,形成了多个版本。版本间差异的内容,正是对老师们努力成果的体现,也形成了我们学校特有的宝贵的校本资源。我们还将这两次的课件进行整合,取其精华,形成优秀课例,上传至之江汇,实现校内与校外资源共享,扩大优质教育资源覆盖面。

借助"两两制"备课研讨模式,教师们不同的教学个性、教学理念等因素所导致的"教学差异"得以更好地体现。在不同类型的课题中,教师的课堂把控能力,课堂的评价语言都有了显著提升;组内多元研讨,也极大地促进教师之间的互相交流,助力教师吸收内化,积累教学经验,形成自己独有的教学风格。

(案例提供:杭州市余杭区闲林和睦小学 蒋燕苏)

以上案例,每学期选择若干重点、难点教学课题,采用两课异构、两轮打磨"两两制"方式,人人参与备课,安排两人异构上课,经两轮打磨,形成能适合本校不同学情的3.0版教学设计。这是一种适合该校的安排。

这种方式,还可以融入"竞赛"元素,发展出"同课竞赛式"。参与竞赛者,可以是两个或两个以上的个人,还可以是灵活组合的两个小组。如此操作,可搅动集体备课的活水,是一种极具潜力的样式。

4. 问题研讨式

问题研讨式,是指针对某一具有典型性的教学重点、难点问题,经由组员充分讨论、制订教学解决方案或形成相应教学资源的集体备课样式。这样的集体备课,既是一个问题解决的过程,又是一个教学准备及创造的过程。

案例 3.3-4 聚焦"提问"能力的集体备课

在集体教学中,青年教师的最大薄弱点是"提问"。一是提问浅表性或封闭性,停留在幼儿的浅层经验,幼儿可以毫不费力地回答,无法激发幼儿思考和探索的积极性与创作欲望,无法促进幼儿深度学习。二是对幼儿的回应单一,幼儿回应后没有给予幼儿有效的建议,对于幼儿的经验梳理少。三是启发式提问较少,活动中缺乏激发幼儿发散性思维的启发式提问,教师没有结合当下幼儿的实际需要与经验提升灵活地做高水平的递进式提问，无法促进幼儿自主探究与思考尝试。

针对这一情况，我们确立了基于提问策略提升教师教学设计能力的议题，借助集体备课，提炼优化提问方式的策略，提升教师对于教学活动的思考，以此丰富行动和实践，促进幼儿的深度学习。

1.0版的集体思考。学期初，借助教研活动开展集体备课，针对教学活动进行审议，通过四问来进行头脑风暴："提问和听有什么关系？提问有什么好处？提问的终极目的是什么？如何有效设计提问？"带着问题反观备课中的现状，梳理问题思维导图，现场分小组，进行策略一一解决。教师带着策略进行课堂实践，并填写"提问1.0实施反馈"。在此期间，教科室要对教师的思维构造进行关注，并设定下一步解决内容。

2.0版的分层优化。借助曙光工作坊的分层指导，开展"提问1.0实施反馈"问题解决。各层级的研讨重点各有不同：

曙日组（骨干教师），针对反馈中共性问题进行梳理，并借助草根讲堂、专家引导、优质课展示等方式发挥引领作用，同步形成教师共同研修体。帮助新手教师形成自己初步的教学模式，观察幼儿年龄特征、设计提问情境、运用不同策略，建立教师思维主动性，从而激发幼儿思维发展。

曙月组（经验教师），观摩教学活动，观察教师的回应策略是否单一，如有遇到异议，本次集体备课中，就针对这一问题进行研讨。借助启发式提问、给问题留白等策略，紧扣活动目标，当场进行教学活动的设计，将提问、回应分别用不同颜色进行标注，加以优化，从而用于下一次实践中。

曙星组（新手教师），学习布鲁姆分类法，解读专家视角下的理论，结合理论知识开展教学活动，教师参与听评课活动，重点研一研哪一种提问方式下孩子的兴趣度更为浓厚，幼儿参与性是否增强了，从而生成2.0版的教学活动优化。

3.0版的复盘生成。在群策群力的集体研修下，大家不断发现每一次教学活动后的复盘，尤为重要。一份教学活动的设计不仅仅是照搬下来，而是形成了特有的教学模式，充分发挥了集体备课的价值，不断地试教，不断地研修，将一份教案从1.0版进阶到2.0版最后形成3.0版。

课程资源库的建设。每次教学活动的材料包会放入海曙钉钉课程资源库。

每个教师可以从课程资源库中下载相应教学活动,每一次的活动设计都保存在课程资源库中。一个完整的文件包有教案,有调整思考。对于下一位执教教师来说,教案设计更为便捷,可根据个人执教风格和形式做出优化。

提问不仅是种教学技巧,更是一种教育理念,也是反映教师对教学内容的审视和反思,体现了教师对幼儿的关注和理解,同时也梳理了教师正确的儿童观。

问题研讨式的集体备课,解决了我们青年教师居多而对教学活动设计不深入的问题,从常规的备课到基于一个探究点进行挖掘。通过启发式提问、给问题留白等策略设计难易适度的提问,紧扣教学目标,去提升幼儿的问题解决能力。

(案例提供:杭州市余杭区未来科技城海曙幼儿园　夏威夷)

问题研讨式,意在通过集体讨论解决当前课堂中发现的问题,具有较好的实效性,能够及时高效地解决教学中发现的问题。这一样式,有助于触发实际教学核心问题,积累备课组全体教学经验和智慧,提升备课组教学实践和理论研修水平,促进甚至引导教师转变教育理念。此外,问题驱动式研讨有助于激发组内教师发现教学问题、探索解决途径,促进教师不断探索与深入学习。

四、问题讨论:如何避免"一言堂"

"深度参与""集体论争",是合作专业活动的标配。除非是刚入职的新教师,允许其保有"边缘"走向"中心"的时间,教师的团队学习应是"人人参与",如同日本学者佐藤学所描述的理想课堂,也能响起"交响乐"!

然而,集体备课会出现"一言堂"的现象(其他常规活动也存在)。"一言堂"者,常常是团队内的少数骨干教师,他们拥有绝对的话语权,从而导致他们个人的想法取代整个团队的思考,影响团队的健康发展。这是学习共同体建设需要警惕的。要避免"一言堂",骨干教师要自省,但更重要的是机制保证。

浙江省教育厅教研室小学数学教研员斯苗儿老师,近年来极力倡导"现场改课",组织了大量的跨区域集体备课。作为专家和主持人,她很注重自己的话语"自律",运用多种手段调控现场氛围,还建立了相应的参与机制。她认为,无论是学校教研组还是跨区域集体备课,都必须有一个环节,即让参与的教师"组内讲解、人人过关",而且需要反复进行,否则集体备课的成果很难转化为教师个人的行动。集体备课从规划到形成方案甚至形成资源包,应该遵循以下流程,如图

3.3-3所示。

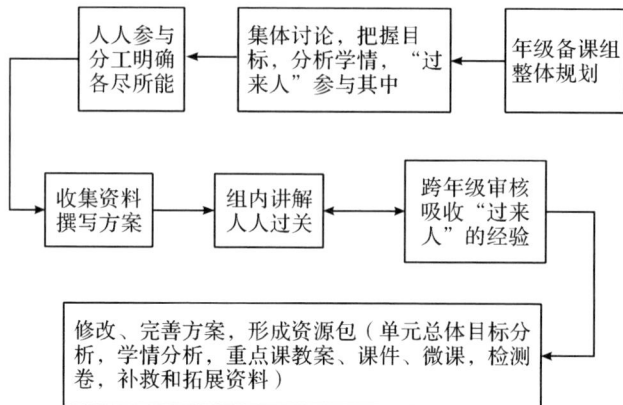

图3.3-3　集体备课流程图[①]

　　有论者提出："集体备课是集体的活动，是专业发展的互帮互助的一种有效形式，……任何一个人都要积极地做好前期的思考，参与当下的讨论。只有'思维的碰撞'才能产生更多的'火花'。"[②]诚哉斯言，引以为本节结语。

---

①　斯苗儿.集体备课的价值取向和实践机制[J].人民教育,2019(22):65-68.

②　蒋岭.集体备课面面观[J].小学教学设计·语文,2020(25):1.

3.4 公开课展示

  《辞海》将"公开课教学"解释为"观摩教学"①。"观摩"出自《礼记·学记》："相观而善之谓摩"。摩：相互研究、讨论，即"切磋琢磨"的意思。《教育大辞典》中对公开课的解释为："是教学的一种特殊形式，为供教师与有关人员观看、聆听并进行评析的教学活动。其目的为探讨教学规律，研究教学内容、形式、方法和评价，或推广教学经验，进行教学改革实验。"②

  本章讨论的"公开课展示"即"公开课教学"，指向现实情境中的教学活动，以此发掘其在教师学习和校本研修中的价值，是 SCTT 样式实践的重要内容。

一、公开课展示的研修价值

  公开课是我国本土教学实践的产物，它诞生于 20 世纪 50 年代，针对高等师范学院师范生的职前培训，80 年代成为应用于中小学教师教学的观摩交流形式。2001 年，我国开始实施新一轮基础教育课程改革，公开课作为推广教育教学新理念的重要载体，将新课改倡导的自主、合作与探究的新理念落实到教学实践中。华东师范大学胡惠闵教授对公开课的类型与作用进行了梳理，如表 3.4-1③ 所示。

表 3.4-1 公开课的类型与作用

类型	作用
示范性的公开课	教师提供观摩学习的机会，既用于师范生的实习，又作指导培训在职教师之用

---

① 《辞海》编辑委员会.辞海［M］.哈尔滨：黑龙江人民出版社，2002：374.
② 顾明远.教育大辞典［M］.上海：上海教育出版社，1999：130.
③ 胡惠闵，刘群英.我国中小学教学研究组织的发展及其困境［M］//安桂清，周文叶.教育改革时代的学校本位教师专业发展.上海：华东师范大学出版社，2014：165.

续　表

类型	作用
教学研讨的公开课	探讨教材教法改革,带有研究问题或实验性质
检查评定的公开课	对教师进修常规或专项检查的一种手段,以保证课堂教学质量
教学竞赛的公开课	比赛性质

然而,当前中小学公开课饱受争议,有人认为公开课存在"作秀"和"虚假"现象。在公开课上,教师几乎没办法表现出自己真实的一面,因为他只不过是教学团队"剧本"里的一名"演员"而已,"学生不再是具体的有个性的人、有生命的个体,而是教师教学场景中的一个道具。"①公开课存在于我国中小学课堂七十多年,经久不衰,即使面临如此争议,公开课的价值也不容忽视。

教师的专业成长,研修是必由之路。校本研修的主要任务是努力建设一支师德品行高、教育视野宽、文化底蕴深、专业能力强的高素质教师队伍。公开课作为校本研修的一项常规活动,它的价值体现在"研修"二字上。

1. 公开课"研"的价值

公开课是一种有效的学习途径,它会逼着教师主动去学习,毕竟公开课有别于常态课,每学期轮到的次数不多,教师总想把自己最好的一面展现给大家。因此,教师会主动地去研究教材,研究课程标准,研究学生,研究教学设计,研究相关教育教学理论,甚至要认真研究自己的一举一动,一言一行。这种学习是基于解决真实问题的学习,通过公开课,夯实教师的教学基本功,提高对课标、教材、学生及师生关系等教育基本问题的认识。

公开课一般要经历同课多轮的锻炼,这个过程是教师深度思考、反复研磨、集思广益、不断改进的过程。公开课是成为教师成长的关键事件,它大大缩短了教师的成长周期,教师在公开课的磨砺中渐渐成长。

竞赛类公开课更是教师专业成长与发展的助推器,在赛课的准备与比赛过程中,教师会经历专业权威(指导教师、评委)、备赛团队同伴的提问、质疑和追问,教师会对自己习以为常的认知和经验进行审视,从而对教学目的和教学思路

---

① 赵芙蓉.从公开课的利弊反观其未来发展走势[J].教学与管理,2004(31):33-34.

更明晰。因此,成功的公开课是一个教师实践智慧、学科理解、教育观念、教学艺术的集大成,是教师当下教学巅峰之作。

公开课还是研究、推动课改的重要载体。教师是教育的实施者,教育变革的成败归根到底取决于教师的所思所为,中华人民共和国成立 70 多年来,基础教育课程领域经历了八次改革,每一次的改革都对教师的专业发展提出了新的要求。每一次课改公开课都发挥着积极的作用,"它是教师专业成长的依托,课程发展研究中的重要环节,先进教学思想的直接呈现,更是课堂改革的试验田,学科研究样本的一手资料。"①

2. 公开课"修"的价值

作为教师,对教材、课标、教学设计等展开研究是基本要求,可是这些充其量只是"研",而不是"修"。公开课教学,特别是竞赛类公开课之所以遭人诟病,就在于"研"有余而"修"不足。"修"是修炼,是日积月累的精神沉淀;"修"是修身,是心性和境界的追求。

首先,修"从教之道,为师之道"。教育的本源是为学生的发展服务的,公开课也不例外。公开课不是教师的"秀场",不能一心只想着"如何教,可以标新立异""如何教,可以凸显自己的优秀",而应心怀学生,从"教"转向"育",在"育"上下功夫。教师的核心理念应当是一切为了学生,为了一切学生;教师的根本任务,就是鼓励学生、支持学生、引领学生。

其次,修"修炼心性,磨砺心境"。公开课中蕴含着一个复杂的人际关系网络,存在多重关系的互动,这些交互关系贯穿于备课、上课和评课等公开课的整个过程中。教师要带着一颗平常心、不功利、学会等待、虔诚守候学生生命的成长,做到"不迁怒",不要因为学生在公开课上表现不好而责怪学生,而要反思自己的不足,并努力完善自我;善于发现学生的困难,帮助他们找到动力,树立信心。

教师还要拥有一个宽阔的胸怀,一份坚定的意志品质。面对同事的帮助心存感激,面对领导的建议要虚心接受,面对专家的质疑要勤学反思。反思的深度决定着教师教学能达到的高度,并把公开课的收获运用到日复一日的常态课中。

---

① 朱斌,黄厚江.语文公开课的理性观察与辩证思考[J].语文教学通讯,2011(20):7-9.

最后，修"学而第一，学而后教"。在公开课研讨中，常常有这样的感觉：自己好像很认真了，但总有比自己更认真的人；自己好像挺聪明了，但总有比自己更聪明的人；自己好像对这节课的认识不错了，但总有人会提出不同的视角。教师同其他职业不一样，是一种"学习"的职业，在整个职业生涯中要自始至终定期更新和补充知识和能力，做一个先学者、善学者、博学者、好学者、乐学者。

"研"和"修"之间有多远，距离就在"脑"和"心"之间。研，更多是用脑，用脑去思考、琢磨，常常有些急功近利；修，更多是用心去爱、去包容，善待教育的对象，是终身的陪伴。[1]

二、公开课展示的研修样式

基于公开课的研修价值，校本研修 SCTT 样式实践提炼了 4 种样式：主题式公开课、分层式公开课、赛课式公开课和全员卷入式公开课。

1. 主题式公开课

主题式公开课，是以真实教育问题为活动的主题，一般是由课堂展示、专家点评、专题讲座和主题论坛等系列活动组成的活动群。即以教师、专家、研究人员等为合作者，以一节或多节真实的公开课为课例，以交流、探讨、沟通为方式，以解决实际的教学问题为目的，以促进学生学习为最终目的。

案例 3.4-1　主题课堂节，打造成长生态

我校的课堂节以"聚焦核心素养，构建智慧课堂"为主题，整合本校教育资源与杭州师范大学项目联动，内外合力助推教师教育教学专业能力的提升。经过多年的探索，从形式来说，课堂节已从单一的课堂教学展示，转向多元的展示交流，成为我校教师专业提升的一个重要的节日。具体情况如图 3.4-1 所示。

课堂节的操作，一般由以下环节构成。

锚定方向，自我研修。每一届课堂节都结合当前教育教学发展形式，确立主旨，把握基本导向，强化核心素养意识，以进一步优化教学策略，有效提升教育质量，促进学校内涵发展。明确主题方向后，发动教师自主报名，校长室和教务处

---

[1]　顾新红.研修贵在"修"[J].教师，2015(10)：127.

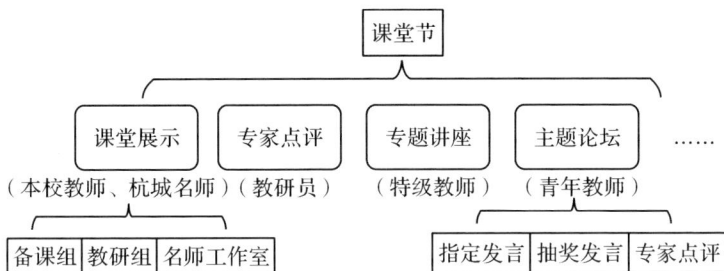

图 3.4-1 仓前小学"课堂节"基本模型

核定上课人员。上课的老师根据教材、教学进度等情况确定教学内容。立足于探究未知，活化已知，启迪智慧，培养思维品质的前提，教师自主研读教材，精心备课。

深入研讨，同伴互助。青蓝携手，充分利用本校教学骨干。备课组依据上课教师的教学设计组织集体备课，组内 35 周岁以下青年教师全程参与，骨干教师引领。磨课研讨由教研组组织，分学科推进。要求本教研组内全体老师参与磨课，人人参与研讨交流。对课堂进行观察分析，提出评课反思。执教老师将教学反思及时上传，分年级组汇总听课研讨老师的体会材料，供大家学习。

团队研磨，名师引领。依托杭城优质教育资源。结合学科名师工作室活动，将初步打磨的课例通过名师工作室活动中进行教学展示，由学校聘请的一线名师再次指导。他们站在教育前沿，对教学内容进行深度解读，带领教师探索有效教学模式。根据工作室名师指点，聚焦核心素养再度磨课，细化教学流程。

展示促学，专家点拨。教学展示活动由本校的青年老师和杭城名师共同开课。一方面展示了我校青年教师的课堂教育教学能力，另一方面也让我们领略了名师的风采，感受优质高效的课堂教学。邀请教研员进行评课，从学科核心素养的视域来进行解读和分析课堂教学；邀请名师或特级教师进行主题的讲座。根据学科特点，深入了解和学习教育前沿理念，强化理论积淀，促进专业成长。

反思论坛，提升自我。无论是教研活动的步步推进，还是教师在磨课过程中的点滴收获，我们都不难看出，课堂教学在逐步发生着变化。每年课堂节我们都有一批青年教师得到了展示和锻炼。通过教学反思、听课反思等研修汇报活动，让所有老师有了更深入的学习。组织教师进行专题阅读，开展青年教师论坛，让更多的青年教师通过课堂节能更好地发现自己、发展自我、提升自我。结合课堂节所听所学，审视和分析教师教育教学行为，让我们听到成长的声音。

（案例提供：杭州市余杭区仓前中心小学　赵进）

主题式公开课取得实效的前提是确定主题。公开课的主题或来自教育教学实践中存在的问题，或来自学校教育教学研究的课题，或来自教育教学理念的推广，等等。仓前中心小学结合本校"智慧课堂"的研究，以课堂节为载体，探讨学生"核心素养"培养，提供了主题式公开课的启示。

第一，学生的素养发展是关注的重点。公开课是提供一堂可供多方研讨的课例，课例研讨的根本目的是更好地促进学生的学习，因此学生的素养发展是关注的重点，评课所评的教师的教学设计、课堂组织、多媒体应用等方面也应当以学生的素养发展为依据。当评课者眼睛里有学生的时候，执教者才能将学生作为学的主体，把研究学生作为教学的重要一环。

第二，打造互助共研的生态价值追求。公开课的精神实质在于研讨，教师借助"课堂节"这个平台，主动深入探讨教学目标的可行性、教学内容的实用性、教学策略的适切性，诊断澄清教学问题，启迪教学思路，改进教学行为。

第三，加强教学实践与理论融合共进。思想和观念是行动的指南，正确的思想观念指引正确的行为。主题式公开课可以与高校合作，以"专家讲座"的形式向教师传播新的教育思想；以"教师论坛"的形式内化认识。

2. 分层式公开课

公开课对教师的职业生涯具有重大意义，是教师专业发展历程中的"关键事件"。教师通过执教公开课，在教材分析、教学设计、课堂组织等方面的能力都会有所提高。公开课可以促进不同类型教师的专业发展，对于成熟教师来说，是他们成为名师的关键事件；对于骨干教师来说，是他们挑战自我、展示自己的最佳平台；对于青年教师来说，是促进他们专业成长的直通车。

案例3.4-2　"三航"师训圈，合力打造生动课堂

不同层次教师的需求不一样，为了满足各年龄层次教师专业发展需求，学校通过"三航"师训圈——试航圈、筑航圈、领航圈，开展螺旋式校本研修，促进教师专业自主生态发展，打造生动课堂。具体情况如图3.4-2所示。

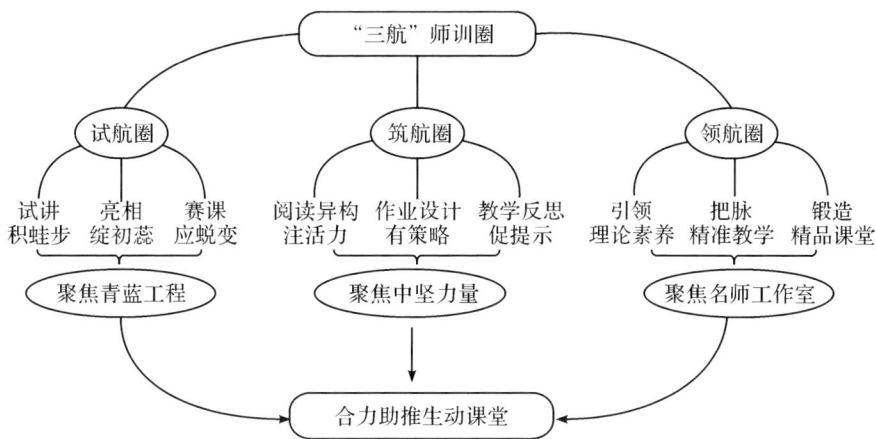

图 3.4-2　瓶窑镇第二小学的"三航"师训圈模型

试航圈：聚焦青蓝工程。三年内新教师师徒结对活动,每学年开展的三项常规课堂教学活动,试讲课堂、试航亮相、试航赛课。在正式亮相之前,组织新教师试讲比赛,锻炼教师的文本解读能力、课堂组织能力,为了新教师能快速地适应讲台。新教师在师父及名优教师的引领下,一次次打磨课程,不断创新教学方法,努力提高课堂教学效率,以求在试航赛课中绽放属于自己的精彩。

筑航圈：聚焦中坚力量。通过"精彩一课",充分发挥骨干教师的示范引领作用。骨干教师的"精彩一课"注重同课异构展示,引发教师们的智慧碰撞,在交流中相互取长补短,促使提升课堂教学水平。"双减"背景下,骨干教师攻坚克难,聚焦课堂作业设计,更加重视课堂实效。强化教学反思,审视和分析自己的教学实践的思路和方法,促使我们的课堂更加精彩。

领航圈：聚焦名师工作室。名师工作室以课题研究为载体,提高自身和成员的理论素养,以科研引领优质课堂建设。名师工作室成员或专家针对青年教师的课堂教学设计、课堂生成、师生互动、教师评价等进行精准点拨和指导。为了打造高效课堂,开展名师精品课堂。每学期学校名师团队将承担本学科优质课,以名师优质课为契机,进行磨课、听课、评课。通过名师的精品课进行研讨,提升名师工作室成员的课堂教学能力,同时以精品课堂促使青年教师学习成长。

我校设定"三航"师训圈,依据不同层次教师的特点,设立不同的公开课展示活动,活动分层次进行并螺旋式联动,合力助推学校生动课堂的建设。

（案例提供：杭州市余杭区瓶窑镇第二小学　项洪飞）

公开课的魅力在于能激发教师的潜能,为教师成长打开无限可能性的大门,激励不同层次的教师不断地去思考和超越自己。余杭区瓶窑镇第二小学为"三航"教师搭建不同的平台,让不同的教师在公开课中进行创造性地展示,并从中获得提升与发展,提供了分层式公开课的启示。

第一,不同的教师给予不同的成长平台。北京教育学院钟祖荣教授通过对北京市 194 名骨干教师的调查研究,根据素质、能力、教龄总结了教师发展的五个阶段:适应期(工作第 1 年);熟练期(工作 3～5 年);探索期(工作 10 年左右);成熟期(工作 15 年左右);专家期(工作 20 年左右)。[①] 每个阶段的教师都有不同的特点和需要,学校要根据教师的特点和需要给予适切的发展平台。

第二,公开课成为教师共同进步的纽带。处于入格期的教师,他们最渴望的是尽快适应教师角色,成为一名能够胜任基本教学工作的教师,对他们来说,老教师的课会给他们带来努力的方向和动力。优秀教师和骨干教师的公开课具有示范引领作用,让参与的教师汲取教学经验,从思想与理念上启发自身的教学发展方向,丰富教学智慧。

第三,鼓励教师做研究型、学者型教师。中小学教师处于教育教学岗位的第一线,他们所触及的是最鲜活、最生动和最真实的教育问题,最具有进行教育实践研究的优势条件。教师应该以研究带动教学,在教学实践中形成具有指导性的实践理论并运用于实践。如此,公开课自然而然上升到了学术的高度,让公开课成为教师进行教学研究的重要场所,也成为学术型交流探讨的公共平台。

3. 赛课式公开课

这里所指的"赛课式公开课",不是以竞赛为目的,而是借此激励教师研究课堂教学、营造良好的专业氛围的一种研修形式。竞赛类的公开课能引领教师践行新的教学理念和尝试新的教学方法,诊断、剖析教师课堂教学中存在的问题,激发教师教学热情,调动教师教学积极性,提高教师的专业素质与教学能力。

---

① 钟祖荣,张莉娜.教师专业发展阶段的调查研究及其对职后教师教育的启示[J].教师教育研究,2012(6):20-25.

案例 3.4-3 抱团成长,众行致远

我校是一所快速成长的新学校。2015 年在建校 10 周年之际,学校根据新课改的要求,结合学校实际,提出了未来十年发展的目标"人文亲亲＋智慧亲亲"。在新发展目标的引领下,进行未来课堂、技术赋能学习、项目式学习、基于 UbD 理念的教学等的探索。学校每学期会选择其中的一个主题进行赛课式公开课展示。

在研究主题的引领下,一般分为四个阶段:海选公开课、晋级公开课、展示公开课、公开课提炼,如图 3.4-3 所示。

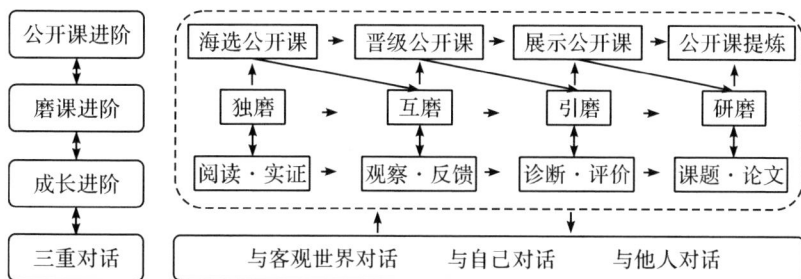

图 3.4-3 赛课式公开课的操作流程

海选公开课、晋级公开课、展示公开课、公开课提炼,分别对应四种磨课形式——独磨、互磨、引磨、研磨,将三重对话"与客观世界对话、与他人对话、与自己对话"贯穿其中。

阅读—实证:基于"独磨"的海选公开课。学校要求 35 周岁及以下的老师均要参与海选公开课。教师根据研修主题先进入"独磨"阶段,本阶段主要有两个任务——阅读理解教材,实证了解学情。首先,通过阅读教材、教参,比较不同版本的教材以深入理解教材;阅读相关文献,丰富教育教学理论涵养;学习他人的教学设计,汲取他人之长。其次,通过前测、访谈了解学生的最近发展区,找准教学的盲点、易错点、混淆点和生长点,明确教学的起点。在此基础上制定本节课的学习目标,确定重难点,设计教学任务及学习评价。这一阶段是与客观世界对话和与自己对话的过程。通过海选公开课,30％的教师将参与晋级公开课。

观察—反馈:基于"互磨"的晋级公开课。晋级的教师进入"互磨"阶段,与备

课组全体教师组成教学共同体。先以海选公开课为研究对象进行集体研讨和交流对话，发现教学问题，提供建设性意见，上课老师也反思自身的教学行为，完善教学思路。然后再试教、再观察、再反馈……每一次的变化，每一次的自省、自悟，都为下一次课堂实践提供了改善的方向与策略。这一阶段主要是与他人对话和与自己对话的过程。通过晋级公开课，有 30% 的教师进入展示公开课环节。

诊断—评析：基于"引磨"的展示公开课。进入展示公开课的一般有 8 位教师，小学语、数、英、科，中学语、数、英、科各一位教师。他们将与整个学科组的教师组成教学共同体，并聘请校外专家参与磨课，我们称之为"引磨"。这一阶段也是与他人对话和与自己对话的过程，通过专家引领，教师的教学理念、价值导向、教学创新、教学智慧上得到较大提升。通过展示公开课，一方面评选出一、二、三等奖，让学校的优秀教师脱颖而出，另一方面把先进的教育教学理念传达给全校教师。

课题—论文：基于"研磨"的公开课提炼。"成长 ＝ 经验 ＋反思"是教师成长的经典公式，上课结束并非是磨课的终结，研磨是一种理论植入和内化，是一种实践性的反思。对上课过程进行复盘，凝练出教与学的策略、路径或载体。通过引磨启发教师对好课的理解和把握，进而提升教学思想。帮助教师如何把一节课、一项日常工作提炼成一篇论文，如何拟定标题，如何搭建有逻辑结构的框架，如何收集素材，如何查找文献。让教师站在宏大的背景上去看普遍性问题。

（案例提供：杭州市余杭区绿城育华亲亲学校　胡早娣）

赛课式公开课集研讨性、示范性、竞赛性于一体，公开课打磨的过程就是教师成长的过程。全体教师或以参赛者，或以评委的角色全程卷入，每位教师在活动中均得到相应的发展。"亲亲学校"通过系列公开课有效落实学校的教育理念，还发现了该领域的优秀教师，有利于后期工作的推进，提供了赛课式公开课的启示。

第一，从"日常"走向"反思"。在日常教学中，教师关注的焦点偏重"做什么""如何做"等技术问题，而忽视对问题背后"为何而做""这样做是否合理""是否有助于孩子学习成长"等深层探索，处于一种"日用而不知"的状态。公开课活动为教师提供了一个走出"日常"，走向"反思"的机会。通过公开课，教师与专家、领导在思想与行为上走到一起,共同探讨课程内容、教学方法、课堂管理……教师跳出了个人的小圈子,重新构建自己的知识和经验体系。

第二,从"展示"走向"研究"。公开课是教育教学研究活动的一个载体,它为教学研究活动提供了个案。在参与公开课的过程中,教师或对自己执教的课进行反思,或对他人执教的课进行思考,写成论文或小课题,都是走在通向专业化的路上。

第三,从"单赢"走向"共赢"。公开课的主体不是执教教师一个人,而是有着共生关系的教师群体。教师在共同愿景引领下,彼此关怀、对话、信任和分享,把教师关系由"同事关系"升级为"伙伴关系"。赛课过程中各种资源实现共建、共析、共享,每位老师可以根据自己的需要取之、用之,正所谓"横看成岭侧成峰",有的老师的课获奖了,有的老师的论文获奖了,有的老师把赛课成果运用于自己的教学实践,提高了课堂实效。

第四,从"表演"走向"真实"。公开课作为一种人与人之间交往互动的社会活动,可以说它的本质就是一种表演。这种表演使得教学更具艺术性、情境化和感染力,更能有效地达成教育学生的目的。所以公开课上教师的表演无可厚非,但"表演"不能过度。最好的办法就是让公开课"返璞归真",成为教师研究教学规律、交流教学心得、提高专业素养的一方"净土"。

4. 全员卷入式公开课

全员卷入式公开课,是形成教师学习共同体的有效路径。在公开课的整个过程中,教师往往不是一个人"埋头苦干",周围的同事、领导、专家都是公开课的参与者,他们在教师准备、执教、反思公开课的过程中给予重要的支持。因此,公开课是教师之间形成合作关系、建立学习共同体的良好契机。

日本著名学者佐藤学曾提到,学校应建立全体教师一年一次在大众面前上公开课的体制,只有教师之间彼此打开教室的大门,每个教师作为教育专家来共同构建一种相互学习、相互促进的"合作性同事"关系,学校才能由此而有所改变。① 全员卷入式公开课,有助于共享教育资源,共同研讨教学问题,共同发展进步。

---

① 佐藤学.静悄悄的革命——创造活动、合作、反思的综合学习课程[M].李季媚,译.长春:长春出版社,2003:50-66.

案例3.4-4　研磨一节课,成长一群人

我校有教师200余人,为了解决校本研修中"教研主题不够聚焦、团队合作意识不强、教师活动获得感不足"等问题,开展了聚焦教研主题,以课堂研究为主阵地,全员参与,全程参与的"卷入式"校本研修活动。

备课全员卷入。备课卷入采用"五步集体备课"流程:一人主备形成初稿分发至组内成员、组内交流形成二稿、组内教师个性化课堂实践、初次实践反思交流与改进形成三稿、再次实践反思与改进。这一流程让组内形成联动机制,不同教师呈现的成果既有共性,又有个性。

上课全员卷入。上课卷入流程:课前明确研讨主题、确定上课内容和上课教师、第一轮课堂实践与基于课堂观察的观点报告、二次改进设计与第二轮上课、观点报告与改进。这一流程,融理论学习、课堂实践、反思改进于一体,以点带面破解校本研修难题。教师从一开始的散点型评课到基于某个课堂观察点的观点报告,从单一的说"怎么教"走向了论"为什么而教",教师的获得感明显加强。

反思全员卷入。反思卷入的流程:专业理论学习、观点报告、文本表达。先通过任务驱动组织教师理论学习;然后结合实践内化吸收后以"观点报告"的方式输出;最后以教育教学案例、论文、课题等系统化的文本表达出来。这一流程理论与实践相结合,推进教师的专业成长。

（案例提供:杭州市余杭区太炎中学　黄玉燕）

案例学校全员卷入公开课,抱团成长,教师的科研水平有明显提升,教师的活动获得感增强,青年教师专业成长迅速,提供了卷入式公开课的启示。

第一,磨课真的很重要。磨课是公开课的准备阶段,一是通过磨课帮助教师达到一种符合某种所谓"优秀公开课"的标准,从而获得好的评价;二是通过参与合作性的备课滋养教师的教学知识和实践智慧。

第二,上课不做旁观者。除了上课的教师,其他教师不再是旁观者,他们都有观察任务,上课前做好观察计划,上课中针对某个课堂观察点进行课堂观察,课后写出观点报告并进行分享。教师打破封闭的课堂教学,积极体验与观摩不同的课堂情景,审视自身的教学思路,并从不同视角挖掘教学信息,针对性地提出反馈意见,共同解决教学问题,探索教学规律。

第三,输出倒逼输入。如果一个人没有知识的输入,是很难有输出的;海量的输入才有少量的输出,所谓"厚积薄发"。全员卷入的校本研修,在集体备课、课堂观察和观点报告等任务驱动下,教师专业书籍的阅读量明显增加。集体备课研究主题越来越聚焦,课堂观察点越来越细化,观点报告越发言之有物。

三、问题讨论:公开课"公开"什么

在《现代汉语词典》中"公开"的意思是,不加隐蔽,面向大家,使秘密的成为公开的。那么,公开课到底应该"公开"些什么呢?

1. 公开"教学质量"

公开课是对教师课堂教学质量的过程性评价,相较于期末以分数或等级进行的终结性评价更生动、更真实、更全面。从公开课上,可以观察到学生的学习习惯,比如:是否专注听课、是否踊跃发言、是否敢于质疑等等;可以观察到知识能力目标、素养目标是否达成……从这些现象可以看出教师平时工作的精细、扎实程度,反思学生的表现教师会更加明晰今后整体育人的方向。

2. 公开"教学素养"

公开课考验着教师的教学基本功和教学智慧,展示的是一个教师教学的"综合实力"。教学基本功包括教师的学识、教材处理能力、教学设计能力、课堂驾驭能力,以及课堂教学用语的表现力和感染力,等等。教学过程中的动态生成具有不可预见性,既无法准备更无从演练,这就需要教师的教学智慧,敏感、迅速、准确地做出反应,让生成成为资源。

3. 公开"教学理念"

公开课教学首先应该是教师教学理念的展示,是教师教学理念和教学实践有机结合的一次"公开"。教师如何反馈学生的表现,如何启发学生的思维,如何鼓励学生质疑……处处体现着教师的教学现念。相较于抽象的教学理论,教师更加愿意直观地观察到公开课上教师是如何将新的教学理念运用到教学实践中的。

4. 公开"教学风格"

教学风格是教师鲜明亮丽的"名片",拥有自己的教学风格是每一个教师的追求,教师要勇于在公开课中磨炼自己的个性和风格,让课堂教学给人一种和谐、流畅的感觉，充满着一种艺术感染力；在教学内容的处理、教学方法的选择和教学过程的组织上具有独特性；对学生知能的训练和思想品德的发展是行之有效的。

公开课的表象是交流，本质是研究。公开课应基于常态课而又要高于常态课，做到朴实无华，可信可看；创新理念，引领示范；以学为主，教学相长。

3.5　听课评课

听课评课,是先后相续的两种常规活动,具有检查、评比、观摩和调研等四种功能。如果从教师学习、校本研修的角度观之,听课评课乃是一种基于专业现场的观摩和交流方式,一种研究课堂教学的重要方法,还是一种有效的合作研究途径。如此,理性剖析传统听课评课的问题,正确把握听课、评课的专业要求,不断发展具有研修价值的实践样式,就显得十分必要了。

一、传统听课评课的问题

听课评课的历史,比教研组的历史还长。1954 年,政务院发出《关于改进1954—1955 学年度中学教育工作的通知》,提出了要在新的学年组织教师"加强业务学习,特别是教育理论学习,结合教材教法的研究,通过听课、观摩等多种方式进行"。[1]

听课评课与公开课教学经常相连,20 世纪 90 年代后,又融合了"说课"。于是,就出现了"上课—听课—评课""上课—听课—说课—评课"等多种变式,根据需要在实践中运用。然而,传统听课评课在不同程度上出现了"去专业化"等问题,限制其作为教师专业成长重要途径的功能发挥。

1. 传统听评课的"去专业化"问题

第一种"去专业化"现象是任务式听评课,教师听课评课是迫于学校规定的指标,把听课评课当成任务来完成。第二种是为执教的公开课进行的听评课,这种听评课往往忽视课堂中"学"的地位,聚焦教师的"教",让未知的课堂变成了"演戏"。第三种是凭经验,凭感觉听评课,没有循证地评课,让课堂诊断流于形式。以上现象和问题都遗忘了听评课助力教师专业发展和学生成长的内在

---

① 《中国教育事典》编委会.中国教育事典·中等教育卷[M].石家庄:河北教育出版社,1994:205.

价值。

2. 传统听评课的"抽离式"问题

"抽离式"问题是教师人为地把"教"与"学"割裂,把自我与他人分离。第一种情况是听评课的关注点落在教师的"教",而忽视学生的"学",把"教"与"学"抽离开来。第二种情况是自我的退出,有的老师认为听评课是帮助上课教师专业成长的平台,没有看到从听课到评课自我的有意参与,以及活动内容的专业性、学术性、迁移性对自我的内化影响与成长帮助。

3. 传统听评课的"形式化"问题

长期以来,受各方面因素影响,很多时候听评课活动流于形式,失去听评课应有的功能和作用。第一,指向散点和即兴,没有聚焦的主题,评课内容和观点临时起意,只是为了听评课而听评课。第二,听评课活动中,教师不敢说,不实话实说,或只听不说,即便评课也停留在表层。第三,听评课变成"一言堂",有时候由组织者指定发言评课,或者由教研组长、邀请的专家、领导"发言"。这些流于形式的听评课虚有过程和形式,对教师没有实质的帮助。

二、听课评课的专业要求

课堂是一种复杂且变化的存在。其研究的主体可以是教师或专家,个体或共同体,秉持不同的信念、问题域和解题方法,且有多种范式——叙事/描述范式、话语/解释范式、观察/评论范式、技术/分析范式,如表3.5-1[①]所示。

表 3.5-1　课堂研究的四种范式

类型	共同体/信念	问题域	解题方法
叙事/描述范式	教师个体或专家个体;解释主义	课堂事件	用故事的方式叙述/描述有意义的事件
话语/解释范式	专家个体或共同体;解释主义	课堂话语	通过对课堂话语的分析与阐释,揭示话语背后的意义

---

① 崔允漷.论课堂观察LICC范式:一种专业的听评课[J].教育研究,2012(5):79-83.

续　表

类型	共同体/信念	问题域	解题方法
观察/评论范式	教师共同体；科学实用主义	从多个视角观察课堂中可观察、可记录的现象	用科学研究的方法描述或解释课堂问题的解决，通过评议反馈行为改进的建议
技术/分析范式	专家个体或共同体；科学实证主义	根据录像分析课堂语言与行为	通过语言、行为编码的分析，揭示课堂的真实性与客观性

随着人工智能 AI 系统的引入和教师专业的发展，中小学教师的课堂研究，不仅可以走出传统听课评课的误区，还能进入原本属于"专家"的研究领域。不管采用哪种范式，中小学教师研修视野中的听课评课，主要体现在改善学生课堂学习、促进教师专业发展和形成学校合作文化等三方面[①]。

1. 指向学生课堂学习的改善

研修的听课评课，要与"推门听课"等行政检查为主的听课评课区分开来。研修的听课评课，是为了改进课堂学习、追求内在价值，在观察的整个过程中进行平等对话、思想碰撞，探讨课堂学习的专业问题。教师在听课评课中搜集学生学习信息、分析内容的适合性、观察方法的有效性等，获得学和教的第一手资料。它不是泛泛而谈，没有边际，而是有目的、有选择地针对课堂教学中的某个问题，从而使观察、讨论、研究具有针对性，且能深入、仔细。

2. 提供教师学习机会，发展教师专业

通过听课评课，教师以行动研究的方式获得实践知识，汲取改进自己教学的技能，提升自己的专业素养。课堂是教师教学的主阵地，组织听课评课活动，创造教师相互学习课堂教学的机会，是校本研修最重要且最有效的途径之一。无论是上课人还是听课人，无论是处在哪个发展阶段的教师，都可以根据自己的实际需要，有针对性地进行听课评课。课堂也是教师从事研究的宝贵资源。有质量的听课评课就是一种研究活动，它在教学实践和教学理论之间架起一座桥梁，为教师的专业发展提供了一条很好的途径。

---

① 沈毅，崔允漷. 课堂观察：走向专业的听评课[M]. 上海：华东师范大学出版社，2008：75.

3. 形成学校合作文化

听课评课的参与者，有上课者、听课者，且在足够长的时段内，彼此的角色在互换，收获也是互惠性的。支持其不断发展的，不是行政命令，也不是规定性的任务，而是出于自愿和协商的专业学习活动。理想的听课评课，应是一种合作的专业研究活动，有助于学校合作文化的形成，如前 2.2 节所述，获得共同的理解、相互的介入、共享的规则、开放的架构、互惠的效益，从而成就教师学习共同体。

三、听课评课的研修样式

如前所述，听课评课的真正价值是借助同行的专业力量使上课者、听课者双方获益，并形成一种合作的、互利的机制，实现教师专业的共同发展。基于这一定位，我们将从校本研修的角度，讨论听课评课的五种研修样式。

1. 借助评价标准的听评课

从我们调研情况看，依据"课堂教学评分标准"的听课评课是使用最早也最为广泛的听评课样式。所依据的课堂教学评分标准，大多是公开课赛课的标准，其维度多涉及教学目标、教学内容、教学方法、教学环节、教师素养等教的方面，有的标准会教与学兼顾，考虑学生活动的参与度、参与面、思维量、学习效果等。由于其评价标准是根据赛课设置的，且常常是百分制的，如果单纯使用，依据一堂课教学将教师分成三六九等，其研修性、专业性将有比较大的缺欠。

但我们发现，也有不少学校改造赛课的标准，使之符合校本研修听评课的需要。下面的案例就是其中的典型。

案例 3.5-1　用课堂评价标准组织青年教师听评课

听评课是对教师综合能力的一个集中反馈，也是教师教育教学功底的呈现。对于青年教师来说，学会听课评课能促进对课堂教学有更多的了解，有助于自身专业化的发展。而受教学经验的限制，青年教师在听评课中常表现出三大问题：方向模糊，不知从何听起；感性观课，疏于理解分析；点状思考，缺乏整体关照。

如何能使青年教师在听评课中理清听课思路、学会听课评课、促听评课的有效反馈是我们考虑的重点。基于以上问题，我校对青年教师进行了听课学习指导。

如何能使青年教师在听评课中理清听课思路、学会听课评课、促听评课的有效反馈是我们考虑的重点,具体情况如表 3.5-2 所示。

表 3.5-2　青年教师课堂教学评估表

评价内容	评价要素	是否达标
教案 (10%)	1.结构规范,板块完整,体现生本意识	
	2.教案与教学过程的实施相互关照,有效展开	
教师行为 (40%)	1.突破传统学教方式,采用小组合作、导学课堂、分层教学、协同教学等模式,利用学习单、多媒体技术等教学手段,实施自主学习、合作学习和探究学习	
	2.能基本领会新教材的新理念,合理制定教学目标,能根据学习材料与学生的起点展开教学,重难点明确	
	3.能根据目标选择、重构教学内容,取舍恰当,资源运用合理,能根据生成性资源合理调整教学预设	
	4.能根据学生差异分层设计练习,练习呈现时机适宜,保证书面练习时间	
	5.评价方式具有针对性、激励性、指导性,不空洞,不虚假	
学生行为 (25%)	1.积极参与课堂活动,对课堂学习充满兴趣,有愉悦的学习体验	
	2.能多角度、有深度地思考,结合所学内容主动发表见解,大胆质疑	
	3.学生能采用独学、对学、互学等方式进行学习,能主动与同伴合作学习,合理评价他人的观点,善于取长补短	
学习成效 (25%)	1.学生参与效度高,各层次学生都能在课堂中有提升	
	2.根据学科特色、学段特点,学生起点,各环节生本有效	
	3.各环节目标指向明确,目标达成度高	
总体感悟		

为用好《青年教师课堂教学评估表》,我们又开发了四步操作流程。

引用"评估表":课前引入标准,把握听课框架要点。首先,由教研组长带领听课教师课前解读听课细目表,理清课堂评估的主要框架。以教案、教师行为、学生行为和学习成效四个板块为核心，并配以占比，让听课老师了解各板块的重要性，有意识关注评估的各项要求。其次，采用达标勾选的方式可以降低青年教师评课难度，进而更容易聚焦到课堂整体情况的关注。

利用"比对圈"：课中关注亮点，对比反思学习设计。捕捉教学亮点，圈画标记。在圈画标记中写听课教师自己的教学做法或所见到的别的教学做法，增加听课教师对教学亮点的学习印象。在对比的过程中，能促进教师更多的思考自身教学方式，学习他人的优势技巧，促进教师对自身教学设计的完善与优化。

巧用"改善框"：课尾记录缺憾，自主思考积极提议。发现问题是解决问题的始源，让青年教师在听课的过程中寻找教学缺憾，提出优化建议有助于深入思考课堂教学，提升专业能力。利用改善记录框，要求听课老师针对课堂的方方面面寻找遗憾点，并给出相应的优化建议，促进青年教师更多的思考与分析。

借用"研讨会"：组内交流整理，集思广益共学成长。教研组长牵头，召集组内老师点评学习。听课完成后，组织听课老师对听课情况进行研讨交流，汇集听课所记录的细目表、对比圈、记载框的内容，如果没有听课老师的"记载"框，也会要求听课老师在课堂的最后写出本课的遗憾点和优化点。提炼与总结课堂情况，整理优化建议。

这四步操作，如图 3.5-1 所示。

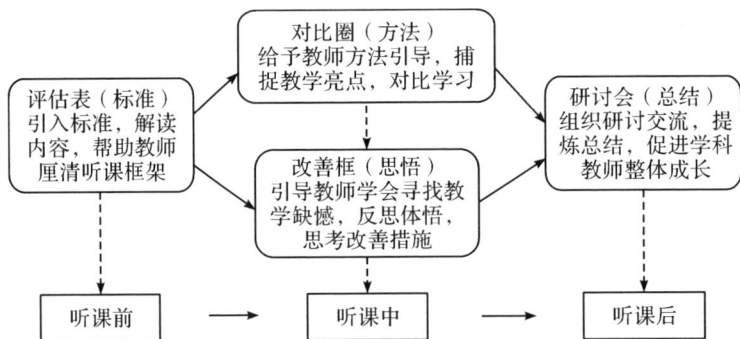

图 3.5-1　青年教师听评课的操作流程

《青年教师课堂教学评估表》的运用，使青年老师了解到听课的整体架构，明晰了听什么内容、关注什么形式、包含哪些方面等，青年教师可以有方向、有对比地参照标准进行听课评价。"青年教师听评课的操作流程"又为评估表的运用提供了程序和方法的支持,如圈画对比的听课方法,技巧性地调动起教师寻找教学亮点的积极性,使青年教师对比了自身教学上的缺陷,学习他人的优秀教学方法,从而提升了自身的教学能力。

(案例提供:杭州市余杭区中泰中心小学 侯晓岚)

以上案例学校,从一般性课堂教学评价标准出发,为青年教师量身定制评估表和操作程序。其中的《评估表》从教案(10%)、教师行为(40%)、学生行为(25%)、学习成效(25%)等四维度设置观察和评价要素,切合青年教师的"最近发展区",为其备课、教学和听评课提供支架。《青年教师课堂教学评估表》还将赛课标准的"分数"修改为"是否达标"二维检核表,排除了分数分类的局限。"操作流程"的设计,也很贴近青年教师的教学认知水平和经验,"比一比""改一改""研一研"不枝不蔓,有助于快速聚焦所听之课的个性,使每一次听课评课,都成为研修的新增长点。

2. 基于问题解决的听评课

基于问题解决的听评课,是指着眼于解决课堂教学具体问题而组织的听课评课活动。具体问题源于事先确立的问题或主题,听课评课的展开围绕这一问题或主题进行。特别是评课环节,所有的评课内容指向问题或主题的解决,由此展开比较深入和具体的交流研修模式。这种围绕一个核心展开的研修活动,旨在避免传统听评课中议题散点的问题,以实际地解决课堂教学的具体问题,增进对课堂教学的理解。

案例3.5-2 聚焦"典型"的视频观察诊断

游戏观察是每位教师都要做的事,细致的观察不仅能帮助幼儿提升游戏水平,还能帮助教师提高自身专业素养。但在很多时候,教师写的观察记录或是流水账,记录的是一些没有观察意义的无效观察,或存在观察角度不对等问题。为了帮助大家找对撰写角度,学会捕捉事件的价值点,记录有意义的游戏行为、游戏语言等,我们展开聚焦"典型"的视频观察诊断活动。

第一,探讨、学习何为"典型"。在活动前发放"研前学习表",通过研前学习的形式,了解教师对"捕捉典型事件"的掌握程度,接着带领教师从明确观察的目的着手,逐步明白怎样的游戏行为具有记录的价值及意义,可以通过幼儿什么样的行为,分析得到什么样的发展。

第二,交叉式诊断。采用层级抱团式的方式,让教师初步尝试运用已学的内容,对同伴的游戏记录进行一个诊断,判断该教师记录的行为是否有意义,提出自己的看法。然后采用层级之间的互诊,骨干期教师诊断新手期教师的记录,新手期教师诊断成长期教师的记录,成长期教师诊断骨干期教师的记录,其间在"诊断表"中进行记录。最后主持人小结、汇总教师事件记录的问题所在。

第三,观看视频,分层交流内容。主持人组织各教师观看一段游戏视频,并进行现场记录,提取游戏中有价值的内容。接着分层式交流记录内容,判断记录内容的意义。新手期教师交流,成长期、骨干期教师提供建议。

第四,分享游戏记录,学习记录方式,谈谈自己的感想。在通过自主学习—交叉诊断—现场实践的方式,教师对捕捉事件的"典型"性从迷茫到逐渐清晰,但对于如何用更好的方式和手段去描述还是不够成熟,为此主持人再次组织教师一起学习较为优秀的观察记录,让教师从中学习,取其精华。

(案例提供:杭州市余杭区良渚七贤幼儿园　姚星)

以上案例学校,针对幼儿园教师对游戏观察中存在的问题,借助视频观察(反复观察,反复讨论,但视频拍摄的要求较高),策划听课评课活动,其操作原理也适用于中小学。围绕确定主题开展的专题听评课,在备、讲、听、评、思等方面加强针对性,可以帮助教师加深彼此的交流与观点的碰撞,避免客套等无关话语,能够提升教师对专题的理解、促进教师的理论学习和相互之间的学习。

3. 借助问题清单的听评课

这种样式,是"基于问题解决的听评课"的发展。它根据课堂教学研修的需要,教研组(备课组)预先确定若干问题,带着问题清单进入课堂收集课堂教、学行为的证据,评课活动就围绕"问题单"和证据来推进,依然可以取得效果。个中重要的是,教师要成为听课评课研究的主体,并采用多样化的研究方法,使听评课的研究真正关注实践变革,深入学科内部,进一步走向深入。

案例3.5-3　带着问题导航单去听评课

从2016年开始,我园在完整儿童课程理念引领下,将听评单一的教学活动的模式,调整为听评以聚焦儿童经验的主题活动链,即每一个领域下产生的教学活动不再孤立存在,在展评的现场会有促成经验达成的相关前、后活动介绍或展示,基于领域核心、幼儿经验等设计而成,引领教师聚焦现场。

问题导航单是指每次听课前教师都会领取到的一张听课预思考表。它以问题为主线,以目标为引导,让教师根据问题去观摩现场,聚焦案例、解析缘由、给出相关评价。下面是我园"基于儿童经验的主题推进和活动链展示"导航单,如表3.5-3所示。

表3.5-3 大华西溪风情幼儿园听课表

时间		地点		听课人	
活动内容					
	活动记录				
	记录项目		记录内容		备注
活动教案 (提前输入)	基于幼儿经验,从"活动组织"角度,讨论活动链的设计是否有利于核心经验的达成,发现和支持幼儿有意义的学习。(可从话题切入、组织形式、过程推进等角度选取一个片段表述和分析)		典型事件描述: 分析: 建议:		
	从师幼互动的角度看,请根据幼儿的需求(情绪情感需求、探索需求、表达需求、交往需求等),抓取活动中的案例分析教师行为的适宜性。(选择体现幼儿需求2个角度,分别记录典型案例各1个)		典型事件描述: 分析幼儿需求: 建议:		
	您的其他疑惑或建议?				

[注意事项]1."片段描述"请从幼儿表现(动作、语言等)入手进行描述,分析幼儿的需求和特点,反思教师的行为适恰性。2.事件描述字数不在多少,描述真实具体,杜绝想象描述。3.建议具体可行,可以填写在备注栏。

带着导航单听评课的基本环节:(1)每次听评课之前,核心教研团队设计相关问题导航单;(2)提前给教师发放整个活动链的教案,让教师结合核心经验对活动有个预知和设计的简单评价;(3)同时发放问题清单,引领教师自主阅读听课单;(4)带着问题去看现场,从活动组织、师幼互动等角度记录活动现场,对比反思学习设计;(5)基于观察进行团讨从抓取到的典型事件出发,让教师去分析活动链设计是否合理,活动目标定制与幼儿经验链接是否恰当;(6)及时开展小组研讨,结合自己抓取到的现象有理有据点评活动,提出相关优化建议。

（案例提供:杭州市余杭区大华西溪风情幼儿园　方思斯）

这种听评课样式,需要将"问题"转化成为更具有操作性的"问题清单"。问题清单往往融入开发者对问题的学理剖析,在听课评课前提供给听课人,课中和课后利用导航单记录、评课。有的学校,还开发课前、课中和课后不同的表单。比如瓶窑镇南山幼儿园开发的"区域微项目活动"问题清单,就包括三种类型。

一是核心经验解析单。此表单一般用于区域微项目活动开展实施前,教师基于幼儿在游戏生活中的兴趣、问题进行捕捉与分析:

· 兴趣点:幼儿的学习兴趣缘起何在?

· 问题挑战点:幼儿在游戏中有哪种困难?

· 经验联结点:幼儿已有经验有哪些?

· 生长发展点:幼儿可以在游戏中获得哪些适宜的发展?

二是现场视析导诊单。此表单用以指引区域微项目活动的现场观察和记录:

· 幼儿在游戏中的参与程度、情绪如何?

· 幼儿有持续探究、重复、试错的行为吗?

· 幼儿是否遇到问题,并能积极思考,解决问题?

· 当幼儿遇到问题时,教师是怎么做的?

三是现场视析反思单。此表单用于观察和记录后的"复盘",其主干问题与导诊单相同,但需要依据"实录"做出反思分析,以梳理经验,回应支持(支架搭建)。反思单与导诊单配合运用,在同伴导诊与自我视析中了解幼儿的游戏行为与游戏需求,有策略地支持幼儿,促进幼儿的学习与发展。

4. 借助量表的听评课

前面的三种样式,比较多的是秉持解释主义的信念,关注课堂事件、课堂话语等的记录与解释。"借助量表的听评课"则着眼于听课评课的技术工具,秉持的是科学实用主义的信念,用科学研究的方法描述或解释课堂问题的解决,通过评议反馈行为改进的建议。此外,借助观察量表的听评课,因其量表选用、开发等动作的融入,其专业性、合作性要求更高。在复杂的课堂情境中进行课堂观察,借助于一定的工具(观察量表仅仅是工具之一,视频等也是工具),可以提高听课评课的专业性。观察量表,可以选用已有的,也可以自己开发,关键是要有足够的科学性、可行性,否则其观察过程和结果将是不科学的,无法解释的。

案例 3.5-4 "一理三精"的深度听评课

"一理"是指围绕发展学生的核心素养,整合融通教学主题理念,"三精"是指教研组通过精准备课、精准听课、精准评课的方式对同一教学内容进行深度打磨。实现听评课从关注评价的促学功能,到关注评价的育人功能的转变。

"一理三精"的研磨形式让每个教研组逐步形成团队合力的意识,执教者只是分工角色之一,组内所有教师都需参与其中。要求教研组在前期备课磨课时,更加有深度,寻求课堂教学的理念支撑,在理念的指引下,研磨教材、研磨学生。

其操作流程,如图 3.5-2 所示。

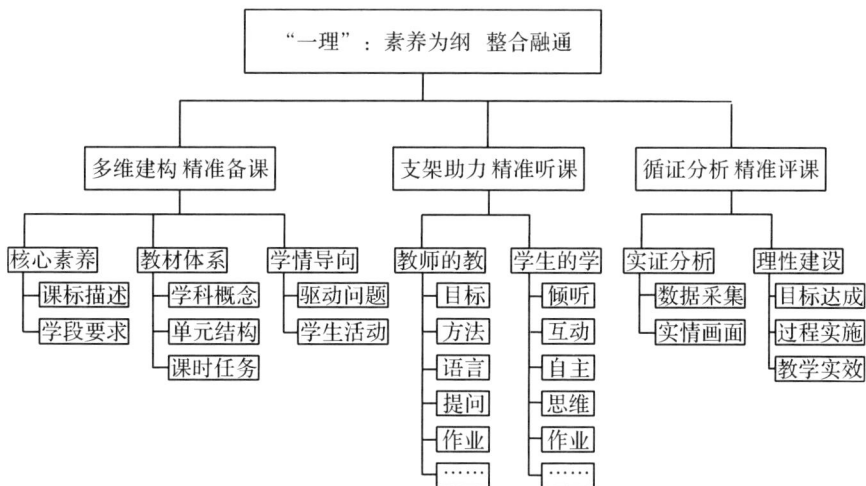

图 3.5-2 "一理三精"流程图

"一理三精"听评课依托教研组的平台,在固定与即时的教研时间内开展,提倡团队的力量,团队协作与分工,团队分享与反思。

首先,备课环节做到多维构建,精准备课。在备课环节,基于显性的逆向设计和隐性的导航设计两个维度，以及学生认知差异维度去思考。对学科、课型，结合教学前沿理念，思考突破传统教学的范围，构建课堂框架。

其次，听课环节做到支架助力，精准听课。在听课环节，教师需要从四个维度开展课堂观察：学生的学、教师的教、课程实施、课堂文化。以观察量表为支架，听课教师要带着各自的任务，有效关注。具体体现在教师课程实施中的目标达成、教学方法、教学语言、作业设计等；学生层面的互动交流、自主学习、思维提升、作业完成等。深度诊断课堂，为后面的评课反思，继续打磨做好铺垫。具体情况如表 3.5-4 所示。

表 3.5-4 教师提问观察量表

课题		执教者		观察者		时间	
问题类别	问题特征	问题记录	提问对象 A. 集体 B. 个人	指向性 A. 清晰 B. 模糊	理答情况 A.表扬欣赏 B.补充完善 C.思路引导 D.其他	体现的学习目标以及目标达成情况	
交际管理类问题	寒暄问候；活跃气氛。						
记忆回顾类问题	已知设问；知识回顾。						
想象拓展类问题	预测未知；发散思维。						
探究发现类问题	分析推理；寻求答案。						
统计（几个）	Open question			Closed question			

最后，评课环节做到循证分析，精准评课。在评课环节，倡导建设科学、民主、真诚、探讨的教研文化。每位教师通过有效的实证分析，结合听课获得的数据、实景画面、真实记录，对课堂提出理性建议。教师可以针对听课中的"互动"，反馈学生参与回答的人数、分布面，小组活动的次数、效果；针对"自主学习"，可以反思学生质疑的有效性，解决问题的达成率等。由于课堂关注点分工非常明

确,评课讨论的时候也针对性很强,每位教师集中关注课堂的某个部分,最终形成多维多视角的观察结论,合作提升听课评课的实效性。

(案例提供:杭州市余杭区良渚古墩路小学 金洁)

借助量表的听评课,应以解决课堂教学问题与困惑为根本出发点。设计观察量表、观察他人课堂时,务必关注教师的教、学生的学,同时反思自己的课堂教学行为,整体提升听评课的质量和效能。这一样式的运作,能确保有质量的听课评课,在教学实践和教学理论之间架起了教师专业发展的重要途径。

5. 依托人工智能的听评课

随着大数据技术、移动终端的发展,技术支持的精准教研模式已经成为教育现代化的重要组成部分。精准教研立足"数据赋能思维",强调对各类教与学的数据进行记录存档、分析应用,促使教研模式由粗放经验型向精准循证型转变,听课评课可以成为技术支持下实施精准教研的重要阵地与突破口。

案例3.5-5 依托人工智能,实现便携式课堂观察

我校依托人工智能教学分析系统,有序开展教师专业成长的研修。学校可以根据教师教学中比较集中的问题制定数据分析采集量表,收集学校教师某一阶段某一教学问题的变化轨迹,为学校教研组、年级组、课题组等开展主题式研讨活动提供数据,帮助教师从专业的角度,深度解读教学行为,形成观察课堂、发现问题、数据采集、分析研讨、数据论证、反思教学,优化设计及主题报告。

人工智能教学行为分析系统,通过信息技术赋能、数据赋能,帮助教师快速得到课堂教学的一手数据,服务对象可以是个人观察和分析,也可以是小组研讨。可以全程或阶段性地持续观察课堂,进行专业的分析。全校覆盖,全员参与,全程研究,实现课堂教学数据便携式呈现,突破人工设计课堂观察量表进行观察和数据分析的耗时性,方便教师随时随地回看教学视频,查看课堂教学行为分析数据,进而全面提升教师的专业水平,推进学校快速发展。

简洁有效地直指课堂教学问题。人工智能教学分析系统,可省去每一堂课观察量表设计。教师只有在某一特殊教学观察需求的时候,或者某一阶段教学行为改变,带动主题观察所需的时候,进行有针对性的观察量表设计。大部分时候人工智能代替了人工观察的设计、采集与分析。

持续观察并收集整理教师日常教学的数据集合。人工智能系统的观察点以及分析系统，经过大量前人设计的观察论证，数据收集及分析的参考度较高。因此，一旦某一个观察角度和标准制定之后，就可以进行持续观察，以达到问题集中解决，阶段性解决的目的。具体情况如图3.5-3所示。

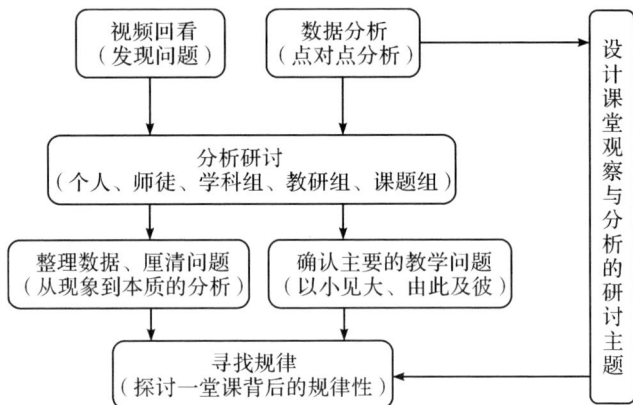

```
┌─────────────┐   ┌─────────────┐        ┌───┐
│  视频回看     │   │  数据分析     │        │设│
│（发现问题）   │   │（点对点分析） │        │计│
└──────┬──────┘   └──────┬──────┘        │课│
       │                 │               │堂│
       ↓                 │               │观│
┌──────────────────────────────┐         │察│
│         分析研讨               │←────    │与│
│（个人、师徒、学科组、教研组、课题组）│       │分│
└──────┬───────────────┬───────┘         │析│
       │               │                 │的│
       ↓               ↓                 │研│
┌──────────────┐ ┌──────────────┐        │讨│
│整理数据、厘清问题│ │确认主要的教学问题│      │主│
│（从现象到本质的│ │（以小见大、由此│        │题│
│  分析）       │ │  及彼）       │        └───┘
└──────┬───────┘ └──────┬───────┘
       │               │
       ↓               ↓
   ┌──────────────────────┐
   │      寻找规律          │
   │（探讨一堂课背后的规律性）│
   └──────────────────────┘
```

图3.5-3　依托人工智能教学行为分析系统的实践框架

直观呈现基于教学事实提供切片的证据组合。人工智能系统的所有数据结合课堂教学视频直观呈现给执教教师和观察教师。教师调取数据信息快捷方便，同时数据呈现伴随系统分析，给教师反思教学行为提供最有力的参考。

课堂重构中帮助教师开展自我研修的成长系统。所有观察数据信息的分析最后都将落实到教师课堂教学行为，指向教师专业发展。同时长期观察和分析帮助教师深度解读自身的课堂，不再流于观察表象，让教师在不断的冲突和反思中走向本质，进而帮助教师重构课堂，重构教育教学观念。

常态学习中伴随缠绕教师课堂教学的伴生"指导专家"。人工智能技术帮我们解决了很多问题，成为我们的工具，也成为我们肢体以及生理功能的延长，帮助我们多听、多看、多分析、多思考、多实践、多改进的过程伴生随时指导的"专家"。

（案例提供：杭州市余杭区未来科技城海创小学　何君）

借助人工智能观察、分析课堂，使得听课评课进入"技术/分析范式"，其科学性、专业性有人工智能的依托，因而容易起步。但要注意的是，"基于人工智能的听评课"样式，不能让教师成为人工智能的"奴隶"，关注什么问题或主题，如何理解、综合以及如何解释数据，如何从数据到导出规律性的东西，特别是如何转变教学行为，探讨解决路径，进而重构课堂，重构教育教学观念，实现真实课堂的真正转变。这些都还需要教师发挥主观能动性。

借此强调听课评课的过程展开。传统听评课遭人诟病，相当一部分的原因就是随意性。有的学校虽提出诸如定人、定地、定时的要求，其实都是皮毛的。要研究什么问题，听课收集什么证据，评课如何循证推进，听评课活动如何改变教学行为，概不加策划，极大地降低了听课评课的专业性。课堂观察 LICC 模式的流程框架，请见本书 2.4 节"SCTT 样式的学校运行"。

以上讨论了听课评课五种样式，但这些样式并非截然分割，实际是可以融通的，即可确定听课评课的问题或主题，开发问题清单、量表或借助人工智能，组织具有同理心、针对性、持续跟进的听课评课活动。

四、问题讨论：如何看待"推门听课"

所谓"推门听课"，是指事先不通知，随机式地听"随堂课"。最初是为了保证备课质量，学校领导出于"检查指导"的目的随堂听课，考查教师备课与上课的效度。后来，推门听课者扩大到一线教师，乃至区域教育行政、督导或研究者。

这种方式，或于 20 世纪 90 年代乃至更早出现。中国知网收录"推门听课"为关键词的文献，最早是 1992 年的《"推门听课"之我见》[①]，截至 2022 年 8 月，总计 257 篇。单看这些文章的标题，便知自其诞生之日开始，就是众说纷纭，褒贬不一。

- 《"推门听课"是提高课堂教学水平的有效方式》
- 《局领导班子成员"推门听课"活动助力教学质量提升》
- 《彰显青春活力的教育智慧——"推门听课"有感》
- 《"推门听课"不值得提倡》
- 《"推门听课"又何妨》
- 《校长"推门听课"关键要听出实效》

我们的意见是，"推门听课"的行政价值远大于研修价值。其研修价值，取决

---

① 韩玉琦."推门听课"之我见[J].中小学管理,1992(2):38.

于是否发生在"学习共同体"的场域。如果发生在一线教师之间、在学习共同体内，有良好的共同体研修生态做基础，"推门听课"便可以作为有策划的校本研修听课评课的补充。如果上课人和听课人的身份不对等，听课人又不专业或缺少同理心，"推门听课"的研修价值将大打折扣，或将极大地损害教师专业自主权。

3.6 文本表达

教师专业发展,离不开读书、实践和写作三大活动。校本研修 SCTT 样式将"文本表达"列入常规活动研修,旨在凸显"写作"对教师学习的重要性。

"文本"一词源自英文 Text,或译为语篇,在语言学中指任意的语言片段,不管是口头语还是书面语,不论长短,只要他们表达一个完整的意思。从信息传输的媒介看,还应包括"展示语篇"(如模型、幻灯等)[①]。由此,SCTT 样式中的"文本"即教师制作的文本形态,可以包括口头、书面或展示等媒介。出于对常识的尊重,我们不完全地列举了教学设计、教育叙事、课例、案例、命题、作业、论文等。

一、文本表达的研修价值

将"文本表达"列入校本研修,是考虑其多方面的研修价值。

1. 过程价值

提及教学设计、教育叙事、课例、案例、命题、作业、论文等,人们的第一反应是指向相关的成果。殊不知,产生这些成果的"过程"是极具研修意义的。当然这种价值是"潜在"的。是否能产生研修价值,有赖于研修活动的设计,有赖于教师主动性的发挥,特别是教育行动研究精神的发展。

一个研修项目或活动的基本过程,如图 3.6-1 所示。当教学设计、案例等专业文本纳入校本研修"范围"后,这些专业文本的产生"过程"就应得到"监控",研修的过程,也是教育行动研究的过程。如果仅仅满足于终端成果,就将与日常自发的专业活动无异。毕竟,日常自发的专业文本制作过程,很受教师专业能力和

---

① 美国霍邦(C.F. Hoban)给视觉化教材做的分类,由具体到抽象列举了完全实景、实物、模型、电影、立体图形、幻灯、平面图像、地图、图解、词语等形式。参见:祝智庭. 现代教育技术:走向信息化教育 [M].北京:教育科学出版社,2002:2.

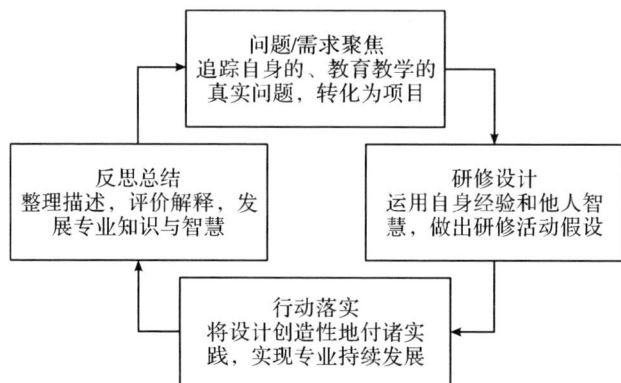

图 3.6-1　研修活动的基本步骤

精神的限制，也不能排除出现抄袭、应付等的可能性，所谓的"过程价值"将大打折扣，甚或自欺欺人，消失殆尽。

2. 反思价值

反思的价值，论者甚多，且多引用美国学者波斯纳（G. J. Posner）的教师成长公式（经验＋反思＝成长）以佐证。研修活动要强化反思性，关注渗透于展开过程中的即时反思，某一阶段结束时的定期反思。将"文本表达"应用于校本研修，可以更好地规范反思，从而引导实践。

反思是人类的天性，教师的日常反思，往往带有自发的性质。反思或停留在口头上，或停留在脑海里。从大脑里的思考到口头上的表达，再到文本表达，这经过了两次质的飞跃，是真正提高教师专业能力的一个最有效的路径。通过文本表达出来的反思，能够长时间地保留，且能与更多人分享、交流。业经专业反思形成的文本，才是专业的反思，教师可以对自身的教学进行认识、深入思考、收集问题、总结出改进措施后再依此进行教学实践，以此来不断提高自身的教育教学水平。

"反思"在专业上的重要性，美国麻省理工学院唐纳德·舍恩（Donald Schon）曾有专门的研究。他研究了反思实践在医学、建筑学和管理学等领域的重要意义,认为在行动中反思自己思考方法的能力,是真正卓越的专业人员的特点。① 实践也证明,那些教育领域具有卓越性的教师,都具有"反思实践者"的良好品质。

3. 联动价值

任一种文本,当作为一种研修来设计,充分展开其过程时,它就具有联动的价值。如组织开展"课例"为载体的研究,就自然需要增进"何谓课例""怎样的课例是好的"知识,引发专业阅读或专家讲座;至于"撰写课例"技能的获取,需要从明确问题、选择研究对象(什么样的课)、开展具体研究等实践。这就是文本表达的联动价值,可以用图 3.6-2 粗略呈现。

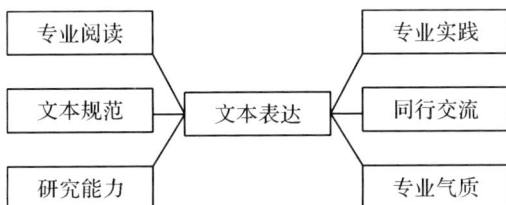

图 3.6-2　文本表达的联动模型

文本表达的联动价值,最易为人识别和理解的是"研究能力"(聚焦问题和对象,深入研究,以及文字表达的能力),其实最大的价值应是"专业实践",这与教师文本表达的日常专业性有关,尽管不排除个别教师为研究而研究,脱离教育教学的日常实践。文本表达,使得教师与同行交流的范围大大拓展,文本的受众不再受限于现实的时空,并可以与行业专家实现"对话"。至于文本表达培育"专业气质",张丰老师曾有归纳:(1)在习惯的"成绩思维"中多一些"问题意识";(2)在习惯的"目标管理"中多一些"过程意识";(3)在习惯的"统一思维"中多一些"创新意识";(4)在习惯的"继承思维"中多一些"改革意识"。②

---

① 彼得·圣吉.第五项修炼:学习型组织的艺术与实践[M].张成林,译.北京:中信出版集团,2018:194.

② 张丰.从问题到建议:中小学教育研究行动指南[M].北京:教育科学出版社,2013:10-11.

二、文本表达的典型样式

以文本表达为载体的常规活动，其实践的样式因文本而异。之所以如此，是因为不同的文本样式，其形成的过程、成果有其不同的特点。如教学设计形成于课堂教学前，可能会有二次、三次调整，而教学课例则需经历教学设计、课堂教学、听评课及课后反思等先后相继的过程才能制作，两者的成果样貌也是很不相同的。

以文本表达为载体的校本研修，就应关注不同文本的特性，设计校本研修的展开过程，以获得相应的成果形式并展示、交流，思考"如何"带动研修。

1. 教学设计的研修

如前 3.3 节"集体备课"所述，广义的"教学设计"成果包括学段课程规划、学年/学期课程纲要、单元教学设计、课时教学设计。传统的教学设计，一般指课时教学设计，是最狭义的。当今最热门的，当是后两者及其结合。

这与核心素养的倡导密切有关。在"目标"的表述形式上，我国已走过"双基"（基础知识、基本技能，1952 年）、"三维"（知识与技能、过程与方法、情感态度与价值观，2001 年）时代，走入"学科核心素养"时代（2017 年）。以素养目标推进大单元设计，即基于高阶位的素养目标，以大观念、大问题、大任务（大项目）组织大单元教学，按学习逻辑、学科实践，是不可逆的教学潮流。[①]

组织教学设计的研修，学校管理者应当对三个问题保持足够清晰的认知：一是教学设计的所指，是广义的、中义的还是狭义的；二是教学设计的基本模板，四个层级的"教学设计"应有不同的规定性，不同学段、不同学科该怎么处理；三是教学设计的制作、交流分享和改进机制。从现有的实践看，不明学理瞎指挥、"以其昏昏使人昭昭"的管理者不在少数，令人担忧。

为此，我们选用了杭州师范大学附属仓前中学的案例（案例 3.6-1），请读者注意案例中上述三方面的信息，并对照本校情况做出诊断和反思。

---

① 申宣成.义务教育课程标准（2022 年版）课例式解读：初中语文［M］.北京：教育科学出版社，2022：推荐序，4.

案例 3.6-1 以"学思案"为载体的研修

学思案是以"学会"为逻辑起点的专业化教学方案。基于学思案设计与应用的校本研修，就是以"学思案"为载体，融集体备课、教学实践、研修展示于一体，通过专家引领、专业阅读、同伴互助等弥合理论与实践落差的研修模式，如图 3.6-3 所示。

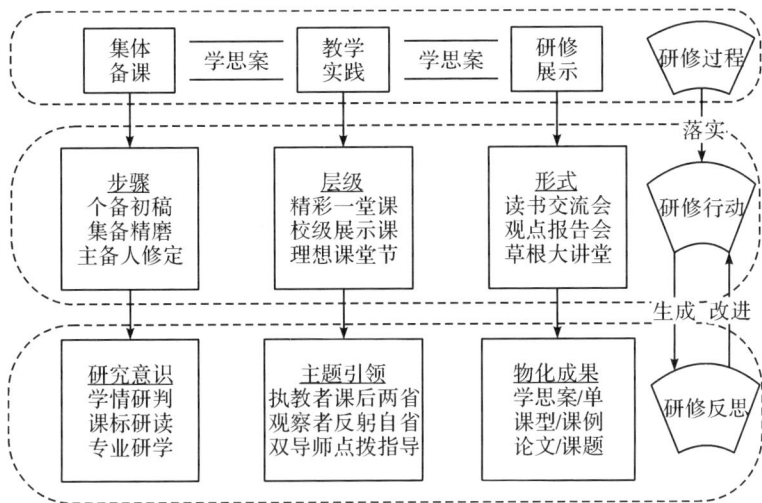

图 3.6-3 以"学思案"为载体的研修模型

学思案作为专业化的教学方案，首先要求教师在备课环节厘清为什么学、学什么、怎么学、何谓学会等教学"元问题"。在杭师大蒋永贵博士指导下，我们开发了 1.0 版的学思案模板，指向大单元教学设计。

- 为什么学：从育人的不同角度（核心素养）阐释学习该主题的价值意义。

- 学什么：厘清具体学习哪几个点，它们之间有什么逻辑关系等。

- 怎样学：突出并外显化学科思维过程，明晰要发展的具体能力和品格。

- 何谓学会：实施多元评价，如传统与表现、形成性与终结性等的结合。

在实践过程中，这一模板不断完善改进，以此迭代出 2.0、3.0 版，以切合一线教师的专业发展情况和学科情况。

学思案 3.0 模板的核心内容：

- 教学证据与学习目标：课标要求、重难点分析、学习目标。

· 学—教—评一致性设计：以教学内容或时间为经，包括学思单（规划学习进阶，主问题链驱动，评价任务检测）、教师活动（以学定教）、评价标准（以评促学）。

· 板书设计与教学反思。

学校组织的研修活动，每学期各有重点，从开始的"为什么学""怎么学"到"何谓学会"，步步推进，螺旋上升。各学期的研修活动，还各有重点，如以"如何运用优质主问题链驱动"为主题，落实"怎么学"的研修等。这样的以"学思案"为载体的研修，可以常做常新。

更为重要的是，我们组织的"学思案"研修，十分重视其联动作用。比如，将其与集体备课、课堂教学实践、课例研究挂钩，推行三个层级的公开课：备课组的"精彩一堂课"、教研组的"校级展示课"、课堂节上优秀教师的"校际交流课"。通过循环往复推三个层级的公开课，以课例的形式，不断将教师卷入优化主问题链的研修中，促发深度学习在课堂上真实发生。

学思案的实践过程中，教师遇到不少学理性、实践性问题，也借助自我阅读、专家引领、同伴互助等方式开展各种反思活动。学校搭建读书交流会、观点报告会、草根专家讲堂等反思展示平台，以成果的"亮剑"，促教师快速成长。

（案例提供：杭州师范大学附属仓前中学　娄玲芳）

以上案例，基本描述了单元层面"学思案"的模板，其中图3.6-1对研修的流程、成果以模型方式呈现，简洁明了。难能可贵的是，无论是模板的迭代升级、渗透过程中的各种形式反思，仓前中学始终保持着反思的专业品质，也因此获得了多项省市区各级荣誉。这也许就是3.1节"小舵板"之用。

2. 作业设计的研修

作业的设计，一般应于单元或课时教学设计内一并考虑，如果是长作业还应包含于学年/学期课程纲要。之所以单列，不仅是因为2021年开始的"双减"，更是因为作业的设计、布置和评改，与教师专业发展水平密切相关。优化作业过程，将之纳入专业研修的视野，组织相应的教学研究活动，是教师专业研修的重要载体。

现有可供作业设计的素材很多：一是教材中的训练题；二是与教材配套的作业本；三是商业性的习题集；四是教师临时布置的作业。如果不对作业做专业的研究,单靠行政措施来规约作业的过程,就难以走向"减负提质"的高地。那么,作业设计研修什么? 怎么研修呢? 试看下面的案例。

案例 3.6-2 以"作业设计"为载体的研修

在"双减"背景下,结合学校"精准"教育导向,教研组开展课堂作业设计的研修,旨在设计出符合学生年龄特点、学习规律、素质导向、有思维含量和梯度的作业,提高课堂作业的有效性和精准性,切实减轻学生课后学习负担与压力。

其研修流程,如图 3.6-4 所示。

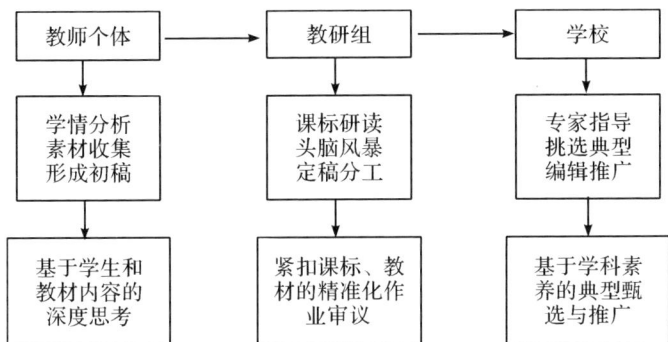

图 3.6-4 作业设计的研修模型

从图 3.6-4 看,参与研修的主体分三个层面,它们各司其职,协调运作。

第一层面,教师个体。要求:基于学情与教材内容的深度思考——思学生、思教材、思问题、思措施。传统的作业设计多以教师个人的经验出发,以教师、教材为中心。我校确立了"作业内容精准化,作业功能素养化"的作业改革目标,要求以学生、学习为中心。一方面,各教研组通过学生和家长的问卷与座谈,从学生完成作业的情况反观现阶段作业布置的弊端。另一方面,倡导教师广泛阅读国内外作业设计的成功案例,改变根深蒂固的思维模式,梳理自己的个人经验。

比如,学情分析时,我们发现部编版的小学语文教材,有个别年级并无细致指导的板块,如"快乐读书吧"部分。认清问题后,教师巧用"读书单"这一创造性的作业,把这个板块利用和发挥起来,以此引导学生了解课外阅读的方法,掌握课外阅读的技巧,拓展课外阅读的篇目与活动,培养阅读兴趣。

第二层面,教研组。紧扣课标、教材的精准化作业审议——精选内容、精心分层、精细反馈。教师的个体设计难免有局限，特别是青年教师的视野不够开阔，未能从课标、教材的全局思考。为此，各教研组组织课标研读、教材分析，通过评课论证、实施情况分析，进一步推敲作业文本的准确性、科学性和可行性，并形成了作业布置精准化的统一标准。

比如，初中语文组将阅读名著、手绘导图这一生成性的作业作为巩固课内方法、迁移课内知识、增长学生能力、激发学生潜能的支点；小学数学则把平时习以为常却束手无策的错题列为作业改革的靶心，实现了从知识巩固到习惯养成的华丽转身。

第三层面，学校。基于学科素养的典型甄选与推广。经由前两层面（环节）的研修，学校涌现出一大批经过实践论证和反正打磨的有深度、有广度、有温度的作业个案。学校从学科素养的角度，挖掘、甄选典型案例，积累优秀题例。

比如，小学数学从学生缺乏生活经验和感知的实际情况出发，设计了一系列的寒暑假实践性作业，充分调动了学生动手、分析、概括、运算等多元能力，发展了高阶思维。初中英语设计布置了诗歌创作作业。从完成情况看，大部分学生结合自身经历，叙说自己和母亲在日常相处中发生的点点滴滴，内容真实，感情真挚，重点句型的运用也十分到位。学生表现出的创编能力，大大超出了教师的预期。

（案例提供：杭州市余杭区安吉路良渚实验学校　吴长贵）

以上学校案例，确立"作业内容精准化，作业功能素养化"的作业改革目标，为全校作业设计树立标杆，研修实践中重视个体、教研组和学校层面的互动协作，坚持以学生、学习为中心的设计理念。尽管该研修刚刚起步，作业设计的过程有待优化，成果还有待于梳理，但我们相信这种研修努力的整体方向是正确的。

作业设计的研修，学科教研组应发挥核心作用。林荣凑老师曾就语文学科的作业提出四问，也同样适用其他学科思考：

· 如果说适合的才是最好的，那么适合学科、学生的作业种类有哪些？

· 对不同学段、不同水平的学生，怎样的作业是有效的？

· 教师如何开发、布置、批改作业？

・如何指导学生完成作业并从作业中学习?[①]

如果学校能基于学段、学情确定作业优化的准则,组织教研组(或备课组)层面的研修,集合众人之力研究"学情"(学科的、学生的),就足以让"减负提质"成为可能,且通过持续的努力带动课程标准、教材、学生和学科实践的综合研究,找到一条适合本校教师专业发展的康庄大道。

3. 教育故事的研修

20 世纪 80 年代以来,中小学教育科研依次出现了实证研究(20 世纪 80 年代)、行动研究(20 世纪 90 年代)、叙事研究(20 世纪 90 年代末)三种主流方式,越来越接近中小学教师的日常专业生态。叙事研究,侧重于教育经验或意义的反思和理解,又有多种文本样式,其关系如图 3.6-5 所示。

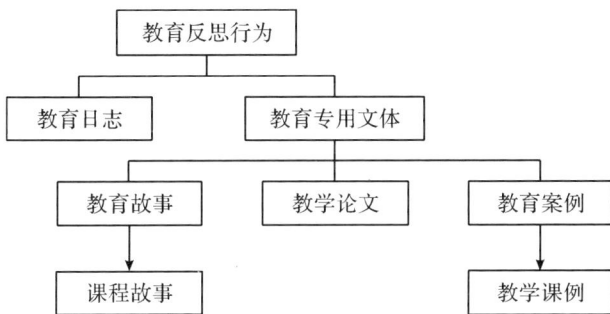

图 3.6-5　叙事文本的类型及关系

教育日志、教育故事、教育案例、教学课例,就是叙事文本的基本类型。以此为载体的研修,也将别有洞天。这里先说教育故事的研修。

教育故事,陈述的是教师在日常生活、课堂教学、教改实践活动中曾经发生或正在发生的事件。这些"故事"的实践记录是具体的、情境性的,活灵活现地描绘出教师的经验世界,是教师心灵成长的轨迹,是教师在教育教学活动中的真情实感。完整故事的五个元素:明确的主题、真实的情境、典型的行为、完整的过程(冲突、冲突的解决)和隐含的理论。

以"教育故事"为载体的研修,要明确三个问题:一是明确教育故事的目的和主题,故事写作纳入研修,就要对其自由开放性作一定的限制;二是正确指导教

---

① 林荣凑.基于标准的语文教学[M].重庆:西南师范大学出版社,2020:135.

师的故事写作，少念、不念“歪经”；三是建立良好的指导、写作、分享机制。

案例3.6-3 以“教育故事”为载体的研修

“故事”是幼儿园文本表达的重要途径之一，在故事中体现师幼互动，在故事中看见幼儿发展，在故事中呈现幼儿进步。基于这样的思考，我园组织教师从故事的写、思、集、享四个环节进行研修，最终促进教师深度观察。

个人自写，凸显观察视角。我园以游戏背景下的“学习故事”的撰写为主，要求从注意、识别、回应三个板块组织故事内容。在游戏中重点观察幼儿的游戏现场进行白描记录，即注意发生什么精彩片段，教师通过现场的观察以及对孩子的阶段性的了解，对其学习品质做出识别，即识别学习和发展了什么。最后对孩子的游戏行为进行支持性策略的引导，即回应游戏中的可持续发展。在故事叙写中可多元地关注幼儿的游戏视角，从而拓展教师的观察视角。

组内集思，体现故事内涵。在个人叙写的基础上，教研组组织对故事内容进行审视，着重思考学习故事的层级性。小班教研组围绕幼儿游戏中的互动性进行观察，关注在对游戏方式的重复中体现发展；中班教研组围绕幼儿游戏中合作性行为的观察，关注幼儿的学习品质，即幼儿的协商、合作以及后期的探究；大班教研组重点关注幼儿在游戏中的专注性，为幼小衔接做好初期的准备。思考幼儿的年龄特点，有计划、有目的地提升游戏中教师的观察与评析能力。

教研层级，呈现故事多元。针对研修计划，每月聚焦不同的观察重点，通过记录不同孩子在相同游戏中的表现，凸显观察的有效性。每月一次的大组教研，我们聚焦在故事背后的识别，多角度地发现游戏设置问题以及后期的优化策略，多角度地解读幼儿的游戏行为以及介入策略。同时借助多媒体工具，选择某一片段故事，通过多视角的叙写，关注教师的不同视角以及呈现相同背景下的不同故事内容。

教研共享，分享教研模式。通过一学期的研修，学期末各教研组围绕故事叙写的重点进行分享，结合幼儿年龄段的区别，呈现不同的教研模式。如小班组与大班组在汇报中所呈现的教研模式就存在明显区别。小班组采用定班定点的观察，从一个游戏区角入手的深度观察，聚焦区角对幼儿的发展价值。大班组则采用定人的观察，关注一名幼儿在不同游戏中的表现，凸显幼儿发展的均衡性。通过教研模式的分享,可以让教师多元思考自己的观察角度以及叙写的故事载体。

(案例提供:杭州市余杭区径山镇双溪幼儿园 祝珊水)

上述案例,较典型地展示了以"教育故事"为载体的研修方式。双溪幼儿园围绕"记录一个真实的好故事"的主题,确定了游戏背景下的"学习故事"撰写,旨在发展教师深度观察能力(当然还有思维、语言表达的发展),并提供了由注意、识别、回应三个板块构成的故事模板,建立了写、思、集、享四个环节,确保研修质量。这种研修载体的选择,很切合幼儿园学段教师的专业特点。教育故事的叙写,也同样适用于中小学教师,特别是德育方面的研修。

4. 课程故事的研修

课程故事,是教育故事的一种特例,"特"在题材。

课程故事,总是与课程(特别是校本课程)的开发、实施相关,通过故事生动地讲解了课程开发和实施过程中人的价值、人的情感、人的发展,体现了课程开发和实施中的困惑及解决问题的办法。

以"课程故事"为载体的研修,有助于真正提升教师的课程开发、实施能力和课程意识。其研修的样式,参考教育故事的研修。

案例 3.6-4 以"课程故事"为载体的研修

我园毗邻杭州西溪国家湿地公园,有着丰厚的西溪乡土资源。近年来一直致力于将地域资源与基础性课程相互融合,推进五常湿地·生态节日主题课程的建构与实施。自 2019 学年以来,基于课程园本化的实施,形成以"业务园长—教科室—教研大组—园区教师"的四环式研修模式,前期的研修呈现出内环提升较快、外环步履匆忙的现象,大多数教师在课程实施的过程中比较吃力,缺失以儿童的视角对幼儿的需求进行追随和支持,对课程实施后的经验梳理较难把握。

为此,我园启动了以"课程故事"为载体,提升教师主题建构与实施能力的团讨式研修。以专家引领、理论学习、抱团研修、实践交流、策略提取等方式,从模仿、创生、聚焦到巧构,形成了课程故事 1.0 到 3.0 的质变。具体情况如图 3.6-6所示。

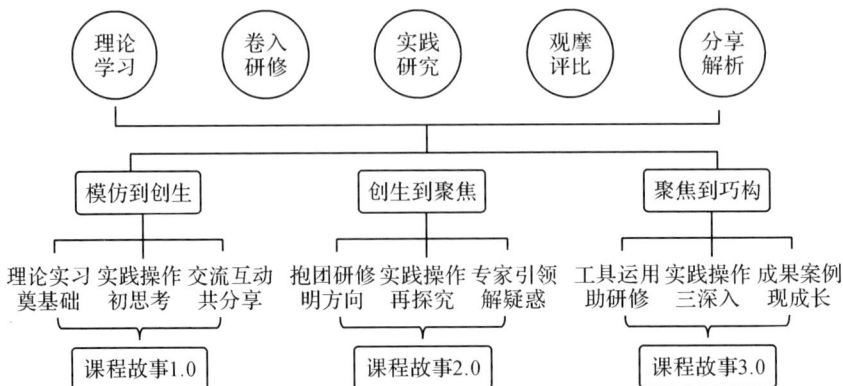

图 3.6-6　课程故事研修的历程

课程故事 1.0：从"模仿"到"创生"。从理论概念入手，学习优秀课程故事，思考资源挖掘的方法。设计研修导学单，让教师带着问题参与研修，在实践中寻找课程故事点。根据研修任务，创生主题课程故事，并在集体研修中提供凸显对比性的故事案例，分析资源挖掘的适宜性、课程实施的多元化、课程故事的完整度等。结合园内优秀课程故事的分享，从中总结出课程故事形成的基本策略。

课程故事 2.0：从"创生"到"聚焦"。初步实践后，以科学理念为指引，在专家指导下围绕 OBE 理念开展卷入式研修，思考 OBE 理念下的主题评价怎么做、支撑度分析表的使用方法、活动目标与主题目标契合度的分析方法，进而聚焦梳理 OBE 背景下的课程故事。围绕园本课程主题"花朝节"聚焦主题目标创生故事脉络，开展实践研修活动，以主题建构—实施—中期研讨—主题呈现—课程故事梳理的路径行进，最终聚焦目标呈现课程故事。

此后，组织专家卷入式研讨会，分享优秀花朝节主题课程故事，通过头脑风暴交流亮点，研讨改进点。开展课程故事的深度剖析和回头再评价，再次强化常规课程故事的撰写要点；概括主题下课程故事的结构六要素，再次理清关键概念。

课程故事 3.0：从"聚焦"到"巧构"。进入 3.0 时代，为了让教师能够更科学独立地实施主题，呈现班本课程故事，开展骨干教师集中研修，研讨总结设计了三大类九项目思维可视工具，如表 3.6-1 所示，即主题班本化支架工具，幼儿表征工具、课程呈现成果工具。运用思维可视工具，开展主题班本化实践活动，从价值点挖掘、资源分析、主题脉络设计、多元课程故事呈现等方面推进，始终围绕师幼共建共生共赏共析的原则巧构班本主题，凝练班本主题，呈现独具特色的班本课程故事。

表 3.6-1 思维可视工具的一览表

支架类型	可视工具	样式名称	设计说明	用于
工具支架	思维导图	价值点树状图	在对主题前审议过程中，根据主题内容，通过绘制树状图来挖掘主题生发点，研判存在的价值取向	主题前期预设
	概念图	目标支撑分析图	在对价值点进行取舍后，依托指南五大领域目标，利用概念图对应原主题目标进行支撑度分析，链接节点和关系	
	思维地图	实施路径脉络图	在主题开始前以时间轴的方式先预设主题实施路径，在主题开展过程中可根据实际情况随时更新、调整、替换、优化	主题前中调整
		班本主题网络图	在主题开展结束时以网络图的方式师幼共同梳理主题下的核心经验、内容、价值点、知识结构。形成系统性的主题网络，这也是班本主题的雏形	主题后期总结
表征支架	思维导图	思维涂鸦	在主题班本活动中教师引导幼儿根据不同内容可采用常见的 8 大思维导图，如圆圈图、气泡图等图示来展现幼儿的思维过程	主题全程推进
	流程图	活动任务单	在主题班本活动中教师引导幼儿进行分组合作讨论，通过小组讨论后，把任务完成的过程、步骤、分工等以流程图的形式呈现	
成果支架	课程故事	动态二维码	在主题末期，梳理形成课程故事，区别于常态的单一文字图片，可结合视频等动态影像，并生成二维码，可实时查阅	主题后期回顾评价
		立体主题墙	区别于以往三个版面独立设计的主题墙，将主题墙以课程故事式的连续脉络呈现，内容的立体，展示形式的立体	
		班本故事册	在主题班本过程中，将发生的一个个故事有意识地以幼儿图画、文字、照片等的形式记录下来，并以小海报的形式系统成册	

组织班本故事交流评比活动，对各班的班本课程故事进行回顾式评价，推选班级进行现场汇报，在共享互研中对比思考发现亮点。回顾反思自我课程故事三阶段的历程，感悟变化，体会成长。

（案例提供：杭州市余杭区五常第一幼儿园　杨艳）

案例学校发现"湿地－生态"园本课程实施的问题（课程执行力不强）后，果断引入"课程故事"方式解决瓶颈问题，从 1.0 版到 3.0 版，一步步走得细致而踏实。通过研修，教师对于如何梳理、呈现一个好的课程故事有了清晰的认知，并能在课程故事撰写的基础上提炼实践经验和策略，不断丰富与优化了主题资源库，为园本课程的架构提供支持。这就是"课程故事"的多元联动价值。

5. 案例的研修

前述"教育故事"与"课程故事"，作为记叙性文本，其基本元素包括主题、情境、行为、过程和隐含的（教育、教学、课程）理论等。故事是比较纯粹的叙事，而案例可以有叙事，更有非叙事成分。案例的写法多种多样，一般认为应包括标题、引言、背景、问题的解决、反思与讨论五个方面，故而是一种研究性的应用性文本。

"案例"这一概念是舶来品，案例的开发和应用最早见于西方医学界，随着军事和法律界对案例的重视，特别是从 20 世纪初开始工商管理教育对案例的广泛应用，这一概念逐步深入人心。案例的开发与教学已有近百年历史，案例方法逐渐成为工商管理教学的主流方法，但为教育界所借鉴，仅始于 20 世纪 70 年代，教育案例只是案例教学的一种载体。[①] 随着对教师知识的研究和对教师专业发展途径的摸索不断深入，教育案例的功用开始突破传统的案例教学，教育案例的叙写对教师职后专业发展的促进作用，也越来越受到重视。

案例 3.6-5　以"游戏案例"为载体的研修

自 2018 年幼儿园特色品牌创建以来，在"童心仁和"特色课程的指引下，我园一直遵循着"儿童本位"的教育宗旨，通过不断的研修与论证，我园从"仁儿游

---

① 陈杨. 教师应该如何叙写教育案例[J]. 当代教育科学，2006(10)：19-21.

戏—社区游戏"单纯的角色游戏,发展到现阶段的"仁儿游戏—畅玩小人国"多领域游戏,"童心仁和"园本课程板块得到了优化,课程实施更具体。

以游戏观察、回应与支持、游戏评价的三阶段研修,以游戏案例为载体,以"仁儿游戏"现场为阵地,打造 SCTT 模式下我园自己的特色园本研修。"仁儿游戏"案例的文本表达的研修活动,改变以往大会议、大一统的集体研修模式,聚焦游戏现场,教师通过观察—研讨—再实施—形成文本案例的形式,使幼儿园的研修实效性大大提高。整体的研修路径,如图 3.6-7 所示。

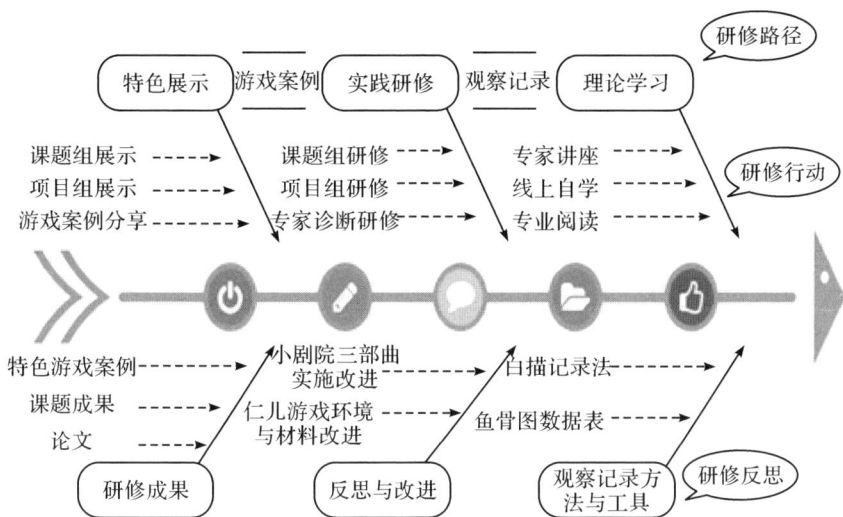

图 3.6-7 以"游戏案例"为载体的研修路径图

理念把方向,观察更聚焦。游戏案例的形成,离不开理论知识的支持。在研修初期,开展了理论学习活动,通过专家讲座、明师课堂、自学《游戏—学习—发展》等专业书籍的阅读活动,提升教师专业理论储备。通过多形式的学习,更新了教师理念,确立白描记录法和鱼骨图速记表为游戏观察的研修工具。丰富的理论知识储备和工具准备为下阶段研修实践打好基础。

聚焦游戏现场,收集案例素材。幼儿园一天中幼儿有充足的时间进行自由游戏活动。至少有一次机会可以连续进行不少于45分钟的自由游戏,同时提供多种材料以供选择。教师聚焦游戏现场,通过游戏观察记录表、鱼骨图师幼互动记录表等观察工具,拍摄照片和视频的记录工具,记录幼儿游戏中发生的对话、行动、运动等多方面的行为。收集幼儿游戏素材，撰写游戏案例的初稿。

开展组内研讨，分析案例价值。年级组在游戏案例的研修中，对教师的游戏案例进行研讨，从案例实录出发，分析教师撰写的价值点、梳理游戏案例中教师的策略运用的有效性。调整"启航号"新教师案例撰写的观察描述不聚焦同一问题的情况，商议了在仁儿美食街游戏案例中材料支持与语言支持的多种形式与内容。组内教师对游戏案例做修改，形成游戏案例的第二稿。

共享优质案例，形成游戏案例集。经过前两次的研修，教科室发布园级案例评比活动，评选出的最佳案例。在集团内进行优质案例文本分享活动，并邀请集团内名优教师作为集团草根专家团，对分享的案例围绕"亮点在哪里？""改进方向"进行点评，梳理出撰写游戏案例的几个要点：观察视角、梳理共性问题、调整回应与支持策略等等，从而提升教师案例撰写的文本水平，并形成游戏案例集。同时优秀的游戏案例通过科研团队的研磨，形成园级论文、园级课题，推送到区级进行评审。

（案例提供：杭州市余杭区仁和第一幼儿园　朱美丽）

以"案例"为载体的研修，已经成为目前公认的教师学习与研究的重要途径。但是发展教师案例反思的习惯与能力，需要一个渐进的过程。上述案例从某个侧面呈现了这个过程。需要注意的是，将"教育案例"纳入校本集体研修，一般应提供一个主题范围，以使众人的研修聚焦与分享交流，习得案例研修的基本方法。其实，案例研修可以自发开展，规模可大可小，并可以有不同的侧重点，诸如片段性案例、诊断性案例、反思性案例、借鉴性案例、主题性案例等。①

6. 课例的研修

课例，似乎可以理解为"教育案例"的一种特例。但课例却有其自身的历史路径和探索发展，形成了与案例颇不相同的特点。

课例研究，源自 20 世纪 60 年代的日本，日语合成词 jugyo kenkyu 或じゅぎょけんきゅう的意译，即"课的研究"，80 年代传至美国并引起全球的注意。90年代传入我国后，课例研究的基于专题、持续研究、见证效果、形成成果等特色，

---

① 柯孔标.校本教研实践模式研究［M］.杭州：浙江大学出版社,2008：166-168.

极大地影响了我国传统的教研活动[1],也获得了喜人的成果。

下面的成果,就是其中最为主要的。先看课例的撰写格式。我们可从郑金洲教授对案例、课例的比较辨析中得以认知,如表 3.6-2[2] 所示。

表 3.6-2 案例与课例的区别

案例	课例
1. 自始至终围绕特定的问题展开	1. 课例展现的是某一活动或某些活动的实际场景
2. 以问题的发现、分析、解决、讨论为线索	2. 包含着问题,但问题可能是多元的、没有明确的问题指向的
3. 实际情境的叙述经过细致加工,非列举式的	3. 实际情境的叙述、师生对话的描述等,常是列举式的
4. 一般表达形式:背景 ＋ 问题 ＋ 问题的解决 ＋ 反思讨论	4. 一般表达形式:教学设计 ＋ 教学实录(情境描述)＋ 教学反思

表 3.6-2 所述的"一般表达形式"是简式。就课例来说,还可以有标题、研究背景、附录(如教学设计、观察表、课堂实录等)等材料;就"教学设计"的单位来说,可以是完整的一堂课,也可以是课堂片段。

至于课例研修的步骤,上海顾泠沅教授等归纳了"三段两反思"模式[3],如图 3.6-8 所示。

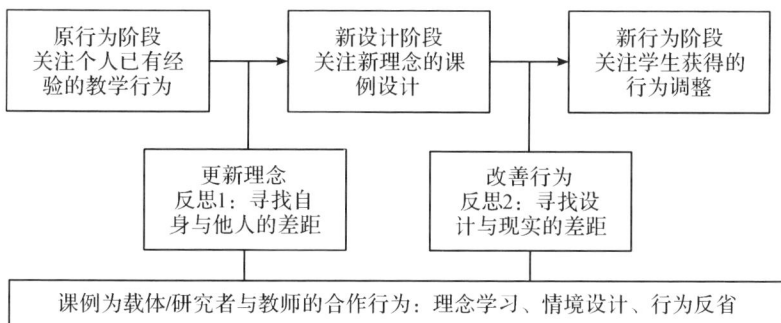

图 3.6-8 "三段两反思"课例研修模式

---

① 胡庆芳,等.课例研究,我们一起来:中小学教师指南[M].北京:教育科学出版社,2011:3-13,31-52.

② 郑金洲.教师如何做研究[M].上海:华东师范大学出版社.2005:230.

③ 顾泠沅,王洁.教师在教育行动中成长——以课例为载体的教师教育模式研究[J].全球教育展望,2003(1):44-49.

以"课例"为载体的研修，是指围绕教学在课前、课中、课后所进行的种种活动。其研修的价值取向在于解决当前的课堂问题，克服传统教研课的盲目性，以主题为中心，围绕课题进行研讨，集合了集体备课、课堂展示、听课评课、文本表达等研修形式，借助集体的共同探讨，交流分享，共同感受成功与困惑。因而，整个过程就是教师积极参与的一种互助互学的过程。

案例3.6-6　以"课例"为载体的研修

"课例"作为幼儿园集体教学研修的一种文本表达载体，能直观呈现"课例研究"的进度、"教学设计"的深度、"专业成长"的厚度、"教师发展"的高度。我园以"层级研修"的形式，从集团统领到教研组深化开展集体教学课例研修。主要通过研判问题，设置课例研点→研磨环节，深化课例研程→研探文本，促发课例研思三个阶段实施推进，旨在提升教师教学设计组织和课例研修能力。

研判问题，设置课例研点。围绕"生活课程"这一主题概念，我们将团队力量进行重组，形成层级研修组，由主持人抛出问题。当问题产生之后，层级组长牵头进行研修，每一位成员确定各自任务，或是对主题内容的分析学习，或是专业知识理论引领，或是教学案例的活动准备，等等。过程中有骨干教师进行帮扶解决问题。在此过程中，每位教师在任务的驱动之下，都能主动地去探寻与主题相关的知识，而在这样的材料收集过程中，每位教师对该研究主题的认识也得到了提升。

研磨环节，深化课例研程。产生了课例的研究点后，我们集结教研组、园区、集团的力量，通过层级推动、团队联动、骨干带动的模式，围绕主题开展课堂观察与诊断，提升集体教学活动过程与教学效果的有效性，从而达到关注幼儿学习、提升教师专业的目的。集体教学课例的研修过程，一般经历四个步骤。

· 头脑风暴（10分钟）：先是暖场小游戏，之后是围绕共性问题的互动。

· 视角交流（20分钟）：教师观看现场生活集体教学活动，并根据评价量表做好记录，听取执教教师的自我反思报告。要求教师带着理性的学习眼光观摩活动，骨干教师带动大家关注疑难问题。

· 思维碰撞（30分钟）：请不同层级的教师，从不同的维度对活动各环节进行评价，既关注共性问题，也关注疑难问题。

· 智慧共享（20分钟）：代表交流分享，触发各层级教师之间的思维碰撞，实现团队联动,关注焦点问题。

研探文本,促发课例研思。课例初步形成,我们也创设了评优和展示的平台。通过"课例评比"挖掘好课例,借助"博雅论坛"推介优课例。各层级研修有其不同的目标,层级之间通过课例实现多元互动。如表3.6-3所示。

表3.6-3　课例研思任务表

研修板块	研修焦点	分层发展目标
现场展示	课例文本撰写	新锐期:明确目标、习得方法、不断提升 中坚期:更新理念、调整行为、敬业乐业 骨干期:专业性强、结对指导、引领辐射
名师引领	课例优化跟进	新锐期:乐于发现问题、敢于提出问题 中坚期:敢于提出问题、乐于解决问题 骨干期:乐于解决问题、善于研究问题
博雅论坛	优秀课例分享	新锐期:掌握教学常规、有效组织活动 中坚期:提高组织能力、凸显个性特色 骨干期:发挥教学专长、善于引领研究

课例研修中,活动观摩与诊断的过程是一个双向互动的过程。从观摩与诊断的主体来看,双方都必须共同参与,活动观摩诊断任务的驱动使听课教师不再仅仅充当旁观者的角色,而是全程参与研究,有对教学充分的、积极的思考。

(案例提供:杭州市余杭区良渚西塘雅苑幼儿园　沈敏红)

上述案例学校是幼儿园,其课例的研修,受学段限制无法实现"三段两反思",但其精细的操作不仅做出了规范的课例,重要的是借此丰富对课程、幼儿学习、教师教学和校本研修的理解。

相比于学前教育,中小学实施课例研修的空间更多。实践已发展出多种课例研修的方式,比如从"课与人"的角度看,就有四种方式:(1)一位教师围绕主题,就同一教学课题连续上多次研究课;(2)几位教师围绕同一主题,就同一教学课题先后顺次上多次研究课;(3)几位教师围绕同一主题,就不同教学课题先后顺次上多轮研究课。主要适用于同年级教学班少的学科或者进行专题式研究;(4)一个教师围绕主题,就不同教学课题连续上多次研究课,等等。

第四部分　特色培育的研修

借此机会,再次强调校本研修SCTT样式的含义。"S"是指向样式的定位,锚定实践情境;中间的"C"指常规活动,"T"指特色培育,均指向研修的内容或领域;最后的"T"指向样式的目的,建设不同层面的学习共同体。

"常规活动"是校本研修的基础性内容,关注和改进教师日常专业活动。"特色培育"是对常规的发展与超越,着眼于学校整体建设和发展提升。

两者并非判然有别。置于学校动态发展脉络来观察,两者呈现互动与互惠的关系,即"常规←→特色"。某一"常规"建设的良好发展,从而形成某校校本研修的"特色";某一"特色"的坚持和发展,沉淀为某校日常专业活动的"常规"。如此循环往复,校本研修内容领域永无止境。

有限的研究与实践表明,新建学校宜从常规入手,借助行政管理、学术研究和校本研修,尽快建立教师日常专业活动的融通交往方式,即传统所谓的"走上正轨",假以时日,再发展出符合学校、教师发展的研修特色。传统学校或可着力于特色组织研修,但要保持"常规—特色"的研修平衡,特别需要沉着反思(乃至勇敢变革)常规的智慧和行动,此所谓"研修转型"。

"特色"犹如艺术家的"风格",可以做学理的归类探究,然无法穷尽其所有,且这类探究于实践鲜有价值。本部分先以"概述"总领特色培育之研修学理、品质追求和可供选择的路径等,继之以研究型、平台型、合作型、引领型为序,介绍余杭区学校在特色培育上的实践案例。

4.1　概　述

所谓"特色"，就是一个事物或一种事物显著区别于其他事物的风格和形式。就校本研修而言，就是一所学校在选择研修项目、组织研修活动等教师专业学习上所表现出来的，适应或满足学校需求、促进教师学习与发展的一系列特征。校本研修的特色，需要融入多种元素并历经时间的积累而产生。明晓其研修学理和品质追求，以选择理想的培育路径，是极为重要的。

一、特色培育研修的学理基础

为理解"常规活动的研修"和"特色培育的研修"的关系，我们不妨比之于基础性课程和拓展性课程。前者是基础课、必修课，立足于共同基础，重视日常专业活动，为教师学习和发展奠定坚实的根基。后者是拓展课、选修课，应基于学校自身的需求"选修"，突出差异性和特殊性，促进校本研修有个性的发展。

然而，如果引入拓展性学习的理论，我们将更能明白，特色培育的研修，远不只是解决"千校一面""同质化办学"的问题，更是教师专业学习的"升级版"，是校本研修走向学习共同体的必然选择。

拓展性学习理论（Expansive Learning Theory），由芬兰学者恩格斯托姆1987 年在《通过拓展学习：一种关于发展性研究的活动理论方法》一书中最早提出的。本书第二部分"学理基础和运行机制"之"2.2 学理基础"，已简要介绍过恩格斯托姆在维果茨基和列昂节夫的理论基础上发展出的第三代活动理论。恩格斯托姆将活动理论从"一个研究不同形式人类活动的哲学和跨学科的理论框架"发展为一种方法论，最终衍生出了一种新型的学习模式——拓展性学习。

有关学习理论，本书在"2.2 学理基础"曾提及行为主义、认知主义、建构主义等学习理论的发展。从学习隐喻的视角，萨弗德（Sfard. A）将传统学习分为两种隐喻，分别是"获取"隐喻和"参与"隐喻，前者视学习为知识的习得过程，后者视学习是个体参与实践，与他人、环境等相互作用的过程，是形成参与实践活动的能力、提高社会化水平的过程。①

恩格斯托姆认为，萨弗德学习的获取隐喻和参与隐喻最大的问题在于对学习的认知具有保守的倾向，没有从文化的创新与变革视角看待学习。因此，他提出了一种新的学习隐喻：拓展（expansion），如图4.1-1② 所示。

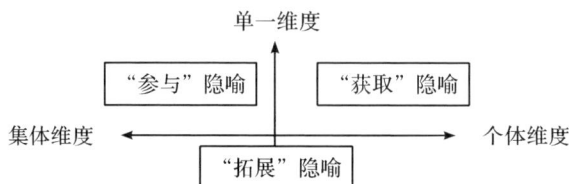

图 4.1-1　三种学习隐喻示意图

在恩格斯托姆看来，拓展性学习主要不是关注知识的传递，而是关注学习的过程，尤其是关注新知识、新活动在工作场所中创造的过程，学习的主体也从个体走向集体和网络。拓展性学习与传统学习的区别，如表4.1-1所示。

表 4.1-1　拓展性学习与传统学习的区别

项目 ＼ 学习类型	传统学习	拓展性学习
学习的主体	个体/集体中的个体	集体或网络
学习的内容	事先已确定的	事先未知
学习的过程	1. 文化的传递、储存 2. 能力的垂直提升 3. 经验知识的获取	1. 文化的变革与创新 2. 知识的水平互动与融合 3. 建构理论知识架构
学习的目的	获取符号性的知识	建构集体的行为和制度
学习的结果	主体行为的持久改变	产生新的实践活动

---

① 在过去的百年间，先后出现刺激与反应联结的学习理论、意义建构学习理论、获取学习理论、参与交往学习理论。前三者倾向于把学习看作在个体身上发生、以个体活动形式完成的学习活动，通常被称为"孤独学习者"的自我反映或自我加工。参与交往学习理论倡导的是社会性学习，但强调的仍然是通过活动实现知识的迁移。参见：张立平.拓展性学习：教师专业发展的共同体视角与实践意涵[M]//安桂清，周文叶.教育改革时代的学校本位教师专业发展.上海：华东师范大学出版社，2014：215.

② 吴刚，洪建中.一种新的学习隐喻：拓展性学习的研究——基于"文化－历史"活动理论视角[J].远程教育杂志，2012(3)：23-30.

校本研修,是一种有组织的教师专业学习。尽管如图 2.2-3 三级研修的描述,包括了"自我研修"的层面,但最主要的还是"校级"和"组级"(建制组、非建制组)层面的学习——恩格斯托姆所谓的"集体或网络学习"。这种学习的"内容",是无法具体"事先确定"的。不要说是特色培育的研修,就是常规活动的研修,校本研修的设计者或实施者,都无法规定具体的学习内容和详细的学习过程。

再如我们区域的 SCTT 样式,只能通过"行动纲领"等文本进行粗线条的描述,其区域层面、学校层面的专业学习活动,都只能是"拓展性"的,即需要区域、学校层面的联动与拓展。常规活动的研修由于规定了五大常规(专业阅读、集体备课、公开课展示、听课评课、文本表达),还是适用"获取隐喻""参与隐喻"的。特色培育的研修,如果校本研修的设计者或实施者不确定"生长点"(或拓展点),就无法让教师"获取"与"参与",正如花圃里没有"种花",是无法"姹紫嫣红"的。

因此,特色培育的研修,我们需要借助"拓展隐喻",了解"拓展性学习"的学理,从而实现"常规—特色"的"双栖双飞"。

二、特色培育研修的品质追求

拓展性学习强调对学习过程的关注。找到了特色培育的学理基础——拓展性学习理论,我们便可以沿着其理论建立"怎样的特色培育是好的"参照标准。但还有必要了解恩格斯托姆的拓展周期或拓展圈(expansive cycle)。

恩格斯托姆提出的拓展性学习理论,是建立在从抽象到具体的辩证法上,而从抽象到具体是要通过特定认知或学习过程的。他把这个过程称为拓展周期或拓展圈,并指出一个典型的拓展周期一般包括七个步骤,如图 4.1-2 所示[①]。

---

① 吴刚,洪建中.一种新的学习隐喻:拓展性学习的研究——基于"文化—历史"活动理论视角[J].远程教育杂志,2012(3):23-30.

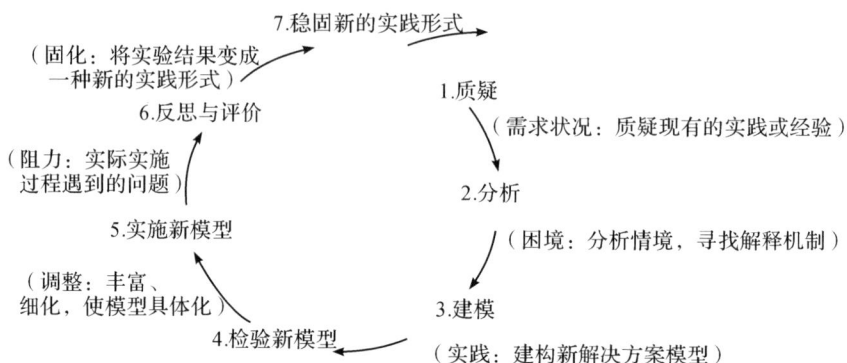

图 4.1-2　典型拓展周期示意图

下面,我们以校本研修 SCTT 样式为例,理解拓展周期。

第一步:质疑,对现存的实践或经验进行批判或怀疑。校本研修 SCTT 样式,作为余杭样式 2.0 版,源自对余杭样式 1.0 版实施的审视,即 1.0 版囿于拼盘式的培训,未能整合培训、教研和科研,实践已证明其对教师学习和学校发展只是满足于学分,成为学校行动的"鸡肋"。

第二步:情境分析,分析产生质疑的原因,包括实践情境的变化,以便找出问题的解释机制。余杭样式 1.0 版,是区域教师进修学校、教研室、教科所分离情境下的存在。三家机构合并后,特别是新课程改革的深入,必须尽快结束这种分离、割裂的状态,解决传统培训与教研、科研各自为政的问题。

第三步:构建新模型,将公共认知中的最新解释关系做成简洁模型。我们提出的 SCTT 的弓箭模型(图 2.2-1),是吸收了教师学习的多种最新知识。其中最重要的是认识到校本研修应从"有效传递模式"转换为"合作建构模式",引导学校和教师在日常工作中发现和提升自己的实践智慧,以获得持续不断的专业成长。新模型的构建,要运用系统思考的方法,用"可视化思维",SCTT 的弓箭模型就是这样一种表达,便于样式的所有实践者充分理解从而践行。

第四步:检验新模型,通过对新模型的试用来把握其动态性、潜在性与局限性。我们的校本研修 SCTT 样式,也经历了为期一学年(2019 学年)的检验。通过检验,我们将原本模糊的表达清晰化,并体会到模型运行的关键,对样式做了微调。

第五步:实施新模型,通过实际应用,进一步丰富、拓展以完善新模型。就校本研修 SCTT 样式来说,我们用了两个学年(2020—2021 学年)实施,其间增加了调研和展示,并对评价标准做了两次修订(详见"2.3 区域运行")以完善新模型。

第六步:反思,反馈和评价整个拓展的过程。临近 2021 学年结束,利用向各校征集实践案例的机会,对常规研修的结果做大范围的问卷调查。本书的编委会,利用暑假时间,将一线的案例和调查数据做了分析,并结合自己三年来的体验,对照模型的理想分析"落差",以"著述"的方式评价整个拓展的过程。

第七步:固化,将模型的实验结果变成一个新的、稳定的实践形式。经由调研、反思、评价和著述,我们梳理出 SCTT 总样式下的各种"子样式",将原本零散的实践经验提炼出具有较好系统特性的整体,形成了稳定的实践形式。

需要说明的是,SCTT 样式对"拓展圈"具有极强的解释力,并不意味着所有的拓展实践形式都完全遵循这七个步骤。典型学习圈的提出只是为研究组织学习提供一个启发性的概念框架,值得各校组织"特色培育"的研修参考。但要注意这一过程并不是一个封闭的循环过程,而是一个在矛盾进化动力下不断重构的过程,就是说,实践中未必每一循环都包括七步,且循环也不止一个。

整合"拓展圈"和"学习共同体"(参"2.2"团队建设)的相关知识,我们可以建立"怎样的特色培育是好的"三条参照标准。

•良好的自我诊断。保持对研修情境和教师学习需求的敏感性,具有质疑现实的勇气和揭示真实的丰富手段,对本校的教师学习和学校发展做出客观的、动态的诊断。这是"特色培育"是否执行、是否成功的前提和基础。

•良好的自我创造。教师的专业学习应持续发生于教师的日常实践,而教师实践具有缄默性、情境性和复杂性等特点。校本研修,作为有组织的教师研修,SCTT 样式倡导以学习共同体的创建为最高追求,为自我创造提供方向。但如何选择"特色培育"项目,如何通过项目、活动的运行以建设教师学习共同体,有赖于各校校本研修的责任人(特别是校长)。自我创造是"特色培育"的关键和核心所在。

•良好的自我适应。学校情境是复杂的,又是动态的。从常规研修发展出特色,特色沉淀为常规,这是一个不断发展、动态生成的无限连续的过程。不可能永远抱着某个"特色"包打校本研修永远的天下。自我适应是"特色培育"的常做常新、不断推进校本研修的关键。

"怎样的特色培育是好的"，不能只是静态地判断某一阶段的校本研修特色，还要看到创建这一特色的情境和过程，更要置于一定的历史阶段来观察"三自"（自诊断、自创造、自适应）动态发展。以我们的实践和经验判断，良好的"三自"考验着校本研修责任人的学术视野、变革意识、系统思考力和行动执行能力！

三、特色培育研修的可选路径

如何选择研修项目、组织研修活动以培育特色，并以此组织研修活动？"拓展圈"提供了内在循环的概念框架。如前所述，我们 SCTT 样式的区域实践，肯定了这一概念框架的指导价值。

但如何依据情境的分析和质疑，从而确定理想中的"特色"的生长点呢？或者问，如何寻找切入口？我们的回答是，借助图 1.1-1"研修形式备择"这一思维导图。

该导图提供了研修形式的六大类。其中的"自我型"，不属于有组织的校本研修直接干预的范畴；"常规型"已纳入"常规活动的研修"，剩余的四种——研究型、平台型、合作型、引领型，是否足以承担起"特色培育的研修"路径备选呢？

对此，从我们三年多来区域内的学校实践看，它们是可行的。我们曾征集了特色培育的 16 个案例。分析这些案例发现，它们超越常规、超越教研组，服从学校发展、整体提升和学习共同体建设的大局，体现了研究、平台、合作、引领等综合的特质。当然，各个案例又各有侧重。从研究和实践的需要来说，分列四种类型是可行的。有鉴于此，本部分 4.2 至 4.5 节，将以此为序介绍相关的实践案例。

需要说明的是，这不是说"常规活动的研修"就不能体现研究、平台、合作、引领的特质。只是相对于"特色培育的研修"，这些特质在常规活动中只是局部体现罢了。比如"专业阅读"中的"嵌入项目推进的专业阅读"，体现了"研究"的特质，"基于氛围创设的专业阅读"，体现了"平台""合作"的特质，而"啃读"中讨论的名师开列书单、导读等体现了"引领"的特质。

4.2 研究型的特色培育

图 1.1-1 "研究型"大类,列举了专题研讨、课例研究、案例研究、课题研究、论文写作与交流等小类。其中课例、案例研究已在常规活动研修的"文本表达"里讨论。这里先就"教师成为研究者""研究即研修"做些讨论,再借助案例谈操作。

一、"教师成为研究者"的思想

在中西方社会科学研究传统中,"行动"是实践者用以改造实践的活动,而"研究"则是理论者为探索知识而进行的活动。教育研究亦不例外。教师作为实践者,不仅是别人研究成果的简单照搬者,而且是外在规范的被动执行者。

一般认为,"教师成为研究者"是英国课程专家斯腾豪斯(L. Stenhouse)于20 世纪 60 年代提出的。在主持"人文课程研究"的过程中,斯腾豪斯意识到教师在课程开发中的地位和作用,认为教学实际上是一个课程探究的实验过程,因此他在课程编制问题上提出了"教师成为研究者"和"研究成为教学的基础"两大口号,坚持"没有教师的发展就不会有课程的开发"。

"教师成为研究者"的源头可以追溯到 20 世纪初期,早在 1908 年就已经出现使教师从事研究的努力,两年后这个话题开始在专业杂志中出现。在早期的倡导者中,英国教育家布克汉姆(Buckingham)在其代表作《为教师的研究》一书中,围绕"教师作为研究工作者"问题进行了专门研讨,表达了教师应该作为研究者的思想,认为研究根本不是一个领域,而是一种方法,是一种观念。

20 世纪三四十年代,美国学者柯立尔(J. Collier)和勒温(K. Lewin)先后在社会活动领域提出了行动研究的概念。受行动研究对教育领域的影响,教师成为研究者的思想逐渐被教育界所接受。1952 年,美国学者万恩(K. Wann)发表了《教师成为研究者》一文,提出了"教师成为研究者"的观点。斯腾豪斯是英国著名的课程理论家，在教育研究和探讨课程的设计发展方面做出了卓越的贡献，"鉴于斯腾豪斯的重要贡献，学术界认定斯腾豪斯是'教师成为研究者'思想的代表人物"。[①]

二、研究即研修：教师参与研究的研修价值

从总体看，我国幼儿园、中小学"教师成为研究者"的实践情况是令人可喜的。这与我国的职称评审和教师聘任制度有关，也与我国具有独特的教研系统有关。

如果区分"教研"（教学研究）、"科研"（教育科学研究），那么我国中小学（含幼儿园，下同）教师有一个逐步融入教育科学研究的过程。根据张丰的梳理，可分为四个阶段[②]。中华人民共和国成立至80年代，教研活动是中小学教育科学研究的自然状态。20世纪90年代是教育科研的初兴时期，由自发的研究走向有规划、有组织的研究。21世纪初的10年，"教研"与"科研"的互动与结合大大加强，教育科研涉及课程、教学、评价、教育管理、教师专业发展等领域，但也出现了"两张皮"的现象。近十年来，科研得以回归教育教学工作，从"关注概念创新"逐渐走向"关注实践改进"。

中小学教师的"研究"（教研＋科研），与专业学术研究相比，有其鲜明的"实践取向"。研究定位上，关注自然情境中的教育教学问题，采用旨在解决教育教学实践的行动研究；研究方法上，重视教师对个人经验的叙事分析，更多采用自下而上的实际案例的讨论和提炼；研究评价上，强调研究对教育教学实践的改进和推动作用。

正因为如此，中小学教师的"研究"，不能只是窄化为课题研究，我们将专题研讨、课例研究、案例研究、课题研究、论文写作与交流等均列为"研究"，就在于对中小学教师研究真实情况的尊重。

中小学教师的"研究"具有"研修"的价值，关键在于有价值的"研究"、关注教师学习的"研修"，都是基于真实的教育情境，旨在解决真实的实践问题。

---

① 胡惠闵，王建军.教师专业发展[M].上海：华东师范大学出版社，2014：258.
② 张丰.从问题到建议：中小学教育研究行动指南[M].北京：教育科学出版社，2013：3-6.

在教育教学实践中,教师会遇到林林总总的困难与问题。对这些问题的处理,张丰认为有四种方式:基于命令,等待上级行政或学校领导的措施和命令;基于经验,凭直觉和自己的经验来应对;基于学习,向同行请教或到网络、书籍中找办法;基于研究,通过问题分析—对策探寻—实践观察的路径,得出解决问题的方法。①

生活经验告诉我们,这四种工作方式都是需要的,教师实践性知识的不断增长,都离不开这四种工作方式。在这四种工作方式中,"研究"并不是另类,只不过在每位教师的专业生活中,各有偏重罢了。需要注意的是,教师的专业实践呈现"低洼湿地"的特点,情境和问题的复杂性、不确定性、多义性和不稳定性,对"研究"有着更强烈的要求。我们发现,善于以研究的方式来工作,倡导研究以解决实践问题的,教师个人成为智慧型、专家型教师,教师团队成为"学习共同体"的可能性要比偏重命令、经验的工作方式而更具有可能性。

中小学教师的"研究"具有"研修"的价值,还在于其集纳了教师学习的多种内容与方式。图2.1-3"教师学习之塔"列举了"做中学""互动中学""反思中学"。"研究"覆盖其全部范围。国内外相关的研究证明,教师基于课题进行的学习,具有内容多样性、方式多元化等特点,其学习成效能达到理论化水平(相对的格式化水平、概念化水平,在非正式学习、无意识反思中即可达到)。② 课题研究如此,专题研讨、课例研究亦然。研究即研修,研究型研修是特色培育研修的重要路径。

三、研究型研修的操作

研究型研修,理应坚持4.1节提出的"三自"(自诊断、自创造、自适应)标准,着力于改善教师的实践行为,丰富教师学习的内容和方式,又能发展出校本研修、学校发展的特色。研究型研修,因其内容而有不同的切入口(如从拓展学习角度,可名之曰"拓展点"或"生长点")。下面,根据我们收集的案例,介绍课题研究、课程开发、教学创新等拓展点。

---

① 张丰.从问题到建议:中小学教育研究行动指南[M].北京:教育科学出版社,2013:6.
② 朱旭东,裴淼.教师学习模式研究:中国的经验[M].北京:北京师范大学出版社,2017:247.

1. 以课题研究为拓展点的研修

这是最典型的研究型特色培育研修。这里的课题,需是学校层面研究的总课题,教研组的课题不能影响全校全员,不足以成为特色培育研修的课题。

案例4.2-1　探寻课题引领、层级研究的研修路径

我校是一所招收一～九年级学生的民办学校。学校以"学"为导向,开展学本小班课堂的研究,积极探索课堂新样态。但存在着纵向时间轴层面的研究平移,横向学科层面的各自为政,需要有具体的研究指向与操作路径来实现学本、小班化等办学理念,以核心课题为引领的实践研究会更具有深度与广度。

顶层设计形成逻辑。学校在学校学术总监、校长的指导下,进行课堂研究的顶层设计,从学生终身发展出发,以融合学习、深度学习、高阶思维学习为序列,探索学本课堂,提高学习效率。在此基础上,学校申报《融学课堂:基于核心素养的小学新课堂实践研究》《深学课堂:以"学习活动"推进小学深度学习的实践研究》两项学校龙头课题,均在杭州市立项,引领学校近几年教育教学研究与实践。

学科分解形成序列。关注跨学科的学习,即融合学习。2022年公布的课程标准特别指出:设立跨学科主题学习活动,加强学科间相互关联,带动课程综合化实施,强化实践性要求。未来的生活是综合的,不是单个学科学习就能达成的。所以,学生的学习要关注学科融合。学科要融合,可以是语文和数学的融合,艺术与体育的融合等;还可以是生活融合、技术融合、场景融合。

小学六年,时间跨度长,学生的身心、学识、学习认知与学习能力相差比较大,依照年级的不同,可以分学段以体现不同的特点,如:一、二年级以游戏化的学习活动来推进深度学习,三、四年级以图谱化的学习活动推进深度学习;五、六年级以数智分层学习活动推进深度学习。这样既考虑到学科性,又照顾到年级性。

面线点的层级研究。确定阶段性研究重点,分解到各个年段与学科,开展学科系列子课题研究,以"面—线—点"开展层级研究。

面:全员培训。根据阶段性研究重点开展全员培训。全员培训以专家讲座、推荐书籍阅读、学习研究头脑风暴等展开。在"深学课堂"研究时,邀请汪潮教授、易良斌教研员做深度学习专题讲座,邀请吕映教授做"有意义的活动学习设

计"专题讲座。在学期初,推荐《深度学习》《如何用设计思维创意教学》《学历案与深度学习》《学习场景的革命》《以学习活动为中心的教学设计实训指南》等书籍,教师进行选择阅读,并在学期中期进行阅读交流,学期结束撰写读书笔记。

线:分科研究。每个学期根据自己的学科特点,制定学科研究的方向与内容,撰写核心课题指引下的子课题。各学科在课题的指导下,开展系列理论学习、课堂实践研究、课例分析研究等。在核心课题指引下的子课题研究,让学科组层面的研究更有指向性,也从学科组层面来达成深度学习研究,以形成本学科本质"深学课堂",以达成学本、小班的课堂样态。

点:1VS1 学习成长营与常态随堂听课团。将研究落实到常态的课堂教学中,是教学改革最关键的一步。为此,学校在名师工作室的基础上,成立 30 个1VS1 学习成长营,学科组长、骨干教师与年轻教师进行一对一结对,每周开展一次听课活动,及时进行总结点评,并在学校钉钉工作群里发布学习"看看";学校组织中层、学术委员会、学科组长等人成立随堂听课团,在日常巡视中落实深学课堂。

近几年学校在核心课题的指引下,开展各个层级的研究,取得了一定的成效。首先是研究有着力点:以融学、深学为主方向,各学科根据学科本质拟定研究点,进行持续研究。其次是教师成长快:近三年,教师的课题、论文、案例等撰写与获奖率逐年提升。在这三年中,学校出版一本专著《基于核心素养的"融学型"设计与实践》,出六期《琢玉》校刊,三册《翡翠文集》,全面总结在课题引领下的层级研究与实践,形成育华翡翠教师研修新路径。

(案例提供:杭州绿城育华翡翠城学校 陈贤彬)

学校三年而有成,得益于学校以课题研究为拓展点组织的研修活动。其课题的设立,依据本校"学本""小班化"办学理念和课堂融学、深学的教学追求。在集体课题引领下,各学科设计子课题,以此带动专业阅读、专家讲座、名师工作室、学习成长营等研修活动,综合发力,可圈可点。

2. 以课程开发和实施为拓展点的研修

一校之课程,事关一校的办学定位、发展追求。当今我国的义务教育课程,包括国家课程、地方课程和校本课程三类;普通高中则分必修课程、选择性必修课程和选修课程。总体看,在保证共同基础的前提下,为不同地方和学校留下创生空间，为不同发展方向的学生提供有选择的课程。相比于中小学，学前教育虽有健康、语言、社会、科学、艺术五个主题领域的规定，但其课程开发的空间更大。如以课程开发和实施为拓展点组织研修，培育幼儿园或学校特色，是一条研究型研修的路径。

案例4.2-2 "九十九种想象"课程开发和实施的研修

儿童想象力是丰盈创新思维的认知基础。我园处于未来科技城核心区域，毗邻梦想小镇、创客空间等科技创新的地域，拥有持续开展想象力研究的丰厚资源。在变化迅速的时代背景下，儿童一生都需要创新思维能力，想象力是思维能力的特殊形式，它是伴随儿童成长不断变化和发展的能力，是儿童一生都需要的能力。

我园自2017年开始，通过对地域资源的挖掘，启动了"九十九种想象"园本课程建构与实施，架构了"回想过去、感悟现在、创想未来"等五大蕴含想象的主题群，形成了幼儿园自己的"九十九种想象"课程。具体情况如图4.2-1所示。

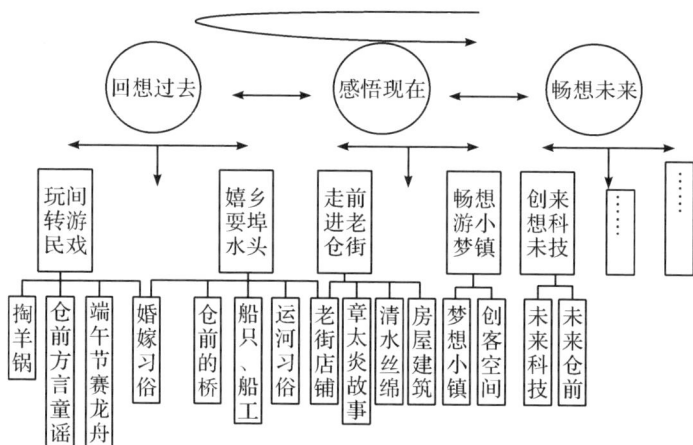

图4.2-1 五大想象主题群架构

有了课程主题群的架构，我们围绕先后在开发和实施"九十九种想象"课程上不断拓展，不断提升教师丰富幼儿想象的科学策略，采取策略有效助推幼儿的想象力发展，实现课程开发和实施的终极目标。

分析各种资源，增减"九十九种想象"课程开发内容。在开发该课程中，充分挖掘园内外及仓前地域文化和家长等资源,运用 SWOT 分析表呈现各种资源,并运用圆桌会探讨且深度分析这些资源中想象教育培养的契机及教育价值,进一步完善五大领域教育内容,通过增减,为儿童的发展提供了整体性的教育内容,丰富了"九十九种想象"课程内容。

探索想象内容,创新"九十九种想象"课程实施路径。幼儿期是儿童想象最为活跃的时期,也是表征最活跃期。在皮亚杰理论中,他指出大部分儿童记录自己的理解和做出自己所表现事物的能力,需要教育者的培养和挖掘他们的潜能。我们探索以文学、游戏、创客、艺术等内容为想象表现形态,以言语、替代、制作、图画为想象表征方式,创新文学表演、游戏体验、创客制作、艺术表达等四种课程实施路径,为幼儿插上想象的翅膀,培养幼儿爱想、乐想、妙想、创想的良好品质。

研磨搭建支架,优化"九十九种想象"课程实施策略。现代幼儿教育倡导的儿童观是:幼儿是主动的学习者,他们有能力把在日常活动中获得的知识和经验,通过探索、自我表达与社会互动,加以整合与再现,运用表征活动建构自己的知识,幼儿既有学习需要,又有学习潜能,教师通过观察注意、归类识别、干预导引等研修不断搭建促进幼儿想象的支架,优化"九十九种想象"课程实施策略。

展示课程实践,提升"九十九种想象"课程反思评价。以课程实践为内容,以教师展示为载体,组织课程实施过程的反思与评价,运用马赛克方法观察表贯穿于前期进行的四种路径创新:(1)基于文学想象策略的集体教学展示;(2)基于艺术想象策略的集体教学展示;(3)基于创客想象策略的微课程分享;(4)基于游戏想象策略的微课程分享。通过展示活动,促进教师的专业发展。

教师经历了分析课程资源、创新课程路径、研磨课程实施策略及反思课程评价的研修后,课程开发理念从模糊、清晰、理解、反思的提升,发展了教师课程开发和实施的敏感度,提升了课程反思评价能力。"九十九种想象"课程获 2020 年浙江省幼儿园精品课程,相关的课题成果获 2021 年省优秀教科研成果评比一等奖。

（案例提供:杭州市余杭区仓前云帆幼儿园　瞿惠芬）

仓前云帆幼儿园原名仓前中心幼儿园,2022 年 9 月改现名。该园由一所普通的幼儿园蜕变为区域品牌幼儿园,评上省首批现代化幼儿园、省一级幼儿园,离不开"九十九种想象"课程的开发与实施。在杭州师范大学专家的指导下,围绕课程开发和实施,教师学习地域资源调查、SWOT 分析、课程理论、儿童心理学、马赛克方法，在一次次与专家的合作中体悟研究思维，在一次次的教学展示中提高教学技能和观察解读能力。这些都证明了以课程开发和实施为拓展点的巨大研修价值。

3. 以教学创新为拓展点的研修

人类不断在追问"人是如何学习的"，由此出现了行为主义、认知主义、建构主义、人本主义等学习理论的嬗变，引发教育、教学理论的不断变革，教学创新永远在路上。进入21世纪后，学习理论及由此带动的教学创新更为频繁，学习环境设计、技术支持下的学习、大概念教学、项目式学习等纷至沓来，各呈异彩。

对于新学习理论，要持开放的心态。但在"我赞成""我反对""我暂缓评论"之前，一定要先回答"我了解了"。其实，学习理论、教育理论的发展，已扬弃先人的探索。这么说，并非要求紧跟潮流，重要的是基于学校的需要做出正确的选择，并能采取适合的路径实践之，又要保持足够的自我反思力。

案例 4.2-3　项目式教学：促进教师专业精进的校本研修

我校建于2017年，至今有58个班，2500多名学生。现有109位在编教师，5年内新教师占55%以上，骨干教师欠缺，不足以引领教学的变革。2019年通过问卷调研，发现校本研修存在缺位、缺失、缺憾等现象。

缺位：研修顶层规划不力。在影响校本研修的因素中，"学校领导不是很重视"排在首位，可见学校缺乏必要的愿景规划，制约了校本研修的发展。

缺失：研修个体动力不足。高达87.4%的教师反映平时教学任务重，教学压力大，没有时间研修，可见教师研修自觉性亟待提升。

缺憾：研修整体效果不佳。数据表明，94.3%教师的教研论文未发表或未获奖，78.2%以上教师没上过公开课，85.1%的教师从未在教学技能比赛中获过奖。

项目化学习是世界教育的大趋势，学校结合当前教育背景和师训现状，提出了赋能项目式教学、促进教师专业精进的校本研修愿景。我们的研修以提升教师项目式教学能力为目标，规划组织架构，探索实践范式，创新评价机制。通过提供完整、连续的学习经验和活动激发教师校本研修的原动力，促进教师怀揣对教育教学热爱，精明上进，锐意求进，不断提升完善自我的精神。

建社群，定公约，谋规划：创建组织架构。基于项目教学促进教师专业精进，不仅需要教师自我的学习研究,更是学校发展的共同愿景和共同需求。由校长顶层设计,教导处、科研处统筹推进管理,考虑群体和个体的专业发展,以体现差异化和较为宽松的发展机制为宜,以建立社群组织、设定团队公约、确定发展方向作为要点,保证了校本研修的持续性与有效性。

树理念,学知识,育能力:探索实践范式。由学校科研处统一规划,从促进学生生命成长、教师教学变革和学校发展提升三个维度,树立教师专业理念。从项目教学中确立核心知识、形成驱动问题、促进高阶认知、设计学习实践、展示公开成果、推动全程评价六要素架构教师专业知识。确定教师专业理念、教师专业知识、教师专业能力这三大模块研修内容,满足系统性、发展性和以学习者为中心的特点,从培养学科项目、跨学科项目、超学科项目的教学能力形成教师专业能力。

标准明,技术精,策略新:完善评价机制。学校教导处建立了全面的、科学的、有效的动态评价机制。追求评价视角"互利共赢",评价内容"全息评价",评价向标"动态助力",多向度明晰评价标准。从设计结构化评价内容,制定结构化评价指标,组织结构化评价活动,多角度精进评价技术。从三层考评方式促生长,三锐评价体系立标杆,三期社群激励共发展,多维度创新评价策略。对校本研修的评价整体架构,有效激发了教师内在发展的动力。

通过基于赋能项目教学的校本研修,培养了一支善研究、善教学、善创新的教师队伍。教师的研修学习态度、知识、能力、素养呈现良好发展态势,教师的项目教学能力水平在全省、市、区名列前茅。学校成为浙江省STEM教育与项目化学习基地学校,助推了学校特色发展,打响了学校品牌,逐渐成为余杭区乃至杭州市的名校。赋能项目教学的校本研修,提供了一种可操作、可借鉴、可推广的研修样式,完善了校本研修的内容和方法,提高了校本研修的效度。赋能项目教学的校本研修培育了一个高质量、高品位、高声誉的优秀学校。

(案例提供:杭州市余杭区良渚古墩路小学 金洁)

2017—2021年,余杭区义务教育阶段新增不少学校。这些学校无一例外都要面对组织架构、运行机制、课程体系、教学定位等共同挑战,能否在激烈的教育竞争中打造自己的品牌,蓄积长久发展的动力,教师研修的定位、行动和保障至关重要。古墩路小学在困局中破茧而出,离不开"项目式教学"的教学创新。上述案例陈述虽极简要,但不难窥见以教学创新为拓展点的校本研修的潜在能量。

4.3 平台型的特色培育

图1.1-1"平台型"大类，列举了工作坊、沙龙活动、论坛、年会、网络教研、专业会议、专业组织等小类。这里将讨论平台型特色培育的学理和基本操作。

一、学习环境设计

重视学习环境的设计，是与建构主义学习理论密切相关的。

建构主义教育理论认为，学习环境由情境、协作、会话和意义建构组成。学习环境是不同于传统的传授式教学的一种有关教学的新隐喻。"学习不是传输的过程，也不是接受的过程。学习是需要意志的、有意图的、积极的、自觉的、建构的实践，该实践包括互动的意图—行动—反思活动"[①]。《学习环境的理论基础》倡导以学习者为中心的学习环境设计，《人是如何学习的》则从学习者中心、知识中心、评价中心和共同体中心等四个视角探索了学习环境设计，认为"支持性的学习环境是学生和教师可以操作的社会组织结构"[②]。

建构主义对学校环境的强调，可以很好地解释"平台型"特色培育的重要性，校本研修搭建专业研讨、交流的平台，无论怎样都是简便可行，物超所值的。其实，余杭区不少学校的硬件——教师书屋、咖啡茶座、可灵活组合的桌椅，还有云集区域内的高科技企业，已为各种平台的运行提供了条件。现阶段缺少的，也许是教师可自由支配的时间，以及校本研修组织者的倡导。

其实，学习环境的设计，甚至不需要建构主义为其"壮胆"。第三部分"常规活动的研修"概述一节提及环境决定论、交互决定论，都可以成为"平台型"特色

---

① 戴维·H·乔纳森.学习环境的理论基础[M].郑太年,任友群,译.上海:华东师范大学出版社,2002:总序,3.

② 约翰·D·布兰思福特,等.人是如何学习的:大脑、心理、经验及学校(扩展版)[M].程可拉,等,译.上海:华东师范大学出版社,2013:115-136.

培育的学理依据。俗语有云:"授之以鱼,不如授之以渔。"后又有"授之以渔,不如授之以渔场"这更进一步的说法。"鱼"是知识,"渔"是获取知识的方法,那么"渔场"则是有助于实现知识建构的环境。

莫说本节讨论的若干种"平台",我们极力倡导的校本研修从"学术报告厅"转向"教育现场",本身就是一种着眼于学习环境设计的设计。"教育现场",不就是那个宽广辽阔、有风有浪的渔场吗? 如此说来,本节介绍的平台型研修案例,只是狭义层面的,且仅是辅助性的;整体的、广义的平台,应是"教育现场"。

二、平台型研修的操作

是否选择平台型作为特色培育的路径,搭建怎样的平台以满足学校、教师的需求,这一切还得坚持 4.1 节提出的"三自"(自诊断、自创造、自适应)标准。下面,根据我们收集的案例,介绍沙龙、个性空间站、微型工作坊三种研修平台。

1. 教师沙龙

"沙龙"一词最早源于意大利语单词 Salotto,是法语 Salon 一字的译音,原指法国上层人物住宅中的豪华会客厅。从 17 世纪起,巴黎的名人常把客厅变成著名的社交场所,把在这些场所组织的聚会叫作"沙龙",并风靡欧美各国文化界。

教师沙龙是教师开展校本研修可采取的方式之一[①]。选择某一话题(固定的或变动的),组织问题探讨、思想交流、学术讨论、成果展示等活动,范围可大可小,时间可长可短,教师自愿参与(或固定人员)。

案例 4.3-1 青年教师一月一沙龙活动

我园的地理位置优越,毗邻人文底蕴深厚的杭州师范大学、富有科技气息的海创园。为丰富"海曙"steam 园本课程,除了理论学习和专题讲座式的研修活动,我园还设计和推行"一月一沙龙"的主题式研修,为老师搭建交流的平台,为骨干教师设定草根讲堂,通过辐射带动青年教师和新手教师。

主题读书沙龙。每学期首月,我们会进行主题读书沙龙,以读书心得交流的形式开展。比如阅读《STEM+在幼儿园》《保育教育质量评估指南》等书籍,组

---

① 校本研修模式与案例编委会.校本研修模式与案例[M].天津:天津教育出版社,2007:255.

织交流活动。年级组设定学习目标和阅读内容，开展周分享，老师们将心得体会和关键话题进行分享。第二学期末的阅读沙龙，会用案例的形式分享"我的课程小故事"案例并组织评比活动，充分挖掘读书的积极性。

教学研讨沙龙。主要针对教学活动展示为主，课程小组对每学期的课程会进行期初审议，在年级组进行研讨交流，以一课三研的形式，从备课到教学展示，从而帮助教师把握教学重点，让各层级教师分层联动，互助共进。

科研学习沙龙。针对我们实际开展的各年龄段内容，依据教师的课题及论文架构，进行科研活动的培训，辐射全体教师，解决青年教师在科研方面的困惑，提升他们撰写科研课题及论文的能力。

沙龙活动，作为全员校本研修的一个重要补充，丰富了青年教师的学习内容和形式，综合读书、教研、科研等研修内容，让专业活动更聚集。一月一沙龙，关注青年教师日常专业实践所遇到的各种问题，不仅解决不会做、不知道做什么的问题，还可通过相互学习丰富属于自己的实施模式，从而达到互促成长。

（案例提供：杭州市余杭区未来科技城海曙幼儿园　夏威夷）

沙龙活动组织灵活，内容、形式的创生空间巨大，是一种具有丰富潜能的研修方式，值得各校利用自身资源开发、定制。但要发展和维持沙龙活动，话题选定、时空规划、氛围创造很重要，如此才能让沙龙参与者获得充实、满足、专业的沙龙体验。感兴趣的读者，还可以了解当今盛行的"世界咖啡"[①]的做法。

2. 个性空间站

这个概念，在校本研修领域还未成为普通概念被人们接受。我们有必要先阅读案例，再来思考"个性空间站"这一平台所拥有的研修价值。

案例4.3-2　个性空间站：助力新教师队伍扬长式发展

我园地处未来科技城核心，2019年开园，新教师占比大，多为0—3年的新手期教师，有经验的教师偏少。新教师各有其特长，教学领域各有"兴趣点"，在各自擅长的领域教学中往往能游刃有余，反之则会捉襟见肘。新教师自身的专

---

① 朱安妮塔·布朗，戴维·伊萨克.世界咖啡：创造集体智慧的汇谈方法（修订本）[M].汤素素，金沙浪，译.北京：电子工业出版社，2015.

业技能扎实,但由于教学水平还处于初级阶段,在集体教学活动的实施上往往会遇到很多困难,不会运用适宜的教学方法,导致幼儿无法掌握核心经验,教学效果不理想。

　　基于上述问题,我园充分考虑新教师的特点,结合维果茨基"最近发展区"理论,尊重新手期教师的发展需求,根据新教师现状创设"个性空间站"研修,期望通过关注新教师特点进行个性化、扬长式的培养,最大限度激发他们的学习内驱力,让新教师在个性空间站里共研共成长。"个性空间站"的运作,如图 4.3-1所示。

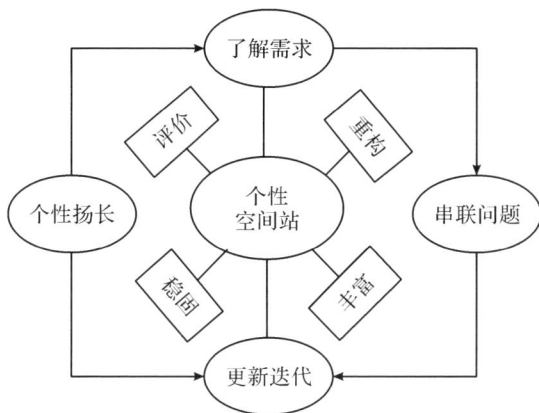

图 4.3-1　个性空间站的运行框架

　　了解需求,重构研修形式。原有的研修形式注重统一化的研磨与展示,没有关注到每一位新教师的现实水平和发展需求。我们结合前期对研修现状的分析,重构研修形式,以"问题"引发,开展诊断研修,即"问题链"研修形式。首先,搜集新教师在集体教学活动上的问题,根据问题分类规整,形成有梯度的问题链。其次,借助分组分层研磨的方式帮助新教师扬长避短,得到专业提升,帮助新教师以自身发展速度锚定未来发展的目标。

　　串联问题,丰富研修内容。以问题出发,解决教师的问题为目的,各组设立1—2 名带队教师,串联新教师的教学问题丰富研修内容——好课共磨、同课异构,围绕不同的研修内容,同组老师一起查阅资料、分析探讨、实践磨课、总结提炼,最终形成属于该个性空间站的研修成果。

更新迭代，稳固研修模式。每学期都会根据教师的实际水平与需求进行领域上的更新，教师可以自主选择当下学期自己的研修方向，让教师更主动地参与研修，最终提升个人教学水平与研修能力。同时，"个性空间站"这一平台也在每学期的不断磨炼中，形成了以"兴趣驱动—研磨联动—策略牵动"的研修模式，在不断更新教师问题中认定、稳固研修模式。

个性扬长，形成研修评价。我们采取对比式评价和分层式评价相结合的方式，通过多次磨课、多轮复盘，帮助新教师发现集体教学过程中的问题，比较同一环节中幼儿的表现与教师的回应，梳理总结教师教学策略与幼儿能力的关联性，形成相应的研修成果，以此作为教师能力提升的充分依据。

经过多轮"个性空间站"的设立和运营，构建了"个性空间站"研修全新模式，使研修活动由"高位"转向"平实"，由"零散"转向"聚焦"，由"抽象"转向"具体"。"个性空间站"能有效帮助老师辨析和厘清"问题"所在，发展敏锐的事件观察力，丰富独特的分析视角。"个性空间站"研修内容，都是教师亲身经历的活动，正是它们平民化、普遍性、急需性，形成了教师主动抛出问题、自觉回应问题、高效现场解决的研修良性状态，构建起有效的研修载体。

（案例提供：杭州市余杭区未来科技城海创幼儿园　俞柳妤）

从案例看，"个性空间站"服务的是各有特长的新教师。从新教师当下的发展需求出发，以"问题"串联好课共磨、同课异构、课堂观察、反思评价，汇聚查阅资料、分析探讨、实践磨课、总结提炼等专业活动。这是典型的"以学习者为中心"的学习环境设计。

这里，有必要引用下面的文字进一步认识"个性空间站"运行的关键：

学习者中心环境要求教师有这样的意识，即学生一开始就将他们的信念、理解、文化实践带进学习中，并且在学习的过程中建构自己的意义。如果把教学看作是在学生与教学内容之间搭造一座桥，那么以学习者为中心的教师就会时刻注意桥的两端。[1]

如果我们将其中的"学生""教师""教学"换成"新手期教师""组织者""研修

---

[1]　约翰·D·布兰思福特，等.人是如何学习的：大脑、心理、经验及学校（扩展版）[M].程可拉，等，译.上海：华东师范大学出版社，2013：119.

活动",也是最适合不过的。新教师需要"一座桥",即类似于个性空间站这样的研修活动,解决其日常专业生活的"问题"。我们乃至于可以推而广之,这种个性空间站的研修形式,不仅适用于新教师,也适用于专业发展各阶段的教师。

3. 工作坊

"工作坊"一词最早出现在教育与心理学的研究领域之中。1960年,美国风景园林师劳伦斯·哈普林(Lawrence Halprin)将"工作坊"的概念引用成为一种鼓励参与、创新以及找出解决对策的手法,使其成为不同立场、族群的人思考、探讨和相互交流的一种方式。一般而言,工作坊是以一名在某个领域富有经验的主讲人为核心,10—20名的小团体在该名主讲人的指导之下,通过活动、讨论、短讲等多种方式,共同探讨某个话题。校本研修移用这一方式,如何操作呢? 请看案例。

案例4.3-3 微型学科工作坊,助力青年教师成长

我校建于2018年,现有教师团队主要由区内选调、区外引进、新入编教师和校聘教师组成。教龄在3年以下(含3年)的年轻教师有80多人,占学校教师总量的三分之二。培养青年教师是学校的第一要务,但校内资源有限,"徒多师少"的局面日益明显。为此我校引入微型学科工作坊助力青年教师成长。

微型学科工作坊是一个自发自主的研修共同体,有坊主、辅导教师、观察教师和被观察教师。坊主起指导作用,主要由学校外聘专家和校内名优教师组成,坊主线上创建团队,邀请成员,组成学习共同体,成员人数一般不少于8人。辅导老师由校内骨干教师(教研组长、备课组长)组成,辅助被观察教师完成活动任务。观察教师和被观察教师都是校内青年教师,前者帮助后者完善教学设计和改进教学流程,后者最后在指导、辅导和协助下完成教学任务,他们的角色经常互换。

微学科工作坊活动,一般分六大步骤操作。

确立研修主题。坊主依据区县教研规划、课程教学大纲和课标、坊员反映的实际教学问题,提炼工作坊的研修主题,然后将这个主题放到教师工作坊网络学习平台上。辅导教师依据研修主题设计研修序列,通过设置活动序列开展主题研修。坊员查阅该主题相关的学习资料,明确是否担任被观察教师:如是,则该

坊员根据自己的实际教学经验承担执教研究课；否则，则作为观察教师，同步进行教学。

教学初设计。根据以往教学经验，被观察教师准备该内容教学设计，并将教学设计提交到工作坊中，坊主和辅导教师组织大家对提交的教学设计展开讨论。坊内成员对这份教学设计可以提出不同意见。根据大家不同的建议，被观察教师形成了较为完善的教学设计。

课堂初观摩。被观察教师根据完善的教学设计，在真实环境中实施教学并录制视频。现场教学后，将该视频上传至微学科工作坊中。坊内成员自己选择观察点，观摩视频并针对自己所观察到的问题给出教学建议。

教学再设计。被观察教师认真记录大家提出的建议，并根据坊内成员观察教学视频后提交的教学观察表，总结出自己授课该注意的地方。重新整理自己的教学设计，并将整理后的教学设计再次上传至教师工作坊中。坊主和辅导教师再次组织大家对教学设计进行讨论，评论教学设计的优点以及仍然存在的问题，被观察教师认真记录大家提出的中肯建议，再次修改自己的教学设计，形成终稿。

课堂再观摩。被观察教师回到真实的教学环境中实施第二次教学。课后再将教学视频上传至工作坊中，成员们对这一次教学进行讨论，并上交教学观察量表。被观察教师认真记录并再次修改教学设计。

研修总结。坊主组织坊内成员针对整个研修过程进行反思，被观察教师对修改教学设计和实施教学过程进行反思总结，其他教师也根据自己的观察，整理反思，并将研修总结交给辅导教师。辅导教师综合自己和坊员们的反思，对研修主题做一个总的概括，并将研修总结发布到工作坊中。坊内其他成员可查发布的总结，若是有补充的地方及时和辅导教师或者坊主联系，完善研修总结。另一方面，坊主和辅导教师针对本次研修总结寻找下一个研修主题。

微型学科工作坊是一个非常灵活的平台，不管是研修功能还是研修效率远远超过传统的教研活动，被观察教师的成长是可见的。我校青年教师在区市公开课、各类教学技能评比、教科研论文等获奖比例大幅度提升，坊内成员教学成绩同比之下也取得了不小的进步。坊外大多数教师看到身边同事的进步也会被卷入其中。但微型学科工作坊也有一定的局限性，坊主和辅导教师进行一个研修主题的周期较长,并不能保证校内每位青年教师都有机会参与,校内比较"被动"的一批青年教师可能会被忽略。后期将研究师徒结对、学科备课组和微工作坊的结合,让更多的教师都参与到微型学科工作坊研修活动中来。

（案例提供:杭州市余杭区良渚实验学校　张炜　朱军）

上述案例中的微型学科工作坊,从人员构成看,是融合了师徒结对、同伴辅导的元素;从运作程序看,则采用了"三段两反思"的课例研究模式;从技术支持看,线上、线下结合,简便易行;从效果看,切实解决了青年教师的困惑,还激发了坊外成员的专业研修。这一平台型培育是富有成效的。

三、问题讨论:远程专家资源的运用

上述三个案例,介绍了沙龙、个性空间站、微型工作坊三种研修平台的操作。尽管微型学科工作坊涉及线上,但从总体看,借助新科技,组织线上线下的校本研修还是比较欠缺的。这里,有必要提及"分布式认知",讨论远程专家的问题。

本书第二部分,在讨论"师徒结对"同伴关系式的带教时,曾提及"分布式认知"。赫钦斯等学习环境的研究者提出"分布式认知"概念,虽还没有良好的概念界定,但它跳出了传统认知强调个体认知的局限,认为智能存在于学习环境、学习者使用的工具、学习者之间的交互以及所有学习者之中。这在日渐发展的计算机支持协作学习的今天,案例 4.3-3 提及的"研修主题的周期较长"问题,完全可以借助网络,实现随时的咨询和讨论,而不受"周期"的限制。正如贝尔(Philip Bell)等所说的:"新的、高度交互的、高度网络化的媒介,推动人们探讨一种对有意义交互和远程协作反应灵敏的框架,像分布式认知。这是支持分布式或集体智力的更为一般的系统设计的具体技术形式。"①

通俗地说,一线教师即使身处偏远山区,但只要有网络保证,他所遇到的专业问题就可以借助网络联系异地的学科同行、教研员、名师和专家(统称为"远程专家资源")。这就需要建立"远程专家资源库",把散落各地的、数以万计的"专家"组织起来。可参照"志愿者"的方式义务答疑,当然也可以在线付费咨询。

---

① 戴维·H·乔纳森.学习环境的理论基础[M].郑太年,任友群,译.上海:华东师范大学出版社,2002:123.

近年来，通过腾讯视频等媒介，相关的公益讲座已然普遍，但基于分布式认知的学理、借助网络媒介组织的远程答疑还未见萌芽。浙江省网络名师工作室建立的本意或有公益的考量，但其技术架构"开放性"还很不够，限于相对固定人员的"自娱自乐"，主帅的志愿服务意识也有待于提高。期待教育行政部门能调研并早日运作。医学上的远程诊疗已颇具规模，教育上的远程支持应该不难实现。

4.4　合作型的特色培育

图 1.1-1 "合作型"大类,列举了问题讨论、同伴互导、课堂观察、合作开发(课程、作业、学案)等小类。这里将讨论合作型特色培育的学理和基本操作。

一、教师必须学会"合作"

"合作"一词,在本书谈及"学习共同体""常规活动研修的品质追求"等章节已多次提及;在教师的专业生活中,也经常谈及实践"自主、合作、探究"的学习方式。但我们不得不说,在校本研修的语境中,"不合作""虚合作"的情况比比皆是。为此,有必要讨论"合作"的内涵和学理。

"合作",《现代汉语词典》(第 7 版)的解释是"互相配合做某事或共同完成某项任务"。有研究者由此延伸,给出这样的解释:"为了共同的目的,一起工作或者共同完成某项任务。"[①]它有两个关键点:一是有着共同的目的即目标,就是指两者在合作时有着共同的目标作为基础;二是两者必然是共同完成某项任务,两者之间的地位是平等的。

我们可以从多个视角认识合作的重要性。从人类学和社会学的视角看,合作是人的生存方式,是人与人之间的一种活动关系和需求关系。没有合作,人类就无法生存,每个人都是通过合作获得成长与进步的。从文化心理学的视角看,人的心理源于被中介的合作活动,故而分布式认知和社会共享认知都重视人类自然化学习情境中的合作。分布式认知强调不同参与者之间的合作,在 4.3 "问题讨论"中已提及。社会共享认知,描述在分工和共享的过程中,合作者为了理解其行动、互动和活动是如何理解并解决多重情境脉络的现实问题的,讨论"系

---

① 邓涛.大学与中小学合作:英美两国教师培养模式比较研究[D].长春:东北师范大学,2003:73.转引自:朱旭东,裴淼.教师学习模式研究:中国的经验[M].北京:北京师范大学出版社,2017:304.

统设计和合作研究的组织"，因而，同样强调合作的存在及重要性[①]。

正是因为合作的重要性，在核心素养时代，国际组织和各国制定的学生核心素养，都直接或间接地将合作作为核心素养的重要内容。国际经济合作与发展组织（OECD）提出的"核心素养"或"关键能力"（Key Competency），包括使用工具进行沟通的能力、在异质集体交流的能力、自律地行动的能力，其中"在异质集体交流的能力"内含构筑与他者关系的能力、团队合作的能力、处理与解决冲突的能力等。美国的企业界与教育界共同提出的"21世纪型能力"，则在学科内容的知识之上，加上了在21世纪社会里生存所必需的高阶认知能力"4C"，即批判性思维、沟通能力、协同与创造性。日本国立教育研究所2013年提出的学力模型包括基础力、思考力和实践力，其中的"实践力"内含自律性活动的能力、人际关系形成的能力、社会参与力和对可持续的未来的责任。合作，是核心素养的重要元素。

我国2016年发布的"中国学生发展核心素养"，其一、二、三级指标虽未出现"合作"的字眼，但早在2001年教育部发布的《基础教育课程改革纲要（试行）》，其六大课程改革的目标中，"合作"赫然在目。之后的历版课程方案、课程标准，都将"合作"作为学习方式提出。

基于前面的论述，我们认为，教师必须学习合作、学会合作。道理很简单，要求学生拥有的关键能力，教师自己必须拥有。这样，教师才能"示范合作"！

其实，合作本是教师专业素养的重要内涵，教师需要通过丰富多样的合作来发展自身。教师之间在知识结构、智慧水平、思维方式、认知风格等方面也存在着较大差异，即使是教授同一学科的教师，在教学内容处理、教学方法选择、教学整体设计等方面的差异也是明显的。这种差异是一种宝贵的成长资源。教师需要通过丰富多样的合作来发展自身，提升自己的专业化水平。

二、合作型研修的操作

合作有多种分类方法，如按合作的主体，分为个人之间合作与群体之间合

---

① 戴维·H·乔纳森.学习环境的理论基础[M].郑太年，任友群，译.上海：华东师范大学出版社，2002：182-197.

作;按合作的性质,分为同质合作与非同质合作;按照有无契约合同的标准,分为非正式合作与正式合作。我们按合作的范围,将校本研修语境中的合作分为校内合作、校际合作和大学一中小学合作。下面,介绍我们征集的典型案例。

1. 校内合作

教师的成长需要一个缓慢而渐进的过程,而校本研修是教师成长的摇篮,是培养团队合作或是合作型教师的天然土壤。校内同伴合作,强调教师在自我反思的同时开放自己,强调教师之间的专业切磋和合作,相互学习、相互支持、共同成长。

案例 4.4-1 "蕙兰记"合作平台,助力教师专业成长

我园成立于2020年9月。新的教师团队,理念、经验、凝聚力都有待提高。怎样破解这个难题,我们尝试构建"蕙兰记"合作式园本研修模式,在尊重教师个体发展差异的前提下,开展蕙芽、蕙苗、蕙兰三个层级教师组队抱团合作研修,提升园本研修的实效,助推教师专业成长。

我园研发了三个层级教师的发展指标,分别从教龄、发展准备、发展定位、发展特征、关注重点和综合荣誉等维度描述最基本的元素。每学年初,教师通过对标自查、自主申报、园组推荐,各自进入某一层级。

表 4.4-1 梯队分层的发展指标

元素	蕙芽组	蕙苗组	蕙兰组
教龄	1～3年	4～6年	7年及以上
发展准备	学习教学、班级管理	熟练备课、班级管理	创作教学、班级管理、部门管理
发展定位	模仿	驾驭	创新
发展特征	学会操作、规范管理	学会设计、提高技能	学会整合、提高效率
关注重点	关注幼儿、关注教材、关注规范	关注自我、关注任务、关注艺术	关注细节、关注效果、关注风格
综合荣誉	园级优秀教师	区级教坛新秀、优秀班主任	市级教授新秀、区级骨干、学科带头人

学年的活动，突出"合作"，致力于形成你推我动、互动共进的团队文化。

合作提问。"找问题"虽说是挑刺，但在合作式研修中起到了发现问题、聚焦问题、解决问题的功效。如在"你的课题我来问"活动中，蕙苗组教师互相找问题，谈谈自己的发现；蕙兰组找蕙芽组的问题，为蕙芽组教师提出宝贵建议；蕙芽组找蕙兰组的问题，谈谈自己的收获与困惑。

合作研讨。以教师在教学实践中存在的共性问题、困惑作为研讨切入点，采取"小组合作共研"的方法，鼓励教师畅所欲言、各抒己见，进而产生思想上的碰撞。如教师就项目课程中"如何引发探究点？如何给予幼儿支持和有效指导？"话题进行深入探讨，大胆质疑，畅谈各自独特的意见建议，形成有效的互动。

合作展示。以展示作为研修契机，合作组队出谋划策解决问题。如教学展示中，开展"你上课我出谋"抱团合作应战，教师分成几组，分工合作，有人上课、有人说课、有人制作教具，最后形成完整的团队合作研修成果。

合作分享。通过互助合作式点赞来聚焦亮点，智慧分享。如在班级环境创设研讨中，我们开展"你班环境我来夸"的点赞活动，教师借助"夸夸你的环境""金点子互动""大家来点赞"三个环节，充分呈现出团体智慧的结晶，评选出了最具教育价值环创奖项。如在班级项目课程分享交流"晒晒我的成果"活动中，活动内容围绕班级主题背景下的小项目课程，分享项目课程实施过程中幼儿学习的轨迹，向大家传递新理念、传授新策略、共享新经验。

（案例提供：杭州蕙兰未来科技城幼儿园　张林燕）

上述案例中小组抱团的合作，其研修价值不容小觑：一是能聚焦"真"问题，以问题为载体，持续、专注、深入地探索解决问题的方法；二是能扎根本园，以小组为单位推进研修，更有利于团队和谐、求真研修共同体文化形成。

案例4.4-2　合作开发课程，寻味良渚场域体验

我园借助地域优势，充分利用"良渚文化"周边的地域资源，将"良渚地域资源创生项目"视为新的课程改革生长点，组织良渚地域资源的课程开发和实施，以此推进合作、连续的校本研修，共同构建园本课程。

构建园本课程，源于集团课程建设和教师专业成长的现实需要。随着良渚文化申遗成功，我们紧扣文化内涵，辨析园本资源，链接课程内容。借助良渚地

域资源和文化特色,通过研读教材、梳理资源,利用自学、组内共学等各种方式来进行地域资源与基础性课程的论证与辩驳,提升教师项目创生能力。

我园尝试以合作型研修,即"一个研修主题＋多种互助研修"的方式引领教师在实践中反思,研究问题真实性。其开发和实施的过程,大致区分出三个阶段。

内视反听:回顾—梳理—调整。各年龄段教师都对收集的资源进行回顾与筛选,根据教学实际和幼儿兴趣,梳理可用资源,在研修中进行探讨,形成了班本特色的创生点。同时,罗列在实施中发现的问题,回到研修中运用集体的智慧进行论证。循环式的回顾与梳理,实践的有效反馈,准确寻找到适用于本班幼儿的创生主题,针对出现的问题进行内化与调整。此外,系统地整合优化了原有资源,依据实施情况进行适时调整,为后续项目的开展问诊把脉,调整行动策略。

改弦易辙:行动—推进—重塑。对教师浅层的实践行为与深层的教育理念脱节的现象,需要教师在研修实践中推进项目的行进,针对不断出现的问题重塑教育思路,明晰教育行为与主张。我们用提出困惑点的方式,让教师在碰撞和辨析中清晰项目实践的本质和目的,随时动态跟进与调整创生项目。利用动态调整来延续项目主线,并归整教师在项目实施中随时出现的问题,小步递进、有效整合。

一个阶段的主题实施后,针对主题实施后劲不足的问题,提供支架推进突破。如利用金字塔反思支架(底部两端个性化问题,逐渐往上表示问题解决的步骤),底部解决基础问题、中部提升目标实施,顶端共构大课程目标。利用三点问题反思表解决核心问题厘清下一步做法,着眼突破点和探究点,把握项目核心,在重塑中保持园本课程的鲜活性和整体性,让教师有力可借,有法可依。

爬梳剔抉:自省—审视—定位。教师利用优化后的策略实施主题,最终形成较为优质的创生主题,可在园区、集团中分享交流。在同伴互学互促带动下,兼容并蓄地吸收值得学习的经验,观照自身做法,利用反思来获得经验新生。过程中体现优质的教育理念、教学策略及集体的智慧碰撞,使幼儿和教师受益,在不断自省与审视的过程中,教师对项目实施路径更为清晰,对资源的吸纳利用更为得心应手。

在"合作型研修"园本研修中,加强了教师内需式的"我能做"的理念,有了团队研修的踏实前行，更多的教师反复地审视和自省寻味良渚场域体验课程实施中遇到的问题，在实践中不断去探索和修正教学行为，回归实践、回归课程，让寻味良渚场域体验课程被幼儿喜欢，促幼儿发展，使教师成长。

（案例提供：杭州市余杭区良渚云华幼儿园　梁飞　吴烨）

上述两个案例，虽都是校内合作，但各有其"合作点"。前者，发生于日常专业活动的情境，合作的目标是随机的，而且是多种多样的；后者，因其合作的发生源于一定时期的一个明确的研究主题，即开发和实施园本课程，目标是聚焦的。不管目标是随机的还是聚焦的，都昭示着合作研修的可行性和巨大的价值。

2. 校际合作

校际合作，可以发生于区域内的学校之间，也可以是跨区域的学校之间。下面提供的案例4.4-3，属于前者，其叙事文本见于第一部分"SCTT 样式下跨校共同体的研修故事"。近年来，浙江省内高中学校，出于命题联考的需要，生源水平相近的学校本着自愿的原则，成立了各种联盟学校。有些联盟学校，超越命题联考的初衷而发展出具有校本研修特质的校级合作，案例4.4-4 即是。

案例4.4-3　借力区域互助共同体，助推青年教师专业成长

青年教师是学校发展的有生力量，青年教师强则学校强。在教师分层梯度培养中，学校尤其重视青年教师的专业化发展。我校借助余杭片学校互助共同体的打造，目标共生、活动共创、资源共享，与其他兄弟学校一起协同开展青年教师培养计划。

由我校牵头成立的区域互助共同体，其成员由来自余杭片太炎中学、中泰中学、闲林中学、人大附中、新明半岛英才学校、中泰武校等6 所学校的近50 名青年教师组成。活动由各校教科室具体落实，规划中的共同体活动，将组织外聘名师、校内名优教师及各教研组协同参与青年教师培养；通过读书交流活动加强理论学习，通过集体备课、课堂展示提升课堂驾驭能力，通过案例、课题、论文的撰写强化文本表达意识，多路径提升青年教师的学科教学和班主任工作能力。

自2021 年4 月成立以来，已组织多次活动。

说好一个小故事——青年教师成长故事分享会。"经历就是财富"，青年教师们拥有热情与智慧，相对缺乏的就是经验与阅历。搭建成长故事会的平台，为

青年教师们创设锻炼机会,分享自己工作中的真实经历、所思所悟,包括班主任、学科教学、个人专业成长等方面。同龄人的讲述往往更能唤醒青年教师的共鸣,带给彼此成长的启发,共同探讨心得。

上好一堂专业课——学科同课异构课堂展示。围绕精准教学目标施教,明确不同学科、不同专业的课堂研究主题,以全员参与备课、上课、研讨改进、再上课、再研讨改进的高强度课堂展示模式,邀请校外特级教师及校内名优教师参与课堂诊断与指导,创设学习和交流的平台,充分展示青年教师自身特色的同时,也能得到有效的指导和引领,帮助青年教师们站稳三尺讲台。

读好一本专业书——青年教师读书交流会。"读书不是为了应付明天的课,而是出自内心的需要和对知识的渴求。"青年教师们可根据自身的兴趣与需求,选择任意一本自己喜欢的书,可涉及教学、科研、管理、文学、心理等各个方面,以动态视频的形式(微电影、PPT 微课、思维导图等,只要想到的均可尝试)推荐给其他青年教师,这既是一次专业阅读,又是一次彼此丰富理论底蕴、加强交流的好机会。

实践至今,青年教师们破圈、跨校、抱团发展,正视自身成长需求,以成长型思维参与活动,与同龄人为伴共同成长,青年教师组织归属感有所增强。随着专业书籍阅读量的增加、课堂研讨活动的深入,青年教师们的教科研水平明显提升,成了论文评比、课题立项、命题比赛等专业技能比赛中的新生力量。在校内外教师的专业指导和引领下,青年教师们积极参与各类课堂展示、优质课评比活动,成果喜人,青年教师们的参与劲头更足了。

（案例提供:杭州市余杭区太炎中学　黄玉燕）

上述案例所谈的研修成果,虽很难说都是"互助共同体"的功劳,但校际就某一主题的合作,其研修价值和前景是值得期待的。区域内的这种合作,其实就是"联片教研"的发展,原本局限于"教研"发展到"研修",在合作的范围、深度、方式都有了新的面貌,当然也值得进一步探索。

案例 4.4-4　校际联盟:助力联盟学校共生长

我校参加的联盟为杭州"六县(区)九校"联盟,联盟学校包括瓶窑中学、富春中学、寿昌中学、场口中学、钱塘高级中学、萧山第十中学、玉环实验中学、文昌高级中学、严州中学等。我校为九校盟主，活动中起着引领带头作用。

校级联盟的意义在于联动和长效，坚持"优势互补、长期合作、共同提高、联动发展"的原则，在教学、教研、学校管理等方面进行全面合作，在教学资源等方面互通有无，共建共享，积极进行包括人员互访等在内的各种教研及教学交流活动，努力发挥各校的特色和优势，促进各校的特色化发展，切实提高各校教育教学质量。

每学期初开展联盟学校工作会议，商议联盟学校合作发展相关事宜，布置落实一学年的联盟活动，会议内容充实，具有指导意义，具体研修内容有以下几个方面。

共同开展教学评价活动。随着课程改革的深入，学校的课程设置、课程开设等自主权逐步扩大，行政层面统测逐步减少。我们充分开展联盟学校之间教学评价的交流协作，如建立联合命题、网上阅卷、常模分析等机制，开展校际之间命题、阅卷研究等，提高教学质量，优化教师队伍。

共同开展各学科课堂教学研讨活动。各校学科之间优势互补，积极开展课堂教学研讨活动，联盟学校每年至少组织一门学科的教学研讨活动。同时在联盟学校之间广泛开展说题、同课异构等评比交流活动，促进联盟学校师生利用信息化手段开展教学教研的能力，相互促进，共同进步。

共同探讨学校课程体系建设和优化方案。联盟学校结合自己学校的特色开展各校课程体系建设的专项研究，进行联盟学校专题交流研讨，形成具有各校特色的课程体系，并在相互交流中不断优化、改进。

共同探讨选修课程的开发和开设。联盟学校根据自身的优势开展选修课程建设活动，并通过网络建立资源平台，实现联盟学校之间的资源共享。

开展德育工作交流研讨活动。联盟学校坚持以养成教育为德育工作核心，开展好学生文明行为习惯、健康生活习惯和良好学习习惯的培育工作，及时梳理总结德育工作经验，并就共同关心的德育问题，通过校级班主任工作沙龙活动、学生管理及德育活动现场考察等形式开展研讨交流，以共同提高德育工作水平和实效。

开展其他形式的特色合作项目。立足促进教育均衡和教育公平，联盟学校充分发挥各自的优势，借助信息化手段创造性地开展各种特色自创活动，并吸引其他非联盟学校的参与,将联盟学校之间的优质资源在更大的范围内辐射应用。

联盟学校经多年的磨合,已建立统一协调机制、信息共享机制、人员互访机制和联合研究机制,不仅营造了良好的学术氛围,提升了教师的专业素养,更是一次联盟校间的教学研讨,推进了联盟学校教师队伍尤其是名师骨干队伍的建设,达成了联盟校间的合作共进。

(案例提供:杭州市瓶窑中学　俞优芳)

3. 大学－中小学合作

余杭区具有良好的大学－中小学(幼儿园)合作的便利条件。但从现有的大学介入校本研修的情况看,绝大多数不属于"合作型",而是"引领型"。合作型和引领型的根本区别,在于是否具有双方主体平等、合作共赢的特征。

大学－中小学合作,简称"U－S合作"。在20世纪70年代,英美两国有关的教育行政部门就提出了这一合作模式,以各取所长,共同促进教育理论与教育实践的发展,达到期望的双方共赢的目的。我国借鉴西方国家的经验,开始大学－中小学的合作,最早大约发生于20世纪80年代。[①]　就现状看,大中小学都看好基于双方各自利益的合作,开展了各种形式的合作实践并取得了明显的成效,但也存在合作态度不积极、沟通障碍的问题,使得彼此难以有效地发挥各自的优势。[②]

仿照英美的做法,近年来我国出现了"教师专业发展学校"。从现有的情况看,它虽具有双方主体平等、合作共赢的特征,但其对校本研修(教师学习)的影响极为有限。因此,在于其设计的先天限制。1983年,美国发表了《国家处在危险中:教育改革势在必行》,掀起了教师教育改革。面对大学和中小学沟通的障碍以及理论和实践的脱节,美国提出了"教师专业发展学校"的构想。1986年,霍姆斯小组在《明天的教师》中首次提出建立"专业发展学校",其目的是"使中小学教师及教育行政人员一起与大学教师结成伙伴关系,改进师范生的教与学。在大学和中小学教师合作的情况下,一线教师为师范生的培养提供各种实质性的贡献,同时为师范生的实践提供实习基地,真正促进师范生教学能力的快速成

---

① 朱旭东,裴淼.教师学习模式研究:中国的经验[M].北京:北京师范大学出版社,2017:301.

② 孔凡哲,彬彬.U－S合作的焦点:以专业引领促学校发展——以大学与地方政府合作办学为例[J].教育发展研究,2014(8).

长"。

我们现有的"教师专业发展学校"尝试，一如美国创建这类学校的初衷，其合作的目的是解决"师范生"教育的问题，而未能就在职教师的学习和专业发展做出贡献。"U－S合作"又存在两种专业文化的沟通障碍，因而我们广征校本研修案例，所得"合作型"的大学－中小学合作案例仅下面一则。

案例4.4-5 USG模式：杭师大－彭公中心小学的常春藤合作项目

杭州师范大学在其附属学校东城教育集团、仓前教育集团等项目中推行的USG模式（大学、中小学校、政府三个英文单词的首字母），在过去十余年的实施过程中取得了显著的成效。在当前教育高质量奋进、校际合作广泛开展背景下，我校和杭州师范大学开展合作，携手实施了校际合作背景下教师发展"常春藤"项目。

明确任务，以USG模式赋能共同体研修管理。我校和良渚一小、长命中心小学构建研修共同体，依据高校专家、学校领导班子的共同研讨与诊断，一起探索USG（政府提供资金支持）模式下研修共同体工作机制。

我们联合组建学科研修团队，负责学科规划统筹、教学研究、学习培训、质量调研及提升学科质量等方面具体工作。杭师大专家定期到校指导工作，其中语文、数学、英语、科学的学科导师，负责每学期学科研修活动的设计与推进，每月开展2次集中指导（每学年总计72次）；课题组专家负责日常教科研工作的推进，并按照项目总体规划支持课堂节、学术节的开展（每学年总计28次），帮助课题组在区域内外寻求各方面的引领帮助。如此，我们的研修工作可以获得来自高校专家的帮助，高校也可借此研究如何在共同体成员单位间推动合作项目的开展。

同步推进，以课题研究统筹共同体研修工作。我们围绕双方学校教师队伍建设和学校教育教学质量提升的总体目标。以合作单位名师和优质教育资源为依托，提出了"一体双向四维：USG模式下研修共同体双向四维管理模式"，并以课题研究的方式推进共同体成员单位研修工作。具体情况如图4.4-1所示。

我们的研修工作整体架构：一是加强学科研修团队建设；二是提高研修教师课堂教学效能；三是联合展示促进教师专业成长；四是完善教师专业发展引领体

图表结构：

项目管理体系

政府（G）

高校（U）　×××× 小学（S）

左侧（指向高校U）：
- 项目设计与管理
- 聘请导师专家
- 教师发展引领
- 平台与资源
- 教师发展考核评估

右侧（指向小学S）：
- 项目过程管理
- 研修组管理
- 项目各项保障
- 资料收集整理
- 课题研究项目推进

下方四大板块：

各校联盟
- 跨校师徒结对
- 参加考察
- 跟岗研修

导师团队
- 项目实施
- 研修活动设计
- 教师专业引领
- 定期指导
- 名师工作室
- 组员评价

研修组
- 制度成长清单
- 固定研修日
- 常春藤论坛
- 混合式研修
- 教学展示研讨
- 子课题研究

共同体单位
- 互联网＋平台建设
- 研修共同体活动
- 教师交流

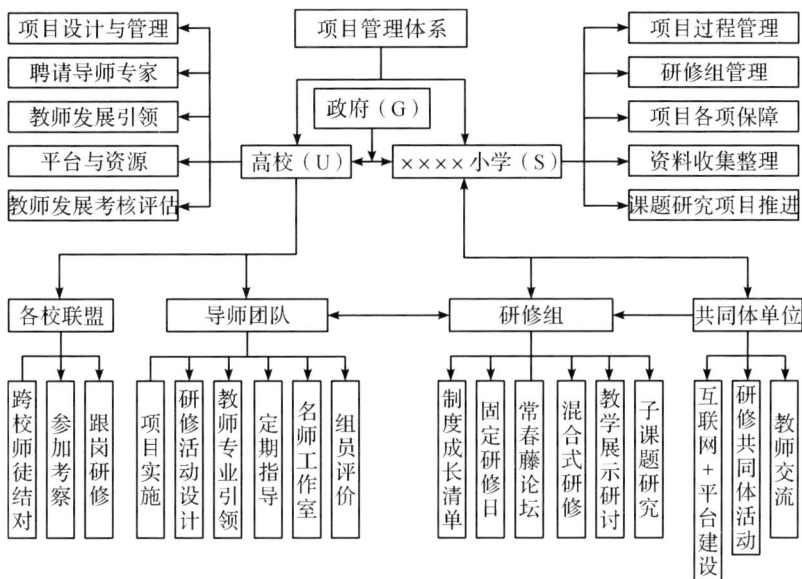

图 4.4-1　USG 模式下研修共同体双向四维管理模式

系;五是以课题研究统筹共同体研修工作,在实践中研究,从行动中改进,积累研修成果,逐步完善 USG 模式下教共体成员单位校本研修模式。

扎实工作,以成果积累验证共同体研修成效。各学科研修组在教共体成员和杭师大学科导师商定的年度研修主题框架内,明确每月研修主题和内容,同组老师一起查阅资料、集体备课、试教磨课、展示汇报、总结提炼,扎实开展研修工作。我们为各个研修组开展工作提供支持和保障,每周二、三、四下午分别留半天时间用于研修活动。我们的集中研修每月开展一次,其余时间是各校校内的组内研修,但是组内研修也可以以线上线下的方式联合开展。每一次集中研修活动由教共体单位一方主办,杭师大项目组安排学科专家参与指导研修活动。

经过一年的组织实施,各研修组按计划开展课堂观察与反馈、集体备课与改进、教学常规分析等活动。在此期间,高校和教共体成员单位各自很好地履行了职责,确保多个成员单位同步推进研修工作。学校教师在参加区级以上优质课评比和展示、课题申报等方面都取得了较大的进步。基于学校实践积累的经验和成果,我校以此次合作项目为核心研究内容的课题获得杭州市立项。

（案例提供:杭州市余杭区彭公中心小学　骆剑强　林丽）

上述案例，呈现了彭公小学与杭州师范大学合作的基本面貌。政府的介入，为大中小学合作提供了强有力的保障。由此出发，不管是校本研修的"引领型"还是"合作型"，如能进入政府采购、招标流程，从而获得大学的专业支持，开展彼此基于专业共赢的合作，确乎是一种不错的选择。

三、问题讨论：合作型研修得以持续的关键

前面介绍了校内合作、校际合作和大学－中小学合作共五个案例。五个案例都只呈现了合作的基本面貌，如何让合作研修得以真实发生，且得以持续，其实是一个值得深入研究的课题。以我们的经验和认识，提出若干建议。

第一，自觉自愿地参与合作。参与者应有共同的合作目标和平等的身份认同，积极利用合作机会，发展多种形式的合作。

第二，合作要有适切的研究主题。适切的研究主题之下，要有具体而易执行的目标，确保合作主题始终与教师的常态工作结合在一起，并聚焦于教师专业发展或课堂教学中的问题，从而保证合作的持续和深入。

第三，合作要有一定的组织架构。要明确合作各方的召集人，且各方召集人能够规划、组织、落实合作活动，激发每位参与者的合作动机或智慧，让每位参与者真正享受互惠的效益。

第四，合作要有一定的规则。规则基于合作目的，由合作各方充分讨论而制定。规则要充分考虑活动持续的条件、合作各方的权利和义务。规则并组织架构，除非校内短期合作，一般应成文并举行签约仪式。

第五，要不断反思和改进合作。合作需要相关的知识和技能，知识、技能也会随合作的深入不断丰富，要加强总结反思，以探索有效合作的内容、方式，让合作各方在有限的合作中实现成效的最大化。

第六，要做好文档工作。先要制订合理的详细的合作研修计划，记录并保存合作过程中的相关资料，为成员提供必要的反馈、具体的建议和及时的专业支持。

4.5　引领型的特色培育

图 1.1-1 "引领型"大类,列举了师徒结对、专家/名师讲座、名师示范课、名师工作室等小类。实践中,我们发展出更多的引领类型,诸如成长联盟、导师团等。这里将讨论引领型特色培育的学理和基本操作。

一、专业引领与实践共同体

"研修形式可分为自我反思、同伴互助、专家引领、网络协作等。"这是 2019 年下发的《浙江省中小学教师专业发展校本研修工作指导意见》的表述。崔允漷主编的《有效教学》有类似的表达:"自我反思、同伴互导和专家引领就是教师开展教学研究的基本路径。"[①]

相比于"专家引领",我们更主张用"专业引领"。[②] 在教育的专业领域能者为师,不唯"专家(名师)"头衔是瞻。有学者考证,"专业引领"自 2002 年国内发行的翻译文献——玛丽莲所著《校长引领教师专业发展》一书中首次提出[③]。查中国知网,我们中国大陆学者最早使用"专业引领"一词的,是著名学者顾泠沅教授。他 2002 年发表的题为《专业引领与教学反思》一文[④],其洞见让人折服。

教师在职教育有多种形式,如短期课程、工作坊和研讨会等,所有这些形式都要面对从理论到实践的转移问题。实际上,大部分教师在参与这类培训后,都无法把所学到的知识和技能用到日常的课堂上。

---

① 崔允漷.有效教学[M].上海:华东师范大学出版社,2009:301.

② 截至 2022 年 10 月 6 日,以"专家引领""专业引领"为关键词搜索中国知网,分别得 465、766 个文献;搜索维普网资源,分别得 305、1371 个文献.

③ 孔凡哲,彬彬.U−S合作的焦点:以专业引领促学校发展——以大学与地方政府合作办学为例[J].教育发展研究,2014(8).

④ 顾泠沅.专业引领与教学反思[J].上海教育科研,2002(6):1.

　　为了提高教师实践智慧这个目标，我们的讨论，从同事间的互助指导到注重纵向的理念引领，从侧重讨论式的案例教学到包含行为自省的全过程反思，这很容易让我们想到，我国众多优秀教师、教改先行者的成长历程，正以生动的事例说出在"课堂拼搏"中"学会教学"（learning how to teach）的规律性进程：关注个人已有经验的课堂行为→关注新理念的课堂设计→关注学生收获的行为调整。联结这三类活动的是两次有引领的合作反思：（1）反思已有行为与新理念、新经验间的差距；（2）反思理性的课堂设计与学生实际收获间的差距。在这样的多次往复中，完成更新理念并向行为转移的两个飞跃。这是对前面两种讨论（同伴互导与案例教学——引者注）的完美统整。课程发展中教师往往成为关键，我们的教学改革与教师培养，如若离开了这种统整难有真正意义上的突破。于是，笔者想在现存的各种教师培训之外，提出一种以学校教学活动为本位的上述在职教育方式，重新构想学校教学研究的运行机构，使之成为群体合作的学习型组织、行为改善的实践共同体，以应对时下课程发展与教师成长的严峻挑战。

　　在教育教学日常的专业生活（如"三段两反思"）中，单靠"专家"的纵向引领是不够的，"专业"的纵向引领却大有可能。上述引文道及的"学习型组织""实践共同体"，从深层次揭示了"引领型"研修的本质学理。在2002年就能提出这一问题，顾泠沅教授的敏锐与卓识非同一般。

　　"学习型组织"这里不再讨论，本书第二部分已多谈及。这里需要了解"实践共同体"的概念。为便于读者最快地理解这一概念，且将同属于建构主义学习理论讨论的"实习场"（大家熟知的"基于问题的学习"PBL，就是创建实习场的一个典型例子）与之比较，如表4.5-1[①] 所示。

表4.5-1　实践共同体与实习场的比较

	实践共同体	实习场
重点	个体与共同体的关系	认知
学习者	实践共同体的成员	学校中的学生

---

　　① 　戴维·H·乔纳森.学习环境的理论基础[M].郑太年,任友群,译.上海:华东师范大学出版社,2002:28.

续　表

	实践共同体	实习场
分析单位	共同体中的个体	情境化的活动
互动的结果	意义、身份和共同体	意义
学习的场所	日常世界	学校
学习目标	满足即时的共同体/社会需要	为未来的任务做准备

"实践共同体"这一术语,1991 年由莱夫和温格(Lave & Wenger)提出,以体现将个体与共同体加以联系的重要性和共同体使个体实践合法化的重要性。一个实践共同体是一个诸多个体的集合,这些个体长时间地共享共同确定的实践、信念和理解,追求一个共同的事业。① 巴拉布(Sasha A. Barab)等对实践共同体特性的描述,与我们理想中的引领型研修是多么的吻合。

联系我国大陆学校的现实,我们发现,一般意义上来说,教研组/备课组即可以成为实践共同体,但由于其行政管理的色彩和专业同侪的同质(横向引领),使得教研组/备课组难当其任。于是,教研组/备课组活动的专业引领,作为师徒结对的补充(诸如"一带多"的名师工作室),就可以基于学科或问题背景,使集课堂教学、课题研究、教师在职培训为一体的实践共同体成为可能。

二、引领型研修的操作

所谓"引领",通常的解释是"专指事物的导引群体或独立的个体,引领事物的发展方向"。孔凡哲等认为,近二十余年来,在国内关于大学与中小学合作办学的实践中,专业引领的实现渠道大致可以区分为五种类型,即主管型、军师型、辅助型、诊断型、遥控指导型等。② 我们将校本研修语境中的引领分为校内引领、校外引领。下面,介绍我们收集的典型案例。

---

① 戴维·H·乔纳森.学习环境的理论基础[M].郑太年,任友群,译.上海:华东师范大学出版社,2002:34.

② 孔凡哲,彬彬.U－S合作的焦点:以专业引领促学校发展——以大学与地方政府合作办学为例[J].教育发展研究,2014(8):61-65.

1. 校内引领

按理，教研组长、备课组长、中层管理干部、学校校长，均应发挥"专业引领"的作用。由于历史、地域、学校等多方面原因，校内专业引领的资源多寡很不平衡，但即使如此，总还有相当部分的学校，是可以策划、组织校内的专业引领。

下面的三个案例，分别源于幼儿园、小学、九年一贯制学校。这三所学校，未必都是区域内具有一流师资的学校，却能在引领型研修上做得有声有色。

案例 4.5-1 "123 研修小组"在行动

因近年来办园规模日趋增大，大量新教师不断涌入，教师层级比例失衡，整体呈逐层往上递减的金字塔形。由于教学经验的差距，各层级教师在游戏观察记录方面也呈现出不同的专业状态，新手期教师不知道观察什么与怎么观察、记录什么与怎么记录，成长期教师会观察会记录但如何分析、解读记录信息却是难点，骨干教师理论知识比较扎实，观察、解读经验相对丰富。为了实现教师专业梯度成长，结合教师层级专业特点，我们实施了"3 新手＋2 成长＋1 骨干"的研修模式，协助各层级教师获得幼儿行为观察解读的专业知识，推动园区教师的专业发展。

每次研修设立 3～4 个研讨环节，根据教师不同专业发展需求，将其分配到适宜的环节中，以便每个层级教师在研讨中都能有思考、有互动。

第一环节：分享十分钟。以新手期教师(1～3 年)为主导，提供研前任务单，查找、整理相关观察记录知识点，活动中 10 分钟的分享环节，适宜 3 位新手期教师每位 2～3 分钟充分聚焦当下主题，以说精华、说重点的形式阐述理论要素以及自己的想法，最后由主持人梳理、小结，让碎片化的理论知识整体化、深入化。

第二环节：实操半小时。实操环节主要聚焦理论要素融入实践，适合教学工作 4～10 年的成长期教师，因其在游戏观察记录上已经学习了多元观察、记录方法，会运用一定的支架工具根据价值点进行评价。30 分钟的实操环节刚好适宜 2 位成长期教师现场进行充分的观察、剖析、分享，能将所学知识运用到实践中转化至为己所用。同时也让新手期教师了解到多元评价工具的运用及将理论知识内化的方法等。

第三环节：诊断半小时。充分发挥骨干教师的引领作用，3～4 位骨干教师抱团为1组,实行1对1诊断引领,即1骨干诊断1评价案例,骨干教师依据丰富的评价经验在30分钟内从价值点取舍的适宜性、观察工具运用的恰当性、分析解读的深入性等方面对分享的观察记录进行诊断与优化,并且在诊断后由1位骨干教师作为牵头引领阐述存在的问题、原因分析以及最重要的诊断优化策略,让新手期、成长期教师了解观察价值点、观察工具、分析解读等方面存在的问题以及改进方向。

为期一年的"3新手＋2成长＋1骨干"研修模式,让三个层级的教师各自发挥了长处,实现了优势互补,逐步提升了在游戏观察、记录、解读上的能力水平,同时也创造了校本研修的新模式。

新手期教师:研前任务单的使用让其有目的地进行相关知识的查找、学习,每人2～3分钟的重点阐述,打破以往新教师害怕发言、不知如何发言的局面,提高新教师的梳理能力并完善了理论体系。

成长期教师:提高了成长期教师的参与积极性,充分的参与也提高了其能动性;提升了成长期教师将理论内化成实践的能力,同时充分体现了中间力量的辐射作用,以此建立互帮互助的氛围。

骨干期教师:充分发挥了骨干教师的优势,起到了引领作用;骨干力量的专业分享,带给其他层级更多优秀经验上的视觉冲击,同时提升自身精准表达的能力。

(案例提供:杭州市余杭区良渚七贤幼儿园　田华月)

上述案例,呈现了一个极为有趣、有序的研修样式:基于具体的专业问题,安排各专业段教师在不同环节参与,各扬其长,各有所学,彼此构成一个完整的活动单元。

案例4.5-2　两锐一师:青年教师分层分类研修

我校是一所农村小学,近年来,我们将全校青年教师分成三个研修层次,组建"1＋N"研修小组,实现各层间的引领,分学科开展研修活动。搭建并运作"两锐一师"研修架构(如图1.3-1所示),各学科初步形成了名师带头、骨干为主、全员合格的学习型、合作型的教师队伍。

按需分层,创建共同体。结合问卷调查和教龄,将青年教师分成三个层次。

第一层次新锐营，以教龄为0—4年的新进教师为主，他们还没有形成良好的教学思想，教学技能也还不太成熟；第二层次精锐营，以教龄为5—8年的骨干教师为主，已具备丰富的教育教学经验，对教学设计的创新以及撰写论文的能力有需求；第三层次名师营，以区市级名优教师为主，他们充满了对科研的需求。

"1＋3"小组，进阶引领。紧接着学校搭建"桥梁"，借由老师们的双向选择，一位精锐营成员与三位新锐营成员，组成"1＋3"小组；一位名优教师与三位精锐营成员，组成"1＋3"校级名师工作坊。由精锐营带领新锐营聚焦课堂，由名师营引领精锐营进行教学教育研究。"1＋3"的学习共同体，会随着教师的专业成长阶段变化而变动，是一个动态的组织结构。

按层研修，激发内驱力。根据三个层次教师的共性需求和个性需要，学校分别设置了共修主题课程和个性专题课程。共修主题课程包括新课标、新理念、信息技术等方面的通识内容。个性专题课程则以共同体的形式研修。新锐营，以基础性内容为主的规范化研修，开展书法培训（硬笔、软笔）、教学技能与方法指导等活动。精锐营，以综合性内容为主的学科化研修，引导走出经验误区，比如教学技能与方法的创新、课题论文的选题与撰写等培训。名师营，以课题实施、专著撰写等为主的教研化研修，不断强化自身科研能力，当好教育教学改革的领路人。

按修排类，提高效用性。结合不同层次教师的需求，学校力争安排符合教师学习的情境性、建构性和合作性的多类型研修。如2021学年，新锐营教师开展了以实践为主的研修活动，组内的集体备课、组间的赛课以及试讲等，在"做中学"；精锐营开展了理论与实践并重的研修活动，课题论文一对一指导、基于新锐营赛课基础上的评课和同课异构、对于名师课堂的观摩与学习、说课等；名师营研修的主要形式则为教育论坛、沙龙研讨。

"两锐一师"青年教师研修模式，搭建了多层次教师专业发展平台，实现了进阶式引领，帮助教师们获得了各自的发展。但我们还需思考，能否将此模式推广至全校，让我校其余43%的教师受益；如何丰富教师的校本研修课程，实现一师多能。也许，我们还应寻求校外的专业引领。

（案例提供：杭州市余杭区闲林和睦小学　吴小超）

上述案例，名师营—精锐营—新锐营，一层带（引领）一层，一定周期内相对稳定,组织满足各层级需求的专业活动。这一做法,与案例 4.5-1 基于具体问题的引领研修是不同的。

案例 4.5-3　亲亲成长联盟,赋能教师共同成长

"教师的职业发展,在学校里不要形成金字塔式的竞争结构,最好要形成丛林式的共生结构。"这是我校教师队伍发展的定位,实施的载体就是"成长联盟群"。联盟群包括亲青成长联盟、亲亲成长链、特色成长联盟、拔尖教师成长联盟,既关注新教师的成长,又关注拔尖型教师的成长,形成了教师的三级培养系列:合格性培养、提高性培养、拔尖性培养。具体情况如图 4.5-1 所示。

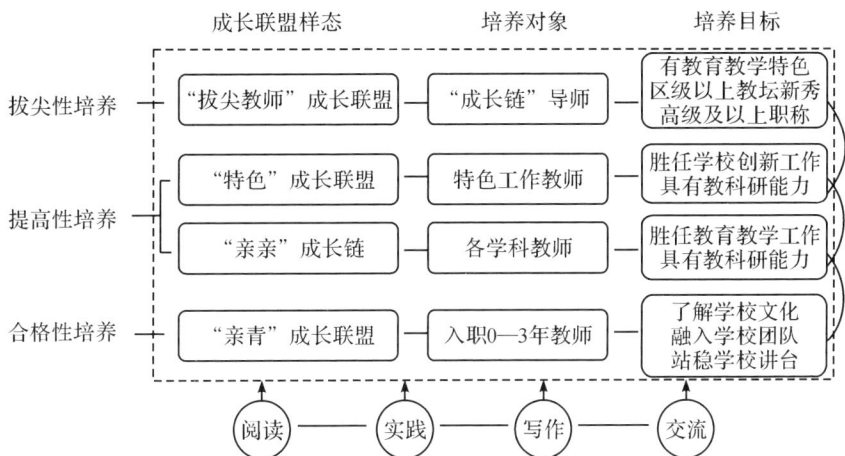

图 4.5-1　亲亲成长联盟的四种样态

"亲青"成长联盟:为青年教师成长助力。"亲青"成长联盟是亲亲学校入职 0~3 年教师的成长联盟,目标是让新入职教师尽快了解学校文化,融入学校团队,站稳学校讲台。新入职的青年教师通过"知遇亲亲""自我导航""阅读、实践、写作、演讲"来提升青年教师的专业阅读、专业实践和专业表达能力。

"亲亲"成长链:师徒结对的迭代模式。"亲亲"成长链是 4 个层级的教师(教龄 0~3 年、4~6 年、7~10 年、10 年及以上的教师各 1~2 名)组成的成长共同体,在导师的领衔下,以一个项目或一个课题为驱动,通过阅读、实践、写作、演讲等途径共同达成目标,共同成长。"亲亲"成长链,是师徒结对的迭代模式,它变"单向对话"为"多维对话"。

"特色"成长联盟：教师优势发展的助推器。2015年在建校十周年之际，学校提出了第二个十年发展的目标"人文亲亲＋智慧亲亲"，并采取了一系列的举措：BYOD进课堂、PBL-STEAM、IIC融合课程、UbD教学设计与实践，成立了四个特色成长联盟，组织体验式研修、共读一本书、跟踪指导和教学论坛等活动，让一部分教师先"富起来"，然后带领全体教师迅速胜任学校的创新工作。

"拔尖教师"成长联盟：锻造教育教学领军人物。学校在拔尖教师培养过程中非常重视让教师形成"自己的教育话语"。研修路径有两条：带团队和报告会。带团队：拔尖教师的培养对象必须担任亲亲成长链导师，在团队主课题驱动下，通过课题分解、任务认领、教学展示、教学研讨、反思小结、提炼交流等环节，促使教学智慧最大限度的生成。报告会，一是把个人琐碎的、内隐的实践智慧上升到理论高度；二是以输出倒逼输入，通过大量阅读，把自己的实践、所学的知识，有逻辑、有结构地传达出来。

每个人都有自身的局限性，同事间的相互切磋和对话，让彼此的差异成为资源，实现了1＋1＞2的效果。在第四届中国STEAM教育发展大会教师挑战赛中，"PBL-STEAM"成长联盟的参赛项目《"烷"转"星"空——火星资源采集运输问题》在400多个参赛学校中脱颖而出，获全国第3名（全国中学组第1名），团队获STEAM明星团队。学校成为国际文凭小学项目IB世界学校，授予"苹果杰出学校"荣誉称号，被评为中国STEAM领航学校。这些都离不开学校多年来的研修积累。

（案例提供：杭州市余杭区绿城育华亲亲学校　胡早娣）

上述案例中的学校，是余杭区民办教育的品牌学校。该校以其独树一帜的教师文化吸引和培育了大量的优秀教师，视教师为学校发展的第一资源，通过系列成长联盟的"校内引领"链条，让各层级的教师都获得了最优最大的发展。

2. 校外引领

余杭区位处长三角腹地，从西、北两面围拥省城杭州，获取校外专业引领的条件极其优越，区内幼儿园、中小学与省内外高校的互动极为频繁。下面的案例，呈现的是杭州师范大学对小学的专业引领，其广度、深度情况都堪做示范。

案例4.5-4　"双基"进阶式研修，赋能教师专业成长

我校成立于1994年，是一所集团化办学的公办小学。近年来，随着学校规

模逐年扩大,教师队伍结构严重不合理,学校急需培养一批骨干力量,成为学校的中坚力量;需要培养青年教师,保证学校发展的可持续力。因校内高级教师奇缺,我校从校外引进资源,与杭州师范大学合作,建立"双基"进阶式校本研修模式。具体情况如图 4.5-2 所示。

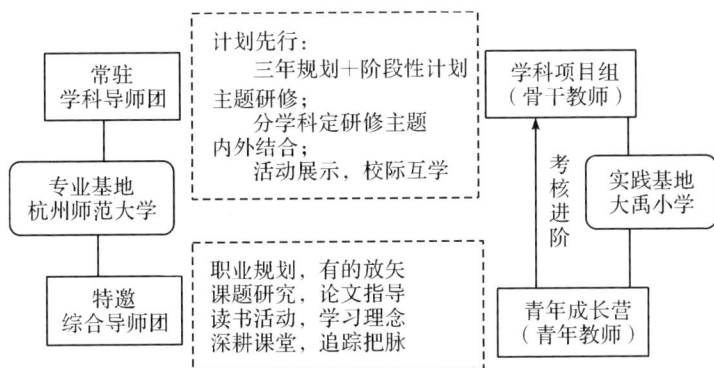

图 4.5-2 "双基"进阶式校本研修路径图

常驻导师,建立学科项目组。实践基地通过梯级名师考核,建立学科核心项目组。由杭师大牵头导师团制订三年计划与阶段性工作计划,规范导师带教职责,策划《带教工作手册》并实行导师考核奖励制度。

各个核心项目组通过问卷调查、导师把脉等方式确定学年研修主题,梯度规划研修目标。语文项目组以课例研究为载体,以习作为研究主题开展研修;数学项目组以科研为目标进行活动,通过专家点对点指导论文课、常规研课活动赋能教师成长;英语组和科学组囊括了大禹小学所有的英语、科学专职青年教师。针对青年教师教龄短教学实践经验不足、教育科研知识缺乏、专业发展的方向较为迷茫的现状,就如何加快新手型教师的专业发展开展活动。

搭建平台,组织校内校际活动。学校自与杭师大合作后,创办了"禹风"课堂节。每学年分设春季场和秋季场,安排不同学科进行展示。我们立足于课堂教学,坚持在教学中发现问题、研究问题、解决问题;在研究中改进教学、优化教学,提升教师专业水平和教学能力。同时学校积极承担区级活动,将我校优秀的教师推出去。

为了避免闭门造车,我校积极与街道周边学校、杭城学校开展互访互学活动。在杭师大导师的牵头下，进行同课异构、外出研学等活动，增长见识，开阔眼界。

特邀导师，培训青年成长营。邀请专家做青年成长沙龙活动，分享自己的成长历程并指点青年教师如何开展职业规划，明晰教师成长之路的阶段性目标。每学年由优秀学员做经验分享，以微报告形式展示自己如何达成目标以及下一阶段的目标与举措，以期激励成长营教师共同进步。

建立科研随同式指导小组，针对上级科研活动时间节点序列规划科研指导活动，以线上线下结合，集体指导与个体指导融合的方式进行课例、论文撰写和课题研究的指导。以寒假和暑假两个假期为活动开展的契机，为教师提供教育理论类书籍，深化教师理论学习，为教育实践和科研打好基础；提供名师经验分享类书籍，为青年教师拨开云雾，树立教育信仰。一学年开展两次读书活动，每次完成一篇读书笔记，并以线上或线下形式做分享报告。

每位新教师入职后三年都要接受学校常态化随堂调研，每次调研由行政领导牵头，教研组长、备课组长等共同评价。通过常态化调研，排摸课堂教学需要重点督导的教师，由专家导师团进行追踪式课堂诊脉，给予针对性指导。

进阶考核，建立梯级名师制度。进阶式校本研修以制度为基础，建立并实施《"梯级名师工程"实施办法》，通过自主申报、学校考核对教师进行分层考核。

教育能手：主持或参与校级及以上课题研究，近五年论文获得区级及以上奖项或在公开刊物上发表；近两年承担过校级及以上公开课、学术交流；近两年班组管理取得过校级及以上荣誉。

教育标兵：获区级及以上荣誉称号；主持区级及以上或参与市级及以上课题研究，近五年论文获区级二等奖及以上或在公开刊物上发表；近两年承担过区级及以上范围公开课、学术交流；近两年班组管理取得过区级及以上荣誉。在校内指导一名及以上教师，效果明显；或在学校担任备课组长、教研组长（或年级组长）及以上行政任职工作。

教育英才：获市级及以上荣誉称号；主持或参与市级及以上课题研究，近五年有两篇及以上论文在市级（含）以上正式刊物公开发表或获市级二等奖及以上；近五年承担过市级及以上范围公开课、学术交流；近五年班组管理取得过市级及以上荣誉。在校内指导一名及以上教师，效果明显；或在学校担任教研组长

（年级组长）及以上行政任职工作。

　　教育导师：指导两名及以上年轻教师，成效显著；课堂教学（讲座）或论文（教学案例）分别有一项在学校及以上研讨交流或获区级及以上奖项；主持或参与区级及以上课题研究；获区级及以上荣誉。

　　"双基"进阶式研修以小学为实践基地，以大学为专业基地，通过大学带小学的形式，以梯级名师考核为依据对教师进行进阶式培训，培养师德高尚、学养丰厚、教育教学能力强、业绩突出、满意度高的教师并有所收获。

　　（案例提供：杭州市余杭区大禹小学　盛彩瑜）

　　上述案例，可以分析借鉴的地方很多，比如"双基地"的联络机制，"常驻导师"和"特邀导师"的配合，学科核心项目组与青年成长营的设置，研修活动全过程管理，以及校内梯级名师激励制度的设计。可惜，从全区现有的互动态势看，这样稳定持续、全方位的探索案例还不多，相关的经验还有待整理。

三、问题讨论：学校结对帮扶如何深入

　　为实现教育均衡、办百姓满意的教育，各级政府和教育行政部门采取了各种措施。比如浙江省的"互联网＋义务教育"1000 所中小学校结对帮扶工作，结对帮扶由省级统筹，县域为主、鼓励跨地区，2019 年全省城乡义务教育学校结对帮扶 1000 所以上，乡村小规模学校结对帮扶实现全覆盖；到 2021 年，全省所有乡村小学和乡村薄弱初中结对帮扶实现全覆盖。

　　根据部署和规划，结对帮扶的形式及内容包括：(1)城乡同步课堂视频直播互动教学，结对学校学生同步上课、同步作业、同步接受辅导；(2)远程专递课堂，由优质学校系统提供以视频点播为主的网络课程；(3)名师网络课堂，优质学校名师开发教学课例及微课 1000 节向结对学校开放；等等。

　　分析其形式及内容的设计，大致有两个领域构成：一是学生方面的，安排同步上课、同步作业、同步接受辅导，投放网络课程；二是教师方面的，名师课堂、名师课例及微课。这是民生大实事，毋庸置疑，各区县、学校都十分重视。

　　但我们不能不看到，教学最重要的是"以学定教"，优质学校的教师要设计、执教、满足薄弱学校的课堂，是有相当难度的。薄弱学校的教师要理解名师课堂、课例及微课，其实也不是件容易的事。因而，设计中的操作虽在进行，"送学"

"送教"也不定期在举行，但其实效是有待于实证研究的。更何况，优质学校要承受自身发展和结对帮扶的双重压力，其中包括"时间"。

以我们对东西部协作、帮扶的观察和了解，如能从"校本研修"的视角切入结对帮扶，发展"引领型"校本研修，或许是一条值得研究和探索的路径。为此，有若干建议，供参与结对帮扶的双方学校参考。

第一，全面诊断薄弱学校。优质学校由校长率队，安排精干力量，深入所结对的薄弱学校，在薄弱学校的配合下摸清"学情"和"师情"。

第二，合作研发帮扶方案。政府和教育厅的方案，仅仅是帮扶的一般性框架，有实效的帮扶方案，常常需要"私人定制"，且需要双方合作开发。

第三，量力而行，小步慢走。注意帮扶要从"教师"方面下力气，通过帮扶薄弱学校的教师，间接帮助薄弱学校的学生。而对薄弱学校教师的帮扶，也许可以从教材解读、教学设计、课堂教学、作业布置等开始。因而，从某种意义上来说，优质学校要输出的是"校本研修"方面的成果和经验，这叫"授之以渔"。

第四，建立定期互访制度。不能在学年结束、临考核前走过场。要基于帮扶方案，安排每学期1~2次的互访，及时跟踪方案的实施情况并做出适宜的调整。

第五，双方要保持积极的专业互动。优质学校在帮扶中学习，反思自身的校本研修和教师队伍建设；薄弱学校要主动参与互动，学习优质学校的校本研修经验，改造自己的教师文化。

附 录

浙江省中小学教师培训中心

关于下发《浙江省中小学教师专业发展校本研修工作指导意见》的通知

浙师训发〔2019〕66 号

各设区市、县(市、区)教师培训机构：

校本研修是中小学教师专业发展培训的重要组成部分,是缓解工学矛盾,提高培训针对性和实效性,促进教师专业成长的重要手段。为满足我省教师专业发展的需求和教育现代化建设的需要,进一步提高我省校本研修的水平与质量,根据省教育厅的工作部署,省中小学教师培训中心在教育厅教师工作处的指导下,结合我省校本研修实际,在广泛调研、听取意见的基础上,研究制定了《浙江省中小学教师专业发展校本研修工作指导意见》,现予以下发。

请各级教育行政部门和教师培训机构认真学习研究,积极对标落实,真抓实干,开创我省中小学教师专业发展校本研修工作的新局面。

附件:《浙江省中小学教师专业发展校本研修工作指导意见》

浙江省中小学教师培训中心

2019 年 10 月 30 日

浙江省中小学教师专业发展校本研修工作指导意见

　　校本研修是中小学教师专业发展培训的重要组成部分，是现代学校制度建设的重要内容，是缓解工学矛盾，提高培训针对性和实效性，打造校本培训特色，促进教师专业成长的重要手段。为进一步提高我省校本研修的水平与质量，以满足我省教师专业发展的需求和教育现代化建设的需要，根据我省校本研修实际，特制定《浙江省中小学教师专业发展校本研修工作指导意见》。

一、指导思想

　　校本研修要以习近平新时代中国特色社会主义思想为指导，全面贯彻党的教育方针，扎实落实《中共中央国务院关于全面深化新时代教师队伍建设改革的意见》（中发〔2018〕4号）和全国教育大会的精神，以《教育部关于大力推行中小学教师培训学分管理的指导意见》（教师〔2016〕12号）、《中共浙江省委浙江省人民政府关于全面深化新时代教师队伍建设改革的实施意见》（浙委发〔2018〕37号）和《浙江省中小学教师专业发展培训学分制管理办法（试行）》（浙教师〔2016〕71号）的精神为依据，遵循教育规律和教师成长规律，坚持立德树人的根本任务，以教育改革发展需求为导向，以教育教学现实问题为突破口，着重提升教师的师德水平和教育教学能力，充分发挥校本研修的功能和优势，促进教师专业发展，提升学校办学水平，办人民满意的教育。

二、目标任务

　　1. 促进学生全面发展。校本研修应立足学科教学和学生实际，服务课程教学改革，创新课堂教学模式，提高教学质量，着力提升学生品德发展水平、学业发展水平、身心发展水平，培养学生兴趣特长，促进学生全面发展。

　　2. 提升教师专业发展。校本研修应立足教师发展实际，切实提高教师师德修养，更新教育观念，优化知识结构，拓宽文化视野，提高教育教学、教育创新和教育科研能力，努力建设一支师德高尚、业务精良、结构合理、充满活力，能适应新时代教育需要的高素质、专业化、创新型的教师队伍。

3. 满足学校发展需要。校本研修应立足学校的发展实际,服务学校的教育文化和办学特色的打造,全面提升学校办学水平,促进教育的高水平均衡发展。

4. 打造校本研修浙江样式。校本研修应立足浙江实际,建立和完善校本研修的组织运行和管理指导机制,在实践中创造灵活多样、成效显著的校本研修经验,着力打造具有浙江特色、在全国具有一定影响力的校本研修新样式。

三、基本要求

1. 精准研修定位。校本研修是基于学校、通过学校、为了学校的研修活动,强调"培训"与"教研"的有机融合。应体现教师专业发展目标和教育教学问题解决、教学研究的有机统一,凸显学校在校本研修的决策、实施、管理方面的主体地位。

2. 明确总体原则。校本研修应以校为本,按需施训,学用结合,坚持"需求导向化、项目主题化、主题序列化、实施项目化、过程规范化、管理精细化、成果显性化"等原则。

3. 注重模式创新。校本研修应以校内为主,通过校内主动、校际联动、区域推动等方式,开展形式灵活、内容丰富、针对性强的研修活动。鼓励学校充分利用现代信息技术,积极探索网络研修,坚持以可持续发展为指导,着力打造良好的培训生态环境,创新校本研修模式,促进教师共同成长。

4. 规范过程管理。加强管理队伍建设,健全研修管理机制。精心选择研修主题,精准设计研修环节,有效开展研修活动,科学组织研修评价,规范建立研修档案。

四、研修内容

校本研修的内容可分为师德修养、教师成长、学生成长、学校发展等四个领域,学校应根据实际需要确定研修内容。

1. 师德修养。主要指教师应秉持的基本职业道德与文化修养等内容,可涵盖教育政策法规、教育价值观、师德修养、教师行为准则等模块。

2. 教师成长。主要指教师专业发展所需的各类学科知识、教育专业知识、教育教学管理能力等内容,可涵盖课程开发与实施、教学基本功与技能提升、班主任工作与班级管理、现代信息技术运用、职业生涯规划、教师心理健康等模块。

3. 学生成长。主要指遵循学生发展规律,促进全面发展所需的内容,可涵盖学业指导、成长评估、情绪管理、学业评价等模块。

4. 学校发展。主要指促进学校发展所需的各类内容,可涵盖学校文化、教科研共同体、精品学科、特色课程、品牌活动、家校沟通等模块。

五、研修形式

研修形式可分为自我反思、同伴互助、专家引领、网络协作等。学校应依据研修需求,正确处理好理论研修与实践研修、集中培训与分散学习、专题培训与系统研修等关系。综合运用各种研修方式,注意形式的适切性、灵活性和多样性,着力提升研修品质。

1. 自我反思。强调教师是校本研修活动的主体,通过对教学经验与问题的梳理与探究,促进理念转变与能力提升。具体可用反思日记、教育叙事、案例分析、小课题研究等方式。

2. 同伴互助。强调教师群体的共同实践、反思与探究,通过相互间的信息交流、经验分享、专题研讨,达到专业提升与问题解决的目的。具体可采用集体备课、同课异构、观课议课、小组研讨、习明纳、工作坊等方式。

3. 专家引领。强调通过专家针对性、示范性、指导性的引领,推动教师队伍的专业成长。具体可采用专家讲座、师徒结对、教学诊断、课题指导、名师工作室等方式。

4. 网络协作。强调运用先进的网络信息技术,满足教师个性化的学习需求,搭建教师互动、交流的平台,建立即时沟通的网络学习组织,有效开展智慧研修。具体可采用云课程资源、异地同步课堂、网络课堂等方式。

六、组织与实施

各级教育行政部门应高度重视校本研修,制订相应的校本研修政策制度,切实加强对校本研修的领导和管理。县(市、区)教育行政部门是校本研修监管的责任主体。

1. 浙江省中小学教师与教育行政干部培训中心负责省校本研修的规划引领与业务指导,组织开展校本研修理论研究和政策咨询、骨干培训、精品项目和优秀示范校评选、先进经验总结和优秀成果推广。

2. 各设区市师干训中心除负责组织市本级学校校本研修工作外,负责本市校本研修的规划引领与业务指导,组织开展校本研修骨干培训、精品项目和优秀示范校认定、先进经验总结和优秀成果推广。

3. 各县(市、区)教师培训机构是校本研修管理的责任主体,要在县(市、区)教育局校本研修领导小组的领导下,加强对校本研修的规划指导、申报审核、过程监控、考核评估、学分认定、成果展示、经验分享等管理。

4. 学校是校本研修实施的责任主体,校长是校本研修的第一责任人。学校要成立以校长为组长的校本研修工作小组,负责制定学校教师队伍建设规划、校本研修计划,指导教师制订个人研修计划。学校要有专人负责校本研修的实施与管理工作;组织开展项目设计与申报;严格实施计划,强化项目实施与管理;要组织总结考核,完善档案管理。

七、保障措施

1. 组织保障。要建立健全校本研修组织架构。各级教育行政部门要建立校本研修领导小组,健全各级校本研修职能部门的管理与工作组织,加强校本研修管理与实施。

2. 制度保障。要建立和完善校本研修组织实施、督导评价体系与督查机制。各级校本研修职能部门要制订校本研修的管理制度和实施办法。校本研修纳入学校发展性评价考核、校长年终绩效和教师绩效考核。

3. 经费保障。各级各类学校应根据校本研修年度项目,做好年度经费预算,确保经费足额投入。

浙江省中小学教师培训中心

2019 年 10 月 30 日

浙江省 2021 年度教师教育规划重点课题

"区域校本研修 SCTT 样式的实践研究"课题申报书

一、对研究课题的论证

(一)核心概念的界定

1. 校本研修，即学校本位的研修，是教师专业发展的重要途径。本课题，在一般意义上使用"校本研修"，但其研究的边界设定在"区域"层面。即通过"区域"层面的设计、实践和管理，验证实践假设。

2. SCTT 样式，是一种基于实践情境和日常专业活动，发展教师专业情怀和知能、培育学习共同体的校本研修的样貌。简写字母的含义分别为：

实践(S)情境：从"学术报告厅"转向"教育现场"。

常规(C)活动：一个组织越是常规的活动越具有生命力（确定 2020—2023 学年全区重点抓专业阅读、集体备课、公开课展示、听评课、文本表达）。

特色(T)培育：人有我优，以思考、坚持与智慧实现之。

团队(T)建设：打造学校与教师成长的"学习共同体"。

(二)国内外研究现状述评

西方的"学校本位（校本）"是一种全方位的制度变化，包含职前和职后两个阶段。职前角度，是主张教师培养的机制从学院转移到学校；职后角度，是作为在职教师专业发展和学校发展的策略，认为教师有权自主界定培训的需要。

有关教师发展的取向，有多种理论建构，如 M. Eraut 的四取向（补短、成长、变革、问题解决）、Christopher Day 的影响教师专业发展因素模型等。此外，成人学习理论、情境学习理论、拓展性学习（共同体学习）理论等，都是与校本研修相关的研究结论,可为本研究之借鉴。

国内的研究,华东师大课程与教学研究所,在教师专业发展的理论与实践探索方面走在全国前列。崔允漷教授认为,教师专业发展即专业实践的改善,并提出需求驱动、合作实践、专业制度三维框架;胡惠闵教授提出教师专业发展三种取向(理智、反思、生态)。浙江省"校本教研实践模式"有关常规管理、课例研究、教育行动研究的诸多做法,可融入本课题研究,以丰富校本研修 SCTT 样式的构建、实践、研究和修正。

(三)选题意义及研究价值

1. 选题的实践价值。现有区域校本研修,面临的挑战:一是教研、培训走向融合,但如何实现融合;二是教研组出现职能虚化、功能弱化,该如何在校本研修中恢复教研组的地位;三是如何聚焦教师专业发展的主阵地——课堂研究,从而让课堂研究进入校本研修;四是有效落实学前教育指南、中小学的新课标和新教材,校本研修该如何发挥作用。本选题设计的 SCTT 样式将力图面临这些挑战,以全局、宏观的视野做出回应。

2. "取向"维度的研究价值。本研究主张理智、反思、生态取向兼具的综合取向。即校本研修不是盲目的、随意的、无计划的,而应是基于教师日常专业生活的需求或困惑的,应是"理智"的;校本研修,基于对日常专业生活和实践的反思,教师应是反思性的实践研究者,在实践、反思中增加专业知识,应是"反思"的。教育是合作的事业,基于同侪关系的改善,通过构建学习的、专业发展的共同体,校本研修更应是"生态"的。三者取向在 SCTT 样式实践和验证中追求综合,而以"生态取向"为主。——这就是本课题"取向"维度的研究价值。

3. "专业实践"维度的研究价值。教师专业发展即专业实践的改善,如钟启泉教授所言:"教师的专业发展,如果不同学校改革的实践、特别是课堂改革的实践紧紧挂起钩来,其所谓的专业发展是不靠谱的。"作为教学专业的从业者,教师的专业发展也就必须指向教学专业实践的改善。SCTT 样式基于实践、改善常规,并在常规的改善中发展研修特色,培育学校/教师的学习共同体。——这就是本课题"专业实践"维度的研究价值。

(四)研究假设和拟创新点

研究假设 1:有效的校本研修,应具备四个条件——嵌入教师日常专业生活，满足(学校的、教师的)实践需求，解决(学校的、教师的)实际问题，发展教师专业情怀和知能，四者缺一不可。理想的 SCTT 样式，兼具这些条件。

研究假设 2：有效的校本研修，应具有三大特性——自诊断(现实问题和需求)、自创造(理想生态)、自适应(环境的变化)。理想的 SCTT 样式，应坚持教师专业发展的"生态取向"(但不排斥理智、实践－反思取向)，培育良好的专业生活生态(学习发展的共同体)，为学校发展、教师成长提供最大的可能。

拟创新点：融合校本教研和培训，提供区域研修 SCTT 样式框架，让各中小学、幼儿园在框架中创造理想的专业生态，实现规定性和灵活性的统一。

(五)研究目标、研究内容

1. 研究目标

以余杭区校本研修为例，运用行动研究的方式，探索校本研修 SCTT 样式的科学定位、机制设计、流程管理和评价改革。

2. 研究内容

(1)校本研修的现状分析。盘点余杭区校本研修的历史(余杭区是省内最早倡导研修项目制的)和现状，通过文献法了解其他区域的校本研修，借此驳正校本研修的问题，为设计出理想的 SCTT 样式提供借鉴。

(2)校本研修定位的科学性研究。定位设计四要点为实践(S)情境、常规(C)活动、特色(T)培育和团队(T)建设。需要从学理、实践两方面研究其科学性和可行性，从而确保本课题的质性价值。

(3)校本研修 SCTT 样式的机制设计。现有的设计概括为 12345：1 个取向(生态)，2 大领域(常规、特色)，3 个层次(校级、组级、个人)，4 步循环(问题/需求聚焦、研修设计、行动落实、反思总结)，5 项常规(专业阅读、集体备课、公开课展示、听评课、文本表达)，6 大类型(自我型、引领型、常规型、合作型、研究型、平台型)。

(4)校本研修 SCTT 样式的流程管理。基本流程如附图 1 所示。

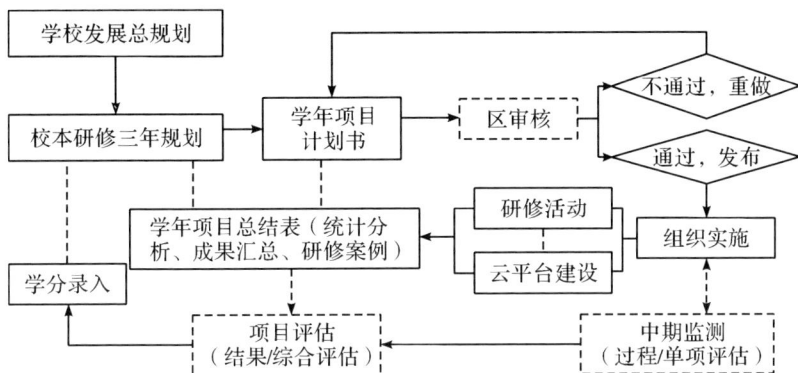

附图 1　校本研修 SCTT 样式的流程管理

（5）评价运用。引入表现性评价，改变传统模糊评价、形式主义的评价，尝试从规划、项目计划书、云平台（之江汇）建设、研修案例、研修情况和成果等评价，项目小数值评分，标准参照和常模参照相结合。

（六）研究思路、研究方法、技术路线

1. 研究思路。运用"戴明环"（PDCA）循环，试运行 1 年，实际操作 3 年（含本课题研究 2 年），在设计、运行、反思、修正中完善机制、流程和评价。

2. 研究方法。（1）文献法，分析余杭区及其他区域的校本研修状况，教师专业发展的学理脉络；（2）调查法，通过问卷、访谈等，及时掌握 SCTT 样式实施的情况；（3）案例研究法，以学段、常规＋特色为标准，甄选典型行为和事件；（4）行动研究法，贯穿整个研究的始终，在行动中研究。

3. 技术路线。文献法作为现状、基础和设计阶段的主方法；周期内以行动研究贯穿，辅以调查法；后期是调查法、案例研究法为主导。

二、对课题实施和完成条件的论证

（一）负责人的研究水平

负责人为全国科研优秀教师，著、编及参编课程与教师专业发展类著作 20 多本，其中个人专著 8 本。课题成果获教育部办公厅二等奖（2010 年），省政府一等奖（2012 年）。主持的课题"中学语文校区（县）两级联动、研训一体的行动研究"获得浙江省教师发展规划课题成果一等奖(2019)。

（二）组织能力和时间保证

曾担任临平第一中学、余杭高级中学的教科室主任，主持课堂观察 LICC 模式的开发和实施，成果获教育部、浙江省政府奖励。自 2019 年 8 月起担任余杭区校本研修总指导，负责全区校本研修 SCTT 样式的设计、实施。虽同时担任普通高中语文教研员，时间精力不是很宽裕，但有经验、能力保证本课题的研究。

（三）参加者的研究水平和时间保证

参加者均为余杭区教育发展研究学院的领导或教师，具有丰富的一线教育教学经验，有的还具有多年的学校管理经验，主持和参与诸多课题研究。本课题研究涉及多方面，与参加者的工作均有交集。

（四）主要参考文献

1. 叶澜,白益民,王枏等.教师角色与教师发展新探[M].北京:教育科学出版社,2001.

2. 崔允漷,柯政.学校本位教师专业发展[M].上海:华东师范大学出版社,2013.

3. 安桂清,周文叶.教育改革时代的学校本位教师专业发展[M].上海:华东师范大学出版社,2014.

4. 胡惠闵,王建军.教师专业发展[M].上海:华东师范大学出版社,2014.

5. 柯孔标.校本教研实践模式研究[M].杭州:浙江大学出版社,2008.

（五）专著规划

书名:校本研修的 SCTT 样式(暂名)

章目:

第一章　校本研修样式概述

第二章　SCTT 样式的实践—生态取向

第三章　SCTT 样式的机制与流程

第四章　SCTT 样式的评价运用

第五章　SCTT 样式的案例:常规建设

第六章　SCTT 样式的案例:特色培育

第七章　SCTT 样式的实践叙事

(六)其他

本课题预期两年。成员所在单位能为本研究的展开提供资料、设备以及实施文献法、问卷法等研究手段的便利。另外,华东师大课程与教学研究所、浙江省师干训中心的专家,能为本课题的研究提供咨询意见。

杭州市余杭区校本研修项目评价标准（2021学年版）①

内容与分值	评分规则
1. 三年规划（首年评价，三年有效，5分）	基本要求（不符合直接视为0分）：①按时提交《三年规划》；②包括了"框架建议"的主要项目；③行文格式正确，文面清晰。 实质内容（5分，每项1分）：①"现状分析"基于调查与分析，紧扣"校本研修"，表达清晰；②"研修目标"明晰、可操作，切合区域SCTT样式的大要求；③"行动路径"描述清晰，能为读者对象（本校教师）指明研修路径；④"支持系统"全面而简明呈现实施需要的条件，便于各方配合；⑤上述内容具有一致性，并切合校本研修的定位
2. 项目计划（学年初评价，5分）	基本要求（不符合直接视为0分）：①按时提交《计划书》；②应填项目完整、准确、真实；③行文格式正确，文面清晰。 实质内容（5分，每项1分）：①"从《三年规划》中寻找定位"与《规划》呼应，分学年落实规划要求；②"从需求/问题中寻找定位"分析框架合理，符合实际情况；③"研修目标"表达清晰，与"项目定位"呼应；④"研修课程"紧扣"研修目标"，学时足，表达简明；⑤"研修作业""研修考核""预期成效"符合填写提示，表达清晰，切实可行
3. 云平台建设（学年末评价，5分）	基本要求（不符合直接视为0分）：①建设云平台；②材料及时更新。 实质内容（5分，每项1分）：①层级清晰：菜单的命名、排序符合逻辑，"校本研修"包括研修资讯、主题研讨、在线学习、成果展示等模块；②功能明确：材料归口正确，切合学年项目的主题与研修形式；③内容充实：模块内的文章内容充实、丰富，为研修教师所喜欢；④简洁清新，格式规范；⑤适度的点击量（暂定人均3次/学期）和评论量（暂定人均1条/学期）
4. 研修情况（学年末评价，5分）	基本要求（不符合直接视为0分）：①按时提交《总结表》；②《总结表》"研修情况分析"之统计数据、文字材料真实。 实质内容（5分，每项1分）：①活动基于项目定位、研修目标与课程，与"项目计划"呼应；②活动设计方案体现情境学习特质，并及时发布；③及时收集有关资料，做好活动总结、成果展示；④项目总结符合要求，有利于后续改进；⑤研修总学时（全校级＋建制＋非建制）人均达到24学时（通过云平台"研修资讯""主题研讨""成果展示"及《总结表》等核查）

① 本标准的1—5项评价，均邀请专家为评价人，其他由区域管理部门评分。

内容与分值	评分规则
5. 研修案例（学年末评价,5分）	基本要求(不符合直接视为 0 分):①按时提交;②有关组织教师研修的案例(注意,不是活动计划、总结、课例或论文等)。 实质内容(5 分,每项 1 分):①围绕学年项目计划的主题或特色;②聚焦教师专业发展的需求与问题;③以一事一述的方式撰写,可插入表格、图片;④能启发他人思考,具有参考价值;⑤1500 字左右,行文流畅(可提交 1～3 个,分开制作)
6. 教师满意度（学年末评价,5分）	基本要求(不符合直接视为 0 分):①按要求组织本校教师作答,不弄虚作假;②参与率:30 人及以下学校(68 所)不少于 100％,31～99 人学校(73 所)不少于 90％,100～199 人学校(31 所)不少于 80％,200 人及以上学校(4 所)不少于 75％。 评分标准:教师就领导重视、项目目标、课程内容、过程开展、成果等方面,对本校学年校本研修项目的实施情况做出评分,计算均分计入
7. 资料与会务（学年末累计,5分）	研修学年内,每次提交资料,均按两项评分:①按规定时间、通道提交或发布;②材料收集、整理符合校本研修资料提交规范,不符合任一项即扣减 0.5～1 分。会务(包括观摩活动等)方面,旷会 1 天减 1 分、请假 1 天减 0.5 分。资料与会务总满分 5 分,全学年扣完为止
8. 研修成果（学年末评价,5分）	基本要求(不符合直接视为 0 分):①按时提交《总结表》;②《总结表》"三、研修成果汇总"之统计数据真实、清楚。 计分标准:"五个一"活动成果、教师教育课题、学术荣誉、校本研修类的活动展示与经验分享等(详见《总结表》所列,注意不含学科类研修),个人获全国、省、市、区奖励的,分别加 5、3、2、1 分,集体的加倍计算;"其他"指研修类文章、案例等,需在正规刊物发表,或在校本研修部门组织的会议上交流、评比活动获奖,酌情赋分。 计分程序:累计成果的原始总分[分数 1]→转换为研修得分[分数 2＝(分数 1÷本校研修人数)×学校规模系数(200 人以上的 1.2,100～199人的 1.1,其他为 1)]→分学段排序(普职高分组)→转换为考核得分[分数 3,前 10％为 5 分,次 15％为 4 分,次 45％为 3 分,次 20％为 2 分,后10％为 1 分,无成果为 0 分]
等级处理	准则:①以上 8 项评价满分为 40 分,各校总得分按学段排名,各组前30％为优秀、次 30％为良好;②高中未达成高考各项指标的,义务教育质量综合排名与幼儿园保教工作质量考核排名位于后 30％的,均不得评为优秀;③未建云平台的或未提交《三年规划》《计划书》《总结表》任一项的,直接评为不合格

杭州市余杭区中小学、幼儿园教师专业发展

调查问卷（参考卷）

各位老师，您好！

我校需要制订三年发展规划、设计校本研修项目，以响应区打造余杭校本研修 SCTT 模式的行动，培育我校×××（填写团队特质追求，如"合作互助"等）的教师团队。为充分了解您的专业需求信息，我们设计了这份调查问卷。调查结果的分析不对个人做任何评价，请您如实地表达自己的想法，以便我们的结果分析更加合理、科学。感谢您的参与、支持！

杭州市余杭区×××（学校名称）

2019 年 9 月

1. 您的姓名：_____

2. 您的职称：A. 未定级　　B. 初级　　C. 中级　　D. 高级　　E. 正高

（设计意图：便于对如下问题，做不同职称的需求调查，以设计不同发展期教师的项目）

3. 如有下面这些专业学习活动，您是否看重这些研修？分三种选择：A. 不看重；B. 一般；C. 很看重，请选择其一填入括号内，填 A、B、C 即可。

①学科本体知识　　　　　　　　　　　　　　　　　　（　　）

②学科教学法知识（PCK）　　　　　　　　　　　　　（　　）

③有关课程、教学、评价等教育理论知识　　　　　　　（　　）

④有关学生学习和发展的知识　　　　　　　　　　　　（　　）

⑤有关班级管理的知识　　　　　　　　　　　　　　　（　　）

⑥通识性的人文、科学素养　　　　　　　　　　　　　（　　）

⑦如何在教学中运用信息技术的知识　　　　　　　　　（　　）

⑧课例、案例或课题研究和论文写作的知识　　　　　　　　（　　）

（设计意图：便于确定本校的研修领域、主题或内容）

4.教师日常的专业发展研修形式，包括常规型、合作型、研究型、平台型、自我型、引领型等六类30种（划分不具有强逻辑性）。第一类：常规型，有下列4种形式，您是否看重？答题方式同上。

①集体备课　　　　　　　　　　　　　　　　　　　　（　　）

②公开课展示　　　　　　　　　　　　　　　　　　　（　　）

③听评课　　　　　　　　　　　　　　　　　　　　　（　　）

④集体学习（阅读/视频/命题）　　　　　　　　　　　（　　）

（设计意图：本题至第9题调查，便于确定本校的研修形式，锁定可以培育的"特色"）

5.第二类：合作型。有下列4种形式，您是否看重？答题方式同上。

①问题讨论（日常性的）　　　　　　　　　　　　　　（　　）

②同伴互导（相当身份的教师结成伙伴关系，讨论专业问题）（　　）

③课堂观察（走向专业的听评课，改进课堂教学）　　　（　　）

④合作开发（课程/作业/学案）　　　　　　　　　　　（　　）

6.第三类：研究型。有下列5种形式，您是否看重？答题方式同上。

①专题研讨（锁定重要问题的研讨）　　　　　　　　　（　　）

②课例研究（一般表达形式：背景＋问题＋问题的解决＋反思讨论）（　　）

③案例研究（一般表达形式：教学设计＋教学实录＋教学反思）（　　）

④课题研究　　　　　　　　　　　　　　　　　　　　（　　）

⑤论文写作与交流　　　　　　　　　　　　　　　　　（　　）

7.第四类：平台型。有下列7种形式，您是否看重？答题方式同上。

①工作坊　　　　　　　　　　　　　　　　　　　　　（　　）

②沙龙活动　　　　　　　　　　　　　　　　　　　　（　　）

③论坛　　　　　　　　　　　　　　　　　　　　　　（　　）

④年会　　　　　　　　　　　　　　　　　　　　　　（　　）

⑤网络教研　　　　　　　　　　　　　　　　　　　　（　　）

⑥参加校外专业会议　　　　　　　　　　　　　　　　（　　）

⑦参加校外专业组织　　　　　　　　　　　　　　　　（　　）

8. 第五类：自我型。有下列 6 种形式，您是否看重？答题方式同上。

①发展规划（定期制订个人规划，以此激励自己不断发展）　　（　　）

②专业阅读（阅读专业文献，不断拓展视野）　　　　　　　（　　）

③反思撰写（反思是经常性的，重要的就写出来）　　　　　（　　）

④教育叙事（写写有关教育的故事）　　　　　　　　　　（　　）

⑤日志撰写（坚持写教育教学的日志）　　　　　　　　　（　　）

⑥教历撰写（定期回顾自己的教育教学经历）　　　　　　（　　）

9. 第六类：引领型。有下列 4 种形式，您是否看重？答题方式同上。

①师徒结对　　　　　　　　　　　　　　　　　　　　（　　）

②专家/名师讲座　　　　　　　　　　　　　　　　　　（　　）

③名师示范课　　　　　　　　　　　　　　　　　　　（　　）

④名师工作室　　　　　　　　　　　　　　　　　　　（　　）

10. 余杭校本研修 SCTT 模式中的 S 指实践—反思取向，C 指常规做实，前一个 T 指特色做亮，后一个 T 指团队建设。全区中小学、幼儿园均拟将"常规"锁定于下列五项，您是否看重？答题方式同上。

①专业阅读　　　　　　　　　　　　　　　　　　　　（　　）

②集体备课　　　　　　　　　　　　　　　　　　　　（　　）

③公开课展示　　　　　　　　　　　　　　　　　　　（　　）

④听课、评课　　　　　　　　　　　　　　　　　　　（　　）

⑤文本表达（教学设计、教育叙事、课例、案例、命题、论文等）　（　　）

（设计意图：如何重建五项常规，各校都需审视现有的制度与现状，本题调查在于获知教师对"常规"的想法，"看重"选择多的应重视，"看重"选择偏少应警惕）

11. 最基本的文本表达有 6 种形式，您是否看重？答题方式同上。

①教学设计　　　　　　　　　　　　　　　　　　　　（　　）

②教育叙事　　　　　　　　　　　　　　　　　　　　（　　）

③课例　　　　　　　　　　　　　　　　　　　　　　（　　）

④案例　　　　　　　　　　　　　　　　　　　　　　（　　）

⑤命题　　　　　　　　　　　　　　　　（　　　）

⑥论文　　　　　　　　　　　　　　　　（　　　）

（设计意图：教师专业生活不能离开"写"，本题调查在于选择一种适合本校教师基础、需求的"写作方式"，不同学校应选择适合自己学校的1—2种方式。选择最多的，可以确定为本校重点方式）

12. 您个人经常遭遇的教育、教学问题有哪些？请简要列举。

（设计意图：第3～11题无法调查的，通过这道主观题获知，只是需要手工分析）

——各校可以个性化或增删问题，并使用"问卷星"实施调查——

杭州市余杭区校本研修项目主持人情况调查报告

杭州市余杭区教育局教研室·余杭教育学院

（2019 年 9 月 15 日　星期日）

一、调查概况

2019 年 9 月 11 日,余杭区校本研修项目主持人（以下简称主持人）会议召开。会议签到时,让主持人填写"签到问卷"（意在获取各校基础信息）；会议过程中,填写"教师需求问卷"（意在示范需求调查,便于主持人修改问卷以调查本校教师的需求）。

两份问卷均借助"问卷星"操作,作答人数分别为 247 人、181 人。虽属意在彼,收集的数据却有助于了解主持人的资历、主持人对专业发展（研修内容、形式等）的意向。作为两项调查的副产品,简要分析有关数据,或将有益于主持人的团队建设。

二、调查结果与分析

1. 主持人的资历

这里主要是指从事项目主持的资历,有三个选择：0 年、1～3 年、4 年及以上。填写"签到问卷"总数 247 人,其结果如附表 1 所示。

附表 1　主持人的资历

资历	0 年	1～3 年	4 年及以上
人数（%）	44 人(17.8%)	123 人(49.8%)	80 人(32.4%)

从附表 1 看,2019 学年各校主持人,大多数具有主持经验,1～3 年、4 年及

以上总数达 82.2％，这是有利条件。但是，规划中的校本研修 SCTT 模式，与传统的校本培训有较大区别（要求系统思考、纳入五项常规、重视活动设计等），不愿变通者将会滋生负面情绪，从而限制各校校本研修的变革，整体上影响 SCTT 模式的打造。但愿这样的主持人会少些，调查者杞人忧天而已。

2. 主持人的职称

以下各项均从"教师需求问卷"回答，有效作答 181 人。其职称构成如表附 2 所示。

附表 2　主持人的职称

资历	未定级	初级	中级	高级
人数（％）	24 人(13.3％)	61 人(33.7％)	71 人(39.2％)	25 人(13.8％)

附表 2 中"未定级"均为试用期教师，工作第一年就主持校本研修项目。"新人"的好处是没有框框，但如果所在学校没有良好的领导班子、研修制度，研修的设计和实施将会遇到比较大的麻烦。幸而，"新人"的比例不大，初级、中级、高级职称的主持人占大多数。

3. 主持人的研修意向——内容选择

问卷提供 8 种专业活动的选项。每个选项，用三等量表调查，分别为不看重、一般、很看重。其整体情况如附表 3 所示。

附表 3　主持人对研修内容的选择

研修内容	不看重	一般	很看重
①学科本体知识	4(2.2％)	26(14.4％)	151(83.4％)
②学科教学法知识(PCK)	1(0.6％)	14(7.7％)	166(91.7％)
③有关课程、教学、评价等教育理论知识	0(0％)	32(17.7％)	149(82.3％)
④有关学生学习和发展的知识	1(0.6％)	13(7.2％)	167(92.2％)
⑤有关班级管理的知识	3(1.7％)	31(17.1％)	147(81.2％)
⑥通识性的人文、科学素养	2(1.1％)	47(26％)	132(72.9％)
⑦如何在教学中运用信息技术的知识	3(1.7％)	50(27.6％)	128(70.7％)
⑧课例、案例或课题研究和论文写作的知识	1(0.6％)	27(14.9％)	153(84.5％)

从附表3看,主持人对8项都"很看重"。最被看重的是"学科教学法知识(PCK)""有关学生学习和发展的知识",相对不被看重的是"通识性的人文、科学素养""在教学中运用信息技术的知识"。调查结果,从打造全区校本研修的SCTT模式来说,是积极的。如做不同职称的交叉分析,可以获得更多,并有助于把握更多的信息,此略。

4. 主持人的研修意向——形式选择

"教师需求问卷"第4～9题,将教师日常专业发展研修形式的六类30种用矩阵单选、三等量表调查,汇总如附表4所示。

附表4 主持人对研修形式的选择

研修类别	研修形式	不看重	一般	很看重
一、常规型	①集体备课	0(0%)	53(29.3%)	128(70.7%)
	②公开课展示	1(0.6%)	22(12.1%)	158(87.3%)
	③听评课	0(0%)	14(7.7%)	167(92.3%)
	④集体学习(阅读/视频/命题)	6(3.3%)	56(30.9%)	119(65.8%)
二、合作型	①问题讨论(日常性的)	1(0.6%)	43(23.7%)	137(75.7%)
	②同伴互导(相当身份的教师结成伙伴关系,讨论专业问题)	2(1.1%)	20(11.1%)	159(87.9%)
	③课堂观察(走向专业的听评课,改进课堂教学)	2(1.1%)	30(16.6%)	149(82.3%)
	④合作开发(课程/作业/学案)	1(0.6%)	44(24.3%)	136(75.1%)
三、研究型	①专题研讨(重要问题的研讨)	0(0%)	31(17.1%)	150(82.9%)
	②课例研究(一般形式:背景＋问题＋问题的解决＋反思讨论)	1(0.6%)	27(14.9%)	153(84.5%)
	③案例研究(一般表达形式:教学设计＋教学实录＋教学反思)	0(0%)	19(10.5%)	162(89.5%)
	④课题研究	1(0.6%)	37(20.4%)	143(79%)
	⑤论文写作与交流	1(0.6%)	40(22.1%)	140(77.3%)

研修类别	研修形式	不看重	一般	很看重
四、平台型	①工作坊	2(1.1%)	58(32%)	121(66.9%)
	②沙龙活动	2(1.1%)	76(42%)	103(56.9%)
	③论坛	3(1.7%)	71(39.2%)	107(59.1%)
	④年会	6(3.3%)	92(50.8%)	83(45.9%)
	⑤网络教研	7(3.9%)	96(53%)	78(43.1%)
	⑥参加校外专业会议	1(0.6%)	51(28.2%)	129(71.2%)
	⑦参加校外专业组织	1(0.6%)	45(24.8%)	135(74.6%)
五、自我型	①发展规划（定期制订个人规划，以此激励自己不断发展）	5(2.8%)	39(21.5%)	137(75.7%)
	②专业阅读（阅读专业文献，不断拓展视野）	2(1.1%)	33(18.2%)	146(80.7%)
	③反思撰写（反思是经常性的，重要的就写出来）	2(1.1%)	28(15.5%)	151(83.4%)
	④教育叙事（有关教育的故事）	5(2.8%)	57(31.5%)	119(65.7%)
	⑤日志撰写（坚持写教育教学的日记）	7(3.9%)	75(41.4%)	99(54.7%)
	⑥教历撰写（定期回顾自己的教育教学经历）	4(2.2%)	72(39.8%)	105(58%)
六、引领型	①师徒结对	1(0.6%)	34(18.8%)	146(80.6%)
	②专家/名师讲座	0(0%)	31(17.1%)	150(82.9%)
	③名师示范课	0(0%)	17(9.4%)	164(90.6%)
	④名师工作室	0(0%)	40(22.1%)	141(77.9%)

整理附表4数据发现，"很看重"排列于前10种的研修形式为（由多而少）：听评课、名师示范课、案例研究、同伴互导、公开课展示、课例研究、反思撰写、专题研讨、专家/名师讲座、课堂观察。除同伴互导、反思撰写外，都是近些年常见的。

"很看重"排列于后10种的研修形式为（由多而少）：集体备课、工作坊、集体学习、教育叙事、论坛、教历撰写、沙龙活动、日志撰写、年会、网络教研。

六种类型，按附表 4 数据"很看重"的均数，由多而少排序为：引领型（150人）、研究型（149 人）、合作型（145 人）、自我型（144 人）、常规型（143 人）、平台型（128 人）。除"平台型"略少外，差异不大。

5. 主持人对"五项常规"的认同情况

"教师需求问卷"第 10 题的问题是：全区中小学、幼儿园均拟将"常规"锁定于下面五项，您是否看重？调查结果如附表 5 所示。

附表 5　主持人对"五项常规"的认同情况

常规项目	不看重	一般	很看重
①专业阅读	0(0%)	35(19.3%)	146(80.7%)
②集体备课	1(0.6%)	37(20.4%)	143(79%)
③公开课展示	0(0%)	18(9.9%)	163(90.1%)
④听课评课	0(0%)	15(8.3%)	166(91.7%)
⑤文本表达（教学设计、教育叙事、课例、案例、命题、论文等）	0(0%)	27(14.9%)	154(85.1%)

从附表 5 看，认同度有多而少依次为：听评课、公开课展示、文本表达、专业阅读、集体备课。结合附表 4 的数据分析，除"文本表达"外，其排序为听评课（总第 1 位）、公开课展示（总第 5 位）、专业阅读（总第 11 位）、集体备课（总第 21位），由此说明该数据的信度很高，并警示 SCTT 模式打造，"集体备课"或将是难点所在！

6. 主持人对"文本表达"6 种形式的认同情况

这是"教师需求问卷"第 11 题调查的，其结果如附表 6 所示。

附表 6　主持人对"文本表达"6 种形式的认同情况

常规项目	不看重	一般	很看重
①教学设计	0(0%)	19(10.5%)	162(89.5%)
②教育叙事	1(0.6%)	51(28.2%)	129(71.2%)
③课例	0(0%)	23(12.7%)	158(87.3%)

常规项目	不看重	一般	很看重
④案例	0(0%)	18(9.9%)	163(90.1%)
⑤命题	1(0.6%)	53(29.3%)	127(70.1%)
⑥论文	0(0%)	38(21%)	143(79%)

以附表6"很看重"数据,由多而少排序,依次为:案例、教学设计、课例、论文、教育叙事、命题。附表4数据显示,案例研究、课例研究、论文写作与交流、教育叙事分别居30种研修形式之第3、6、15、24位。从教师的日常专业来说,"课例"多于"案例",但调查结果却倒置,或与主持人理解有误有关。

7. 其他

"教师需求问卷"第12题的问题是:您个人经常遭遇的教育、教学问题有哪些?请简要列举。由于会议间试测,未要求细致填写,可喜的是181人中有166人作答,虽寥寥数字,呈现的问题多可以归结于第3题的8项研修内容中,如下面的文字表达,均可归于"有关学生学习和发展的知识":

吸引幼儿注意;对学生的把握;孩子对知识点的掌握;后进生如何激发他们的学习动力;如何准确把握学生的已有认知,有的放矢地开展教学;落后生如何提高;学生是否可以吃透课堂知识;教学活动中针对幼儿的个体差异如何设计;低段教学对特殊孩子的教学;学生习惯的养成;学生对学科学习没有热情,不能很好合作。

本调查题,如果主持人能用于本校调查,或将有助于主持人丰富对第3题的理解,把握本校的具体问题,从而实现研修的问题聚焦。但愿各校主持人能用好问卷!

当然,有些表述不能归于上述8项,如:教学资源欠缺、专业引领欠缺、外出机会少、事务性工作太多、民办教师培训机会少、集体备课不知怎么做、如何设计活动、家长配合学校不够等。这些内容,有助于区校本研修管理部门注意。

三、建议

1. 组织主持人区级研修

打铁还得自身硬，区域 SCTT 模式的打造，主持人队伍最为关键，否则校级研修规划、活动设计的水平必然低下。为此，区校本研修管理部门不仅要做好校本研修任务的布置、检查，还要组织主持人参与集中或分学段、区片的各种形式的研修。如此，既提高主持人的专业水平，又能为校级研修提供范本。

2. 区域名师、专家资源库的建设

各校有其不同的资源与困难，从全区层面，挖掘现有的研修资源，适当引入区外资源，建立资源库，便于各校校本研修选择。

3. 主持人自身要加强学习

主持人自身的专业困惑需要解决，在解决中获取研修经验，边学边做好主持人；主持人要用好专业"武器"，如问卷调查、课题研究等，让研修本身具有专业性；主持人要充分发掘与培育本校的研修力量，依靠学校行政和学术团队、全体教师做好研修。

杭州市余杭区中小学、幼儿园教师专业发展

校(园)本研修项目计划书①

一、基本信息②

项目名称	园本课程中幼儿游戏支持策略的联动式研修		平台编号	hzyh1343
项目单位	杭州市余杭区安溪幼儿园		实施学年	2021 学年
负责实施研修的学校部门	教科室		研修人数	66 人
学校负责人	俞建娣	手机号码　××××　办公电话		××××
项目主持人	李红月	手机号码　××××　电子邮箱		××××
合作单位 1	无	联系人信息		
合作单位 2	无	联系人信息		

二、项目定位

（一）从《三年规划》中寻找定位（与《规划》之发展目标、行动路径等呼应）

《规划》最基本的研修内容、研修层级与群体		本项目重点
常规研修	①专业阅读；②集体备课；③公开课展示 ④听课评课；⑤文本表达③	③公开课展示 ④听课评课 ⑤文本表达：案例

---

① 按表现性评价的原理，"样例"至少两个。限于篇幅，这里只提供一个，请读者莫拘泥于样例。

② "项目名称"根据三年规划、学年需求制定，由"主题＋主要研修形式"构成，不超过 20 个字。"研修人数"，要与研修教师名册（以 Excel 呈现，作为本计划书之"附件 1"）对应。"合作单位"（研修共同体、远程培训机构、其他校外机构等）如无，填写"无"；如有，再另填"附件 2"。

③ 不同学校应选择适合本校的文本表达方式，如教学设计、叙事、课例、案例、命题、论文以及合作开发的课程、作业、学案等。如果"本学年重点"是"文本表达"的，请明确何种文本方式。

续　表

特色研修①	我校《三年规划》中提出的特色是： 基于园本资源的绿野奇趣课程活动研修	绿野奇趣课程活动中幼儿游戏 支持策略的研修
研修层级	①校级；②建制组（教研组、备课组、年级组等）；③非建制组（课题组、工作坊、特定群体沙龙等）；④个人（含同伴互导）	②建制组（教研组） ③非建制组（工作坊）
研修群体	①试用期教师；②初级教师；③中级教师；④高级教师；⑤其他	全体

（二）从需求/问题中寻找定位（可从教师专业"应知""能做""愿持"等视角分析）

应知：基于"绿野奇趣"课程，捕捉幼儿在游戏中有意义的游戏行为，支持幼儿的游戏，促进幼儿在游戏中的学习与发展。这是幼儿园课程实施并且实施有效的主要方向，本学年也成了我园的主攻方向

能做：部分教师有一定的观察意识和观察经验，并能运用时间轴记录表、路径图记录表、白描式记录表、纵轴式记录表等，有针对性地进行观察记录。但不清楚如何去捕捉游戏中有意义的游戏片段，观察能力不足

愿持：教师能正确认知自己分析和支持能力较为欠缺的现实，希望通过观察去改进支持策略的能力，丰富幼儿游戏支持策略

三、研修计划

（一）研修目标（具体明晰，可操作；表述简明，逐条列出）

1. 根据两类游戏的不同目标倾向，调整游戏区计划和游戏月方案，让计划既体现预设性又体现随意性，形成一份优秀的方案参考小册

2. 探究游戏进程中，教师捕捉幼儿有意义游戏行为的方法及实践，梳理教师支持策略，形成一张可通用的导引流程图

3. 探究基于儿童游戏行为，递进性推进游戏的契机和方法，梳理教师支持策略。形成一篇优秀案例

---

① "特色研修"各校不同，《规划》里表述三年要打造什么特色，这里就填写什么特色。

（二）研修课程（按模块或时间序，总集中研修时间不少于 24 小时）

研修课程	面向群体	学时	研修师资	研修形式	实施时间①
1. 研讨两类游戏计划表和游戏月方案的调整	全体	2	俞建娣 教研组长	专业会议	2021 年 9 月
2. 结合游戏计划和现场，进行优化研讨（中大班重点针对自主游戏材料超市的创设）	全体	2	沈卫花 教研组长	课堂观察	2021 年 9 月
3. 学习"如何通过游戏促进幼儿学习与发展""如何在游戏中捕捉幼儿有意义的行为"，对照实践说说自己的对策	全体	2	李红月 教研组长	案例研究	2021 年 9 月
4. 第一次月方案调整交流。结合月方案表，说说自己看到的，想到的，及后续的跟进与调整	全体	2	王玲玲 教研组长	专题研讨	2021 年 10 月
5. "游戏视频案例观察解读""优秀游戏案例观察解读学习"	全体	2	俞建娣 教研组长	案例研究	2021 年 10 月
6. 定点式现场观察：观察并分析幼儿游戏行为，研讨环境、时空、材料和支持等方面跟进策略，优化区域设置（"点"指幼儿的某一发展点）	全体	2	沈卫花 教研组长	课堂观察	2021 年 11 月
7. 定区式现场观察：观察并分析幼儿在某一区域中的游戏行为，研讨环境、时空、材料和支持等方面跟进策略，优化区域设置	全体	2	李红月 教研组长	课堂观察	2021 年 11 月
8. 集中研讨：体育游戏中幼儿的发展点以及现在活动现状分析	萌芽组	2	俞建娣 李红月	专业会议	2022 年 3 月
9. 现场研讨：体育游戏活动设计及现场搭建	萌芽组	2	王玲玲 李红月	专题研讨	2022 年 3 月

---

① "面向群体"填写全体或某个特定群体；研修 1 小时计"1 学时"；"研修师资"书写姓名，校内校外不限，暂时无法确定填"待定"，且不超过 40％；"研修形式"不限于区域规定的六大类型 30 种形式，如观点报告、成果交流、教学比赛、参观考察等；"实施时间"至少排出年月。

续　表

研修课程	面向群体	学时	研修师资	研修形式	实施时间①
10. 第一次现场观摩:体育游戏活动中的问题分析与解决策略拟定	萌芽组	2	沈卫花 李红月	课堂观察	2022 年 3 月
11. 第二次现场观摩:体育游戏活动中的问题分析与解决策略拟定	萌芽组	2	陈玲 李红月	课堂观察	2022 年 4 月
12. 论证会:体育活动中材料提供及教师导引图	萌芽组	2	俞建娣 李红月	专业会议	2022 年 4 月
13. 第一次现场验证:体育游戏活动中的已有经验运用、分析与优化	萌芽组	2	王玲玲 李红月	课堂观察	2022 年 4 月
14. 第二次现场验证:体育游戏活动中的已有经验运用、分析与优化	萌芽组	2	沈卫花 李红月	课堂观察	2022 年 5 月
15. 头脑风暴:游戏场地设计	萌芽组	2	陈玲 李红月	专题研讨	2022 年 5 月
16. 活动展示:晨间体育游戏活动全园性展示	萌芽组	2	李红月	课堂观察	2022 年 5 月
17. 片级活动展示:主题课程下的活动展示	全体	4	沈卫花	专业组织	2021 年 10 月
18. 区级活动展示:主题课程下活动展示	全体	16	沈卫花	专业组织	2021 年 11 月

（三）研修作业（与本项目研修目标、课程一致,适量,可评分,线上线下均可）

1. 每一次集中培训都要做好详细地记录,并写下相应的思考
2. 一份优秀的游戏设计方案
3. 一则学年培训感悟
4. 一则"游戏活动实施"的案例笔记

（四）研修考核（1～2 条为统一要求,3～4 条学校自行修订,并可增加条目）

1. 集中研修时应签到考勤,缺勤超过总学时 30％的为不合格,不予录入学分
2. 布置的研修作业应及时提交,并据事先告知的评分规则给予评分
3. 考核总分＝出勤分 60％＋作业分 40％构成,得分不足总分 60％的,不予录入学分
4. 参照学校相关制度,研修得分可与评优评先、职称评定等方面予以不同程度的倾斜

---

①　"面向群体"填写全体或某个特定群体;研修 1 小时计"1 学时";"研修师资"书写姓名,校内校外不限,暂时无法确定填"待定",且不超过 40％;"研修形式"不限于区域规定的六大类型 30 种形式,如观点报告、成果交流、教学比赛、参观考察等;"实施时间"至少排出年月。

（五）预期成效（指预期本项目实施后所取得的效果，应与研修目标、课程实施呼应，实事求是，具体明确；物化成果如课程、学案、作品集、教学设计汇编等优先考虑）

1. 形成一份关于游戏活动的优秀方案参考小册
2. 形成一张可通用的体育游戏导引流程图
3. 形成一篇优秀案例

（六）经费预算（据年度预算从学校教师培训专项经费中列支；额度指总额，不是人均）

序号	支出科目	科目内容	额度（元）
1	讲课费	聘请校外师资实施培训课程所支付的劳务报酬	10000
2	资源费	用于购置远程培训机构线上网络课程资源及租用网络学习平台的费用	3600
3	资料费	购置书籍、学习资料及工具耗材用品费用	2000
4	场地费	用于租用校外培训场地的费用支出	—
5	交通费	用于统一组织赴校外研修有关的交通支出	2000
6	住宿费	参训人员以及工作人员赴外地考察学习期间所产生的租住房间的费用	—
7	伙食费	参训人员以及工作人员赴外地考察学习期间所产生的用餐费用	3000
8	其他	除上述费用外与培训业务相关的必要支出（外地专家差旅食宿接送，水电文印等）	—
合计			20600

四、附件目录

附件 1:《××(学校)研修教师名册》(Excel 制作。此略)①

附件 2:合作单位信息②

➢研修共同体

共同体成员单位	
成员单位任务 (如承担某次研修 课程,或某项活动 等,须明确负责人)	1. 2. 3.

是否涉及经费往来	是( )/否( )	用途及额度	
其他说明			

➢远程培训机构

网站名称		公司名称	
项目联系人		手机		职务	
本项目网址		测试账号/密码	

	课程名称	时长	研修师资	资源形式(微课/ 讲座/文本等)
线上网 络课程				

课程购买经费	有( )/无( )	计算方式及总额	
平台使用经费	有( )/无( )	计算方式及总额	
其他说明			

➢其他校外机构

机构名称		机构地址	

---

① 附件 1 必需;如有合作单位,需有附件 2,如有其他附件,请增加。

② 合作单位是指本校作为主导单位的校本研修共同体中其他成员单位,或为本项目提供线上网络课程的远程培训机构,以及协助本项目实施的高校科研单位等其他校外机构等。如无,本附件空白表可删除。

项目联系人		手机		职务	

所提供课程		课程名称		时长	研修师资	资源形式 （微课/讲座/文本等）

是否涉及经费往来	是（ ）/ 否（ ）		用途及额度	
其他说明				

杭州市余杭区中小学、幼儿园教师专业发展

校(园)本研修项目总结表

项目名称	三阶游戏评价在畅游日中的运用研究		平台编号	Hzyh1212
项目单位	杭州市余杭区仁和第三幼儿园		实施学年	2021 学年
《计划书》研修人数	88		实际研修人数	87

【差额说明】第 2 学期有 1 位教师辞职

合作单位	无

活动类型		人均学时总数	主要内容列举
按层级统计	全校级	12	项目启动、专家讲座、集体研讨、现场观摩
	建制组	40	年级组理论分享、教研组线上交流、教研组周研讨
	非建制组	10	课题组方案论证、观察评价案例汇报、中期展示
按群体统计	雏雁组	10	游戏观察案例撰写、游戏视频解读
	青雁组	10	游戏计划推进、游戏组织、游戏视频解读
	成雁组	10	工具表研制、工具表试用论证、借助工具表解读分享
按研修形式统计	小组学习	8	游戏观察方法学习、评价要点学习
	现场研讨	16	计划书制定、畅游日观摩、游戏观察评价汇报
	专家讲座	4	线上董旭话《基于专业观察的自主游戏指导》讲座
五项常规改进	畅游日游戏的观察评价		关注游戏计划实施、研制建构、角色、表演游戏观察评价工具表，并在使用中不断反思改进
规划特色彰显	畅游日游戏类型观察评价		通过小组研修、班级试用、集中汇报等形式厘清游戏观察评价要素，在评价的基础上推进相应游戏策略

研修教师考核	出勤分 60％＋作业分 40％构成		作业,包括观察记录、工具表研制、游戏展示、研修汇报。最后评出优秀 17 人、良好 26 人、合格 44 人	
预期成效达成	提升教师游戏观察评价能力		关注幼儿游戏计划推进,形成观察评价工具表,有相应的游戏推进策略	
附件	目录①	1. 研修成果证明件(PDF):总 5 页 2. 研修成果统计表(Excel):自评 9 分 3. 研修活动案例(1～3 个):提供 1 个	云平台上传数	研修资讯 11 篇|主题研讨 11 篇 在线学习 12 篇|成果展示 8 篇 2021 年 6 月 16 日— 2022 年 6 月 15 日总 42 篇

---

① "附件"包括:(1)研修成果证明件(分类整理,用扫描软件制作成一个 PDF 文件);(2)研修成果统计表(Excel 制作);(3)研修活动案例(每校可提供 1～3 个,分开制作)。所有附件均以"师训平台编号＋附件名(案例名)"命名,如"4302 研修成果证明件""4302 以学思案为载体的主题式课例研修"。

参考文献

［1］安桂清，周文叶.教育改革时代的学校本位教师专业发展［M］.上海：华东师范大学出版社，2014.

［2］崔允漷，柯政.学校本位教师专业发展［M］.上海：华东师范大学出版社，2013.

［3］崔允漷.有效教学［M］.上海：华东师范大学出版社，2009.

［4］胡惠闵，王建军.教师专业发展［M］.上海：华东师范大学出版社，2014.

［5］胡庆芳，等.课例研究，我们一起来：中小学教师指南［M］.北京：教育科学出版社，2011.

［6］柯孔标，张丰.校本教研的浙江模式［M］.杭州：浙江教育出版社，2010.

［7］柯孔标.校本教研实践模式研究［M］.杭州：浙江大学出版社，2008.

［8］林崇德.21世纪学生发展核心素养研究［M］.北京：北京师范大学出版社，2016.

［9］林荣凑.基于标准的语文教学［M］.重庆：西南师范大学出版社，2020.

［10］裴新宁.面向学习者的教学设计［M］.北京：教育科学出版社，2005.

［11］申宣成.义务教育课程标准(2022年版)课例式解读：初中语文［M］.北京：教育科学出版社，2022.

［12］沈毅，崔允漷.课堂观察：走向专业的听评课［M］.上海：华东师范大学出版社，2008.

［13］施良方.学习论［M］.北京：人民教育出版社，2001.

［14］校本研修模式与案例编委会.校本研修模式与案例［M］.天津：天津教育出版社，2007.

［15］熊焰.校本教师专业发展研修手册［M］.天津：天津教育出版社，2012.

［16］余新.教师培训师专业修炼［M］.北京：教育科学出版社，2012.

［17］张丰.从问题到建议：中小学教育研究行动指南［M］.北京：教育科学出版社，2013.

［18］张丰.校本研修的活动策划与制度建设［M］.上海：华东师范大学出版社，2007.

［19］赵健.学习共同体：关于学习的社会文化分析［M］.上海：华东师范大学出版社，2006.

［20］郑太年.学校学习的反思与重构：知识意义的视角［M］.上海：上海教育出版社，2006.

［21］钟启泉.读懂课堂［M］.上海：华东师范大学出版社，2015.

[22] 朱旭东,裴淼.教师学习模式研究:中国的经验[M].北京:北京师范大学出版社,2017.

[23] 朱跃跃,刘堤仿,徐建华.教师校本研修培训项目制[M].北京:中国书籍出版社,2013.

[24] 陈桂生."集体备课"辨析[J].中国教育学刊,2006(9).

[25] 陈向明.从教师"专业发展"到教师"专业学习"[J].教育发展研究,2013(8).

[26] 陈向明.实践性知识:教师专业发展的知识基础[J].北京大学教育评论,2003(1).

[27] 陈杨.教师应该如何叙写教育案例[J].当代教育科学,2006(10).

[28] 崔允漷.论课堂观察 LICC 范式:一种专业的听评课[J].教育研究,2012(5).

[29] 顾泠沅,王洁.教师在教育行动中成长——以课例为载体的教师教育模式研究[J].全球教育展望,2003(1).

[30] 顾泠沅.专业引领与教学反思[J].上海教育科研,2002(6).

[31] 韩玉琦."推门听课"之我见[J].中小学管理,1992(2).

[32] 蒋岭.集体备课面面观[J].小学教学设计·语文,2020(25).

[33] 孔凡哲,彬彬.U-S合作的焦点:以专业引领促学校发展——以大学与地方政府合作办学为例[J].教育发展研究,2014(8).

[34] 林荣凑.语文学习共同体研究[J].浙江教育学院学报,2009(1).

[35] 马利.中小学教师读书现状堪忧[N].燕京都市报,2007-07-03.

[36] 裴淼,刘姵希."以身体之,以心验之"——具身认知理论视角下的教师培训项目设计与实施[J].教师教育研究,2018(3).

[37] 沈伟.专业学习共同体:教师专业发展的校本实践路径探索[J].江苏教育,2020(86).

[38] 斯苗儿.集体备课的价值取向和实践机制[J].人民教育,2019(22).

[39] 王会亭.教师培训的身体转向:具身认知的视角[J].课程·教材·教法,2019(6).

[40] 王洁,顾泠沅.学校教研现状与问题诊断:上海市"八区联动"校本教研专题调研之一[J].上海教育 2005(11).

[41] 吴刚,洪建中.一种新的学习隐喻:拓展性学习的研究——基于"文化-历史"活动理论视角[J].远程教育杂志,2012(3).

[42] 吴立宝,栗肖飞.中小学校本教研的困境、成因与突破路径[J].课程·教材·教法,2019(6).

[43] 肖川.拯救教师的阅读[J].教师教育论坛,2013(12).

[44] 叶力汉."经验之塔"理论及其现实指导意义[J].电化教育研究,1997(2).

[45] 周文叶.开展基于表现性评价的教师研修[J].全球教育展望,2014,43(1).

[46] 朱永新.教师们为什么拒绝读书[J].天津教育,2007(9).

[47] 《教育家》编辑部.中小学教师读书现状调查[J].教育家,2021(5).

［48］巴克教育研究所.项目学习教师指南:21世纪的中学教学法(第2版)［M］.任伟,译.北京:教育科学出版社,2008.

［49］彼得·圣吉.第五项修炼:学习型组织的艺术与实践［M］.张成林,译.北京:中信出版集团,2018.

［50］戴维·H·乔纳森.学习环境的理论基础［M］.郑太年,任友群,译.上海:华东师范大学出版社,2002.

［51］国际21世纪教育委员会报告.教育:财富蕴藏其中［M］.联合国教科文组织总部中文科,译.北京:教育科学出版社,1996.

［52］海伦·瑞恩博德,艾莉森·富勒,安妮·蒙罗.情境中的工作场所学习［M］.匡英,译.北京:外语教学与研究出版社,2011.

［53］黑恩,杰塞尔,格里菲思等.学会教学:教师专业发展导引［M］.丰继平,等,译.上海:华东师范大学出版社,2009.

［54］林恩·埃里克森,洛伊斯·兰宁.以概念为本的课程与教学:培养核心素养的绝佳实践［M］.鲁效孔,译.上海:华东师范大学出版社,2018.

［55］马丁·贝尔,乌尔夫·布瑞克.教育现场的专业学习［M］.郭华,郑玉飞,宋国才,译.北京:人民教育出版社,2010.

［56］苏霍姆林斯基.给教师的一百条建议［M］.周蕖,等,译.天津:天津人民出版社,1981.

［57］约翰·D·布兰思福特,等.人是如何学习的:大脑、心理、经验及学校(扩展版)［M］.程可拉,等,译.上海:华东师范大学出版社,2013.

［58］朱安妮塔·布朗,戴维·伊萨克.世界咖啡:创造集体智慧的汇谈方法(修订本)［M］.汤素素,金沙浪,译.北京:电子工业出版社,2019.

案例目录

4.5　引领型的特色培育

编后记

杭州市余杭区教育发展研究学院　林荣凑

影响学生学业成就的因素有哪些？最有效的因素是什么？

每个人都可以给出基于自身经历、经验的回答，彼此的回答自是有同有异。国际国内亦不乏相关的定量与定性研究。新西兰约翰·哈蒂(John Hattie)教授用了 15 年的时间，对涉及 52637 项研究(主要是 1980—2000 年)、数亿名学生的 800 多项元分析进行综合，从中提取出 138 个影响学业成就的因素，分别归入六大类别；根据效应量的排序，由高而低依次为：教师(0.49)、课程(0.45)、教学(0.42)、学生(0.40)、家庭(0.31)、学校(0.23)。

依据哈蒂的研究，影响学生学业成就最有效的因素是教师！

试问各校，我们是否将"教师"放在重要的位置，为教师专业发展(教师学习)付出最大的努力？校本研修是一把尺，丈量着各校行动的视野和格局！

如何助力在职教师的专业发展？

自 20 世纪 80 年代以来，各国政府和国际组织都在关注"明日之教师"。联合国教科文组织自 1986 年开始，也组织了相关的研究，该研究秉持五个假设：

- 学校是发生教育发展变革最大、最适合的地方；
- 教师有能力在学校和团体中发展他们个人的专业能力；
- 教师有必要确认并说出他们的培训需求；
- 每所学校都有它们独特的问题和需求，因此需要特别的解决方案和培训；
- 学校在开发人力资源和物质资源上拥有巨大的潜力。

台湾作家张晓风的散文《我交给你们一个孩子》，有这样一段话：

学校啊，当我把我的孩子交给你，你将给他怎样的教育？今天早晨，我交给你一个欢欣诚实又颖悟的小男孩，多年以后，你将还我一个怎样的青年？

我们能否亦发问：

学校啊，今天你招收了一名新教师，明天他将成为怎样的教师？

因着上面的铺垫，亲爱的读者，对文本屡见的"校本研修是中小学教师专业发展培训的重要组成部分"一语，是否有新的感悟？

关于校本研修 SCTT 样式的来龙去脉，本书第一部分已有详细的叙述。第二部分阐释了 SCTT 样式的学理基础和运行机制，第三、四部分介绍常规活动的研修、特色培育的研修。我们尽数将我们的所知所得与读者分享。

SCTT 样式原本是一个实验性、尝试性的概念框架。尽管我们已有三年多的实践，但它依然是不完善的。我们很难凭一区的实践，就科学地实证该框架对现实的改革价值，以及对幅员辽阔的中国大陆的普适功效。但以余杭区的现有实践，我们可以骄傲地说，我们找到了一条将教研、科研和培训链接起来的路径。如果对标恩格斯托姆的拓展性周期理论（见本书 4.1 节），大致可以预测其不断往前"拓展"的潜能。

相信读者的眼光，自会甄别出 SCTT 样式的价值。

相信投诸实践，定会领受余杭区实践者已经领受的回报。

书稿即将交付出版。此刻，我们要感谢为本书提供鲜活案例的学校和执笔人。只是很抱歉，为本书结撰征集所得的近百个案例，我们只收入 40 个。没有入书的案例，以及 2019—2021 学年征集的 90 个年度案例，其实都为我们的思考和撰稿提供了良好的启发。正是这近两百个案例，使我们的撰稿有了深厚的底气。

作为本书主编，我要由衷地感谢本书的顾问——区教育发展研究学院徐志平院长，感谢本书 10 多位编委老师。这是我主编和合作主编的第 6 本书，也将我职业生涯的最后一本书。我独著过 8 本书，从码字到发行，那绝对是八次孤独和冒险之旅，你不知道走到哪一步就会倒下。主编的事儿，虽未必一定比独著轻松，但一定不会孤独。大家线上线下讨论，每一次都像是手拽着手一同登山；每一次讨论结束，就像翻过一个陡崖，欣喜莫名。

作为我个人，要感谢余杭分区前分管校本研修的领导，是张红坚主任、赵惠娟副院长给我最大的信任，让我接触余杭全区校本研修的领域。分区前后，区教育发展研究学院楼红书记对 SCTT 样式的探索给予诸多支持和鼓励。自然，我也要感谢我的同事——楼晓露、孙建婷、梅伟燕、傅纯玲、程世宏、李福生、陶红卫、宋晓阳、李子文、周颖芳、王建德等诸多老师，还有朱跃跃校长，他们以不同的方式支持我的工作。

校本研修 SCTT 余杭样式的实践，离不开省市专家的厚爱。卢真金主任、张丰主任、叶哲铭主任、朱可主任等专家，亲自为全区校本研修主持人讲课，并在多个场合给过余杭校本研修的建议。来自全省各地的专家学者，则在分学段、分区片的展示活动中，毫无保留地奉献智慧，此处无法一一具名，但当一并致谢。

还要感谢亲自为本书撰序推荐的张丰主任。曾撰写过《校本研修的活动策划与制度建设》《从问题到建议：中小学教育研究行动指南》等热销书的他，对我们托付的任务，欣然答应。他的专业热情感动了我们，也一定会感动读者。

最后，由衷地感谢读者的选择。花开两旁，让咱们一路前行！

2022 年 10 月 7 日